Mères-filles

Une relation à trois

DES MÊMES AUTEURS

Principaux ouvrages de Caroline Eliacheff

Les Indomptables. Figures de l'anorexie, en collaboration avec Ginette Raimbault (1989), Odile Jacob, 1996.
A corps et à cris. Être psychanalyste avec les tout-petits (1993), Odile Jacob, 2000.
Vies privées. De l'enfant roi à l'enfant victime (1997), Odile Jacob. 2001

Principaux ouvrages de Nathalie Heinich

La Gloire de Van Gogh. Essai d'anthropologie de l'admiration, Minuit, collection « Critique », 1991.
Du peintre à l'artiste. Artisans et académiciens à l'âge classique, Minuit, collection « Paradoxe », 1993.
Etats de femme. L'identité féminine dans la fiction occidentale, Gallimard, collection « Les Essais », 1996.
Le Triple Jeu de l'art contemporain. Sociologie des arts plastiques, Minuit, collection « Paradoxe », 1998.
L'Epreuve de la grandeur. Prix littéraires et reconnaissance, La Découverte, collection « L'Armillaire », 1999.
Etre écrivain. Création et identité, La Découverte, collection « L'Armillaire », 2000.

Caroline Eliacheff
Nathalie Heinich

Mères-filles

Une relation à trois

Albin Michel

© Editions Albin Michel S.A., 2002
22, rue Huyghens, 75014 Paris

www.albin-michel.fr

ISBN : 2-226-13144-2

« Ô mon Père qui es aux cieux – si tu es
encore mon Père - quelle est cette enfant
que j'ai mise au monde ? »

Nathaniel Hawthorne,
La Lettre écarlate

Avant-propos

Les hommes ne le savent peut-être pas, mais ce dont la plupart des femmes préfèrent parler entre elles, ce n'est pas d'eux : c'est de leur mère. Tant et tant de confidences chuchotées entre filles, entre adolescentes, entre femmes adultes, entre mères, entre grand-mères même, tournent autour des faits et des dits de leurs mères. C'est que le sujet est un universel féminin : certes, les femmes ne deviennent pas toutes mères, et les mères n'ont pas toutes des filles ; mais toutes les femmes ont une mère, et même, parfois, plusieurs « mamans » (qui peuvent d'ailleurs être des hommes, puisque ce terme désigne une fonction et non une place généalogique). S'interroger sur la relation mère-fille est donc le lot de toutes les femmes à un moment ou à un autre de leur vie, voire toute leur vie ; c'est aussi, qu'ils le veuillent ou non, celui des hommes, observateurs ou impliqués dans cette relation, parfois activement, parfois à leur corps défendant, si même ils n'occupent pas – à leur insu ou en toute clarté – une position maternelle vis-à-vis de leur femme, ou de leur fille.

A partir de disciplines différentes – sociologie et psychanalyse – notre démarche vise un objet commun : les filles en tant qu'elles ont une mère, et non pas en tant qu'elles en sont une ; les mères en tant qu'elles ont une fille, et

11

non pas des enfants – autrement dit, les rapports mère-fille. A cet objet commun, nous appliquons une seule lecture : nos deux disciplines, nos expériences personnelles et professionnelles s'enrichissent l'une l'autre, sans qu'il nous ait paru pertinent de les différencier.

*

A nouveau territoire, autres outils : pas de personnages réels ni de cas cliniques[1], mais l'étude de fictions, littéraires et cinématographiques. Celles-ci n'offrent pas une reproduction de l'expérience réelle, mais une mise en forme stylisée, dramatisée ou épurée, susceptible de construire un imaginaire commun. Du fait même qu'elle a été publiée, mise en scène, diffusée, lue, commentée, la fiction constitue une ressource collective, et non plus une expérience purement individuelle ou contingente. Le recours méthodique à la fiction est précisément ce qui fait passer l'enquête d'une dimension psychologique à une dimension sociologique ou anthropologique.

Davantage que le récit du vécu individuel, quel que soit son degré d'élaboration littéraire, la fiction autorise la généralisation et la transmission, offrant la possibilité d'un partage à distance. Se rendre compte que ce que l'on vit d'indicible, d'informulable, voire d'impénétrable, d'autres l'ont exprimé par des images ou par des mots, c'est faire l'expérience d'un lien avec autrui, d'un possible partage de ces ratés relationnels qui nous isolent, d'un possible

---

1. C'est le point commun aux rares livres qui, à notre connaissance, traitent du sujet : celui du pédiatre Aldo Naouri (*Les Filles et leurs mères*, Paris, Odile Jacob, 1998), de la psychanalyste Marie-Magdeleine Lessana (*Entre mère et fille : un ravage*, Paris, Pauvert, 2000), ou de la journaliste américaine Nancy Friday (*Ma mère, mon miroir*, 1977, Paris, Robert Laffont, 1993).

raccordement à des expériences plurielles, voire collectives. C'est ce qu'apportent, chacune dans son domaine, l'empathie de la fiction et la rationalisation de la théorie – l'une et l'autre se nourrissant mutuellement.

Car c'est aussi le rôle de la théorie de généraliser et, par là même, de mettre à distance, de dépersonnaliser, de se détacher grâce aux mots – ces mots qui donnent un sens à la souffrance et au malheur. Comme la fiction, la théorie aide à faire du lien avec tous ceux qui s'y reconnaissent. L'une comme l'autre ouvrent la voie à une possible transmission de ce qui a pu enfermer le sujet dans l'indicible, l'inimaginable, l'incompréhensible, le non-symbolisable. Comme le remarque le psychanalyste Serge Tisseron : « Les mêmes angoisses rapportées à un spectacle public deviennent comme par enchantement un objet de socialisation. En parlant d'un film violent et des angoisses qu'on a éprouvées en le voyant, on parle le plus souvent de sa vie (en le sachant rarement car alors la honte nous saisirait) à des gens qui, eux, l'ignorent toujours [1] ! » C'est aussi ce qui explique, pour une part, ses vertus thérapeutiques, comparables à celles des contes de fées analysées par le psychanalyste Bruno Bettelheim [2]. La fiction est d'ailleurs une ressource qu'expérimentent très tôt les petites filles dans leur rapport avec leur mère, à travers les scénarios qu'elles inventent avec leurs poupées, et où elles peuvent rejouer la relation mère-fille mais en tenant, elles, le rôle actif de la mère.

---

1. S. Tisseron, *Enfants sous influence. Les écrans rendent-ils les jeunes violents ?*, Paris, Armand Colin, 2000, p. 58.
2. B. Bettelheim, *Psychanalyse des contes de fées* (1976), Paris, Pluriel, 1988. Voir aussi, pour une approche jungienne de cette fonction thérapeutique des contes, Clarissa Pinkola Estés, *Femmes qui courent avec les loups. Histoires et mythes de l'archétype de la femme sauvage* (1992), Paris, Grasset, 1996.

Mais à quoi renvoie la fiction ? A l'expérience réelle, comme le ferait un témoignage ? Ou au monde imaginaire, comme le ferait un fantasme ou un rêve ? Cette question a fait s'affronter bien des théoriciens – en vain, car ces deux dimensions sont, bien sûr, présentes, conférant à la fiction sa plasticité et sa force[1]. A la dimension fantasmatique de l'imaginaire, elle ajoute la possibilité d'une référence à l'expérience réelle ; à la dimension réaliste du témoignage vécu, elle ajoute la transposition dans le registre imaginaire, permettant de se détacher de l'expérience individuelle pour partager des repères communs – mythes ou contes de fées, personnages de romans, intrigues de films... C'est pourquoi, à nos yeux, les auteurs hommes sont des pourvoyeurs de fiction aussi crédibles que les auteurs femmes : s'il s'agissait d'un témoignage, ils ne pourraient nous offrir un récit « de première main » ; mais dès lors qu'ils ont recours à la fiction, ils exploitent d'autres ressources, notamment leurs capacités d'observation et d'empathie, qui font de certains romanciers – pensons à Balzac, à Flaubert, à James – des analystes hors pair du vécu féminin.

Seule une dimension de la fiction est exclue de notre analyse : celle qui renvoie à l'art littéraire ou cinématographique. Ce n'est pas la littérature ou le cinéma à travers la problématique des rapports mère-fille qui nous intéressent, mais la réalité de ces rapports à travers le filtre de la fiction. Privilégier celle-ci plutôt que, par exemple, des témoignages ou des cas cliniques relève d'une décision de méthode, non d'un choix d'objet. Autant dire que la question de la valeur artistique des œuvres sélectionnées n'a aucune pertinence dans notre enquête. Les spécialistes du roman

---

1. Cette propriété a été analysée de façon savante par Jean-Marie Schaeffer, *Pourquoi la fiction ?*, Paris, Seuil 1999, notamment p. 260

ou du film voudront bien nous pardonner cette liberté prise avec leurs objets.

*

Dans un article consacré aux différentes versions du *Petit Chaperon rouge*, l'anthropologue Yvonne Verdier montrait que les versions écrites qui nous sont parvenues (celles de Perrault et de Grimm) opèrent d'étranges déplacements par rapport à la tradition orale telle qu'elle se transmettait de personne à personne dans les foyers populaires d'autrefois. Dans les versions orales, ce n'est pas le loup qui est l'interlocuteur principal de la petite fille, mais la grand-mère ; ce ne sont pas les hommes qui menacent en priorité le monde féminin, mais les femmes, qui se dévorent entre elles ; et ce n'est plus la confrontation avec la sexualité masculine que symbolise le récit, mais c'est l'initiation aux âges successifs de la vie d'une femme, incarnés par la fille, la mère, la grand-mère. L'aventure de la petite fille n'est pas tant la découverte de la sexualité, au risque du viol, que l'affirmation de son identité de femme, au risque de la rivalité, scandée par l'apprentissage progressif des savoir-faire féminins.

Au terme de cette subtile analyse, l'auteur s'interroge sur le succès de la version savante, celle qui privilégie « les relations de séduction entre le loup et la petite fille » avec pour fonction d'avertir : « Petites filles, méfiez-vous du loup. » Cette version a fini par occulter la version populaire, insistant sur les « fonctions féminines » et « porteuse d'une tout autre morale : "Grand-mères, méfiez-vous de vos petites-filles !" [1] ».

1. Yvonne Verdier, « Le Petit Chaperon rouge dans la tradition orale », *Le Débat*, n° 3, juillet-août 1980 ; repris dans *Coutume et destin. Thomas Hardy et autres essais*, Gallimard, Paris, 1995. Cette interprétation trouve

Ce quadruple déplacement – de l'écrit à l'oral, du savant au populaire, du masculin au féminin, et d'une problématique de la sexualité à une problématique de l'identité – permet de mettre en évidence l'importance de l'enchaînement des places, de génération en génération, ainsi que la dimension critique des rapports mère-fille dans la transmission des rôles et la construction des identités. Ainsi se trouve dessiné le cadre de notre recherche : comment apparaissent les rapports mère-fille, dans tous leurs aspects et à tous les âges, dès lors qu'on s'éloigne des problématiques savantes sur la littérature et des interrogations centrées sur une vision masculine ou non sexuée ? Et en quoi sont-ils spécifiques, c'est-à-dire non réductibles aux rapports parents-enfants en général ?

*

Notre enquête ne vaut pas pour toutes les civilisations : nous nous en tiendrons aux sociétés occidentales ou occidentalisées. En revanche, la délimitation temporelle est moins aisée que la délimitation spatiale. Car en prenant en compte toutes les formes de fiction – du mythe au roman et du conte au film, en passant par le théâtre voire la télévision –, nous nous donnons une temporalité très large. Dans les rapports mère-fille, il est souvent difficile

---

une confirmation avec l'analyse de la peur du loup par les psychanalystes Nicholas Abraham et Maria Torok : « Ce genre de phobie infantile renvoie souvent à un grand-parent, et cela par l'intermédiaire de la peur que la mère ressent, inconsciemment, devant sa propre mère. Peur que celle-ci ne la châtre en lui ravissant la maternité. Cette peur inconsciente, aussi fréquente que la peur du loup des enfants, donne à supposer que le "loup" est choisi précisément par une référence implicite à la grand-mère. Le loup n'est-il pas le seul mammifère, à part la grand-mère, bien entendu, qui assume la charge d'élever un enfant humain ? » (N. Abraham et M. Torok, *L'Écorce et le Noyau*, 1978, Paris, Flammarion-Champs, 1987, p. 439).

de faire le partage entre ce qui est spécifique d'une époque et ce qui est transversal à toutes, autrement dit entre des paramètres socioculturels et une réalité psychique sinon intemporelle, du moins peu perméable aux évolutions. Pour l'essentiel, la question de l'historicité des rapports mère-fille demeure ouverte. Probablement ne trouvera-t-elle de réponse, si elle en trouve, qu'au cas par cas.

Dernière mise en garde : si la fiction est un excellent révélateur des situations de crises, elle ne traite guère des situations sans tensions. Par définition, celles-ci n'offrent pas de quoi mener une intrigue : même les romans les plus « roses » se doivent de faire passer leurs héroïnes par des épreuves. Aussi les choses risquent-elles de sembler bien plus noires qu'elles ne le sont dans la réalité Les rapports mère-fille ne sont pas forcément aussi problématiques qu'ils apparaissent dans notre corpus. Mais en mettant en évidence, avec l'appui de la fiction, les problèmes les plus graves, on peut reconstituer en négatif les conditions d'une bonne relation. C'est du moins ce que nous nous efforcerons de faire en conclusion. Car dans la difficile mais inévitable expérience qui consiste, pour une femme, à être une mère pour sa fille et, pour une fille, à être – mais pas forcément à rester – la fille de sa mère, il est sans doute des voies plus praticables que d'autres.

Première partie

PLUS MÈRES QUE FEMMES

Toute femme accédant au statut de mère se trouve confrontée à deux modèles d'accomplissement, correspondant à des aspirations le plus souvent contradictoires : soit mère, soit femme ; soit maillon d'une lignée familiale, soit individu doté d'une personnalité spécifique ; soit dépendante, soit autonome ; soit respectable, soit désirable ; soit dévouée aux autres, soit vouée au « constant programme de ses perfections personnelles », comme disait la duchesse de Langeais ; ou même, soit procréatrice, soit créatrice[1]. Certes, ces deux modèles peuvent coexister chez une même personne, une même identité, un même corps : choisit-on vraiment d'être toute mère, ou toute femme ? Il arrive aussi que, sur l'éventail des positions entre ces deux pôles, certaines tiennent une position médiane ou – mieux – parviennent à moduler leur position selon les âges de la vie. Mais beaucoup se retrouvent, qu'elles le veuillent ou non, plutôt – voire très nettement – d'un côté ou d'un autre : plus mères que femmes, ou plus femmes que mères. Commençons par les premières.

---

1. Voir Nathalie Heinich, « La première clivée », in *États de femme. L'identité féminine dans la fiction occidentale*, Paris, Gallimard, 1996.

1.

Plus mères que femmes
et bébés-filles

« J'aime bien Mariette, mais je commence à croire que tu n'as pas tout à fait tort. Il y a décidément des maladies spéciales aux femmes. Métrite. Salpingite. La tienne fait une inflammation de la maternité. J'appelle ça de la *maternite* » : voilà comment, dans *Le Matrimoine* d'Hervé Bazin (1967), l'oncle du mari de la jeune femme décrit ce basculement d'une jeune épouse en mère entièrement absorbée par la maternité, délaissant son mari et sa propre identité d'épouse, troquant la sexualité conjugale contre la sensualité maternelle. C'est l'enfant, à présent, qui est objet de jouissance : « Nos femmes, qui hésitent à tâter de l'homme dans l'ombre, regardez-les avec l'épiderme de gosse jouir librement et vingt fois plus qu'avec le nôtre. Comme elles la triturent, la viande douce ! C'est quatre ou cinq fois par jour que j'assiste à la scène ou que je la devine, au parfum. Mariette est seule ; ou avec sa mère ; ou encore avec ses amies : changer le bébé devant elles est un critère d'intimité, montrant à quel point elles peuvent familièrement communier dans le décrottage. »

Passant de la psychologie à la sociologie (« Lisez les journaux, écoutez la radio, regardez la télé : il n'y en a plus que pour leur race sublime ! »), il fustige cette ère « gynécolithique » de l'enfant-roi dans laquelle nous sommes

23

entrés : « C'était dans l'air, aussi. Voyez comme elles se multiplient, autour de vous, ces esclaves ambiguës, qui ne le sont plus de nous, mais de ce qui leur est tombé du ventre ! Voyez comment, grognant sans cesse, consentant sans arrêt, elles sont ravies de se ravager, de substituer aux nôtres les exigences de l'enfant-roi ! »

Il est vrai qu'avec les progrès du contrôle des naissances, l'investissement parental tend à se focaliser d'autant plus intensément sur l'enfant que celui-ci est rare et désiré, faisant des excès d'amour une pathologie probablement plus répandue, aujourd'hui, qu'à l'époque pas trop lointaine où c'était, au contraire, le défaut d'amour qui était un sujet de roman, avec la Folcoche de *Vipère au poing* ou la mégère de *Poil de carotte*[1]. Cette pathologie familiale tend à se transmettre de génération en génération – « Telle mère, telle fille » – comme le suggère Hervé Bazin : « Et toutes ces petites filles, dont on célèbre aussi la neuve liberté, le droit d'être couchées, demain seront aussi vite accouchées, demain viendront grossir la sainte masse des mères, pour se réjouir comme elles, pour se légitimer comme elles, tout le reste de leur vie, dans l'élevage du blondin. »

---

1. « Pendant vingt siècles et plus, les femmes n'ont pas eu le choix : elles "tombaient" enceintes au gré des lunes, au gré des hommes, maris ou amants, et les "faiseuses d'anges" avaient bien de l'ouvrage ! Les *Poil de carotte*, les *Bon Petit Diable*, les *David Copperfield* servaient de prototype à une littérature enfantine fondée sur le malheur d'être né d'une mère non désirante » (Christiane Olivier, *Peut-on être une bonne mère ?*, Paris, Fayard, 2000, p. 10).

Le père ou l'enfant ?

Du blondin, ou de la blondinette ? Ce surinvestissement du nourrisson par la mère, au détriment du lien
conjugal, est-il plus ou moins fréquent, ou différent, selon
que le bébé est un garçon ou une fille ? La fiction ici ne
nous aide guère, sinon à confirmer ce que nous appren-
nent la clinique pédiatrique et psychanalytique ainsi que
certaines études psychologiques, selon lesquelles allaitement et portage tendraient à être plus généreusement
octroyés aux garçons qu'aux filles[1]. Ainsi, le nourrisson
que sa mère couvre de baisers à la fin d'*Un mariage
d'amour* de Tolstoï (1852), au moment même où elle
prend conscience que son « roman » avec son mari est terminé (« un sentiment neuf, l'amour de mes enfants et de
leur père, fut à l'origine d'une autre existence, d'un bonheur différent, que je n'ai pas fini de vivre à la minute
présente »), ce nourrisson qu'elle soustrait même au regard
de son mari (« personne en dehors de moi ne devait le
regarder ») et dont elle fait sa chose exclusive (« "Il est à
moi ; à moi !" pensai-je avec une heureuse tension dans
tous les membres en serrant l'enfant contre ma poitrine,

---

1. Voir Elena Gianini Belotti, *Du côté des petites filles* (1973), Paris, Éditions des femmes, 1975. « On reconnaîtra chez la femme la trace de la
frustration précoce imposée par bien des mères qui ont nourri la fille moins
abondamment que le garçon pendant son enfance » (Françoise Couchard,
Emprise et violence maternelles. Étude d'anthropologie psychanalytique, Paris,
Dunod, 1991, p. 62) ; « La fille a donc le plus souvent contemplé la jouissance avec laquelle la mère nourrissait ses fils. Elle l'a vue lui parler plus
tendrement, le caresser plus intimement, toutes douceurs qui lui ont été
mesurées parcimonieusement, peut-être pour ne pas l'accoutumer à des
jouissances que la vie et le mariage lui refuseraient dans maintes cultures »
(*ibid.*, p. 65).

me retenant à grand-peine pour ne pas lui faire du mal »)
– ce nourrisson est un garçon.

« Personne en dehors de moi ne devait le regarder » :
c'est là un état extrême de l'amour maternel, où le désir
de symbiose tend à faire le vide autour de la relation entre
la mère et l'enfant, au prix de tous les autres liens – celui
de la femme avec son mari, du père avec l'enfant et de
l'enfant avec le reste du monde. Cette névrose de l'amour
maternel est une pathologie de l'attachement qui consiste
à donner à l'enfant toute la place, dans la jouissance
d'exercer une toute-puissance sur un être entièrement
dépendant : toute-puissance instrumentée par un don sans
fin, exigeant en retour une remise de soi tout aussi infinie.
Comme le formulait si bien l'écrivain Ruth Klüger : « Il
n'y a que les enfants qui soient plus dépendants que les
femmes, c'est pourquoi les mères sont souvent si dépendantes de la dépendance de leurs enfants à leur égard[1]. »

Du fait de leur dépendance totale, quoique transitoire,
les nourrissons des deux sexes commencent invariablement
par tout attendre de l'adulte, qu'il va de soi de nommer
« la mère » lorsque c'est effectivement la génitrice qui fait
fonction exclusive de maman. Pour la fille, cette autre est
aussi sa semblable, alors que pour le garçon, cette femme
est autre : ce pour quoi cette dépendance originaire n'a
pas la même résonance, et n'aura pas les mêmes conséquences, pour l'un et l'autre sexe. Symétriquement, cette
dépendance appelle un investissement important de la
mère sur l'enfant. Mais s'agit-il pour autant d'un investissement exclusif et absolu ? Cette question se pose de deux
façons : d'une part, dans quelle mesure existe-t-il réelle-

---

1. Ruth Klüger, *Refus de témoigner. Une jeunesse* (1992), Paris, Viviane
Hamy, 1997, p. 286.

ment ? Et d'autre part, dans quelle mesure est-il souhaitable ?

S'il est vrai, comme le souligne Aldo Naouri, que « le corps maternel se met des mois durant au strict service du corps fœtal, anticipant l'ensemble de ses besoins au point de les satisfaire avant même qu'ils ne s'expriment[1] », ces données physiologiques de la grossesse ne sont pas pour autant transposables sur le psychisme de la femme : il est toujours suspect de vouloir réduire qui que ce soit à la physiologie, fussent les femmes – objets privilégiés d'une telle réduction –, fussent les mères. De toutes façons, les femmes enceintes ne vivent ni physiquement, ni psychiquement en autarcie avec l'enfant qu'elles portent : pour le nourrir, encore faut-il qu'elles-mêmes se « nourrissent » de l'extérieur – à tous les sens de ce terme. Qu'elles soient seules ou pas dans la réalité, elles sont encore majoritaires à n'avoir pas conçu l'enfant toutes seules, et à être dans une relation d'échange physique et psychique avec le futur père.

L'autre aspect de la question est de savoir si un investissement exclusif de la mère sur l'enfant est bénéfique, voire nécessaire, du moins tant qu'il ne dure que ce que dure la dépendance totale du nourrisson. C'est ce que laissent entendre le pédiatre et psychanalyste anglais Donald W. Winnicott, pour qui la « maternite » s'appelle « préoccupation maternelle primaire[2] », ainsi que le pédiatre français Aldo Naouri, pour qui cette « propension incestueuse naturelle est strictement indispensable au tout-petit », alors que, « livrée à elle-même et sans contrepoids, cette

---

1. A. Naouri, « Un inceste sans passage à l'acte : la relation mère-enfant », in Françoise Héritier (éd.), *De l'inceste*, Paris, Odile Jacob, 1994, p. 102.
2. D. W. Winnicott, *De la pédiatrie à la psychanalyse* (1958), Paris, Payot, 1969.

propension finit toujours par devenir à la longue proprement mortifère », produisant « de très sérieux dégâts » si
elle n'est pas rapidement atténuée ou brisée[1].

Dans les premiers mois de la vie, la venue d'un enfant
exige incontestablement du temps, de l'attention, voire
une certaine abnégation. Ce n'est pas pour autant une
raison de penser qu'une femme ait pour mission de s'y
consacrer exclusivement, ni, surtout, qu'elle doive déplacer
sur le corps de l'enfant des sensations érotiques qu'elle
devrait éprouver ou retrouver avec un homme. Certaines
femmes ont déjà, avant l'accouchement, du mal à envisager qu'un et un puissent faire trois ; et si un et un, à leurs
yeux, ne peuvent faire que deux, alors l'arrivée du troisième posera problème – à moins que l'homme ne les aide
en occupant pleinement sa place de père et d'amant. Cette
tendance à l'investissement exclusif de la mère sur l'enfant
tend à être d'autant plus valorisée, de nos jours, que les
femmes sont amenées, du fait de leur travail, à faire garder
précocement à l'extérieur un enfant qui, dans leur imaginaire, n'aurait peut-être jamais dû sortir du giron
maternel.

Quel que soit l'éventuel bénéfice que le petit enfant
puisse retirer de cette position privilégiée – mais il est toujours difficile de parler au nom du bien-être supposé d'un
enfant –, reste qu'on ne peut en faire une norme sans
risquer de graves dommages pour la mère. On sait que les
dépressions après l'accouchement sont devenues, par leur
fréquence et leur durée, un véritable problème de santé
publique, tant pour les femmes que pour les bébés – les
conséquences en étant souvent graves et difficiles à dia-
gnostiquer d'emblée. C'est là le sujet du film de Dominique Cabrera, *Le Lait de la tendresse humaine* (2001), qui

---

1. A. Naouri, « Un inceste sans passage à l'acte », art. cit., p. 110.

met en scène un cas de dépression du post-partum advenu de nos jours chez une femme ordinaire. Il est significatif que cette dépression apparaisse à la naissance de la première fille, après deux garçons, chez une femme acharnée à être parfaite. « Ma naissance a été pour ma mère le plus beau jour de sa vie », dit-elle d'une voix de petite fille récitant une leçon, alors que son propre accouchement lui a laissé un souvenir douloureux et frustrant. Est-ce l'incapacité de faire en sorte que la naissance de sa propre fille soit « à la hauteur » de ce que fut sa propre naissance pour sa mère qui l'a plongée dans la dépression ?

S'il n'y a évidemment pas de cause unique à ces dépressions, on peut néanmoins se demander si elles n'ont pas quelque chose à voir avec les exigences exorbitantes qui sont faites aux mères : pour peu qu'on attende d'elles, à la naissance de leur enfant, qu'elles renoncent à tout, hormis à s'occuper du bébé, et pour peu qu'elles ne s'autorisent pas à exprimer leur ressentiment, voire leurs accès de haine à l'égard de l'enfant, alors le retranchement dans la dépression est une solution de repli qui leur permet, pendant un temps, de s'exclure de tout ce qui les intéresse, y compris leur enfant[1]. Autant dire que personne – ni la mère, ni le nourrisson, ni le père – n'a à gagner à un surinvestissement maternel qui ferait de l'enfant le centre exclusif de la vie de la mère.

---

1. Cette analyse rejoint les conclusions du sociologue Alain Ehrenberg sur les formes modernes de la dépression, « maladie de la responsabilité », où la pathologie du conflit laisse place à une pathologie de l'insuffisance. Voir A. Ehrenberg, *La Fatigue d'être soi. Dépression et société*, Paris, Odile Jacob, 1998.

Le garçon ou la fille ?

Mais, encore une fois, cela concerne-t-il les enfants en général, ou les filles en particulier ? Ou, plus précisément : plutôt les garçons dans les familles traditionnelles (celles de l'Europe jusqu'à l'époque victorienne, celles du Maghreb, des pays musulmans et des cultures asiatiques [1]), et plutôt les filles dans les familles occidentales actuelles, souvent mono-parentales, voire repliées sur le tête-à-tête entre une mère et son enfant unique ? « Jamais sans ma fille ! » : voilà qui pourrait être le nouveau mot d'ordre des mères « plus mères que femmes », qui trouvent leur raison de vivre dans la sym-biose avec une fille-miroir, une fois le père réduit, au mieux, à la transparence ou – pire – au statut d'obstacle, voire d'en-nemi à abattre. Comme le dit Christiane Olivier, l'enfant – et en particulier la fille – semble bien servir de « bastion » dans la « guerre des sexes », de sorte que « l'acharnement de la femme à revendiquer l'enfant est aussi grand que le refus de l'homme à l'assumer [2] ».

Posons la question autrement, en interrogeant la spécifi-cité du rapport mère-fille non plus sur ses causes (c'est *parce que* la mère traiterait différemment la fille que, etc.) mais sur ses formes et sur ses effets : en quoi l'investisse-ment de la mère « plus mère que femme » se présente-t-il de façon spécifique sur la fille, et produit-il des conséquen-ces différentes ou plus prononcées que sur le garçon ?

---

1. Le privilège accordé aux garçons prend bien sûr des formes différentes selon les sociétés. Sur le Maghreb, voir Germaine Tillion, *Le Harem et les Cousins*, Paris, Seuil, 1966, et Camille Lacoste-Dujardin, *Des mères contre les femmes. Maternité et patriarcat au Maghreb*, Paris, La Découverte, 1985 ; sur la société indienne, Sudhir Kakar, *Moksha, le monde intérieur. Enfance et société en Inde* (1982), Paris, Les Belles Lettres, 1985.

2. Christiane Olivier, *Les Enfants de Jocaste. L'empreinte de la mère*, Paris, Denoël, 1980, p. 177.

2.

Plus mères que femmes
et petites filles

Loin de s'arrêter au bout de quelques mois, l'investissement exclusif de la mère dans la fonction maternelle peut se prolonger en se focalisant sur la petite fille. Cette situation familière n'apparaît que marginalement dans la fiction, sans guère faire l'objet principal d'une intrigue. Exceptionnel est donc *Bellissima*, le film réalisé en 1951 par Luchino Visconti, en ce qu'il est tout entier centré sur l'usage que fait de sa petite fille une mère « plus mère que femme ».

Bellissima

Situé dans la Rome populaire de l'après-guerre, et en plein néo-réalisme, le film raconte comment une mère, interprétée par Anna Magnani, projette ses désirs d'ascension sociale, de gloire et d'admiration sur sa fillette, dont elle veut faire une vedette de cinéma depuis que s'est ouvert, à Cinecittà, un concours pour recruter la petite interprète d'un film. Utilisant les maigres ressources que lui autorise son métier d'infirmière, Maddalena tente de modeler sa petite Maria, âgée de cinq ou six ans, conformément à l'image qu'elle se fait d'une future vedette en

31

herbe : coiffeur, professeur de danse, professeur de diction, costumier, photographe participent à l'opération, dont le succès devrait être garanti par la médiation, dûment rémunérée, d'un employé des studios, à qui elle confie le soin d'offrir aux épouses des décideurs – réalisateur, producteur, chef-opérateur – les cadeaux qui, pense-t-elle, feront la différence avec les nombreuses concurrentes.

L'intercesseur, bien sûr, s'avérera être des plus véreux. De toutes façons la prestation de la fillette, paralysée par la timidité et handicapée par un sérieux zozotement, ne lui vaudra que les fous rires de l'équipe : fous rires auxquels la mère et la fille assisteront en catimini, cachées dans la cabine de projection, au cours d'une scène pathétique où l'épreuve de réalité s'impose brutalement à la mère, jusqu'alors trop confiante. Le conte de fées, en même temps que la morale, pointent toutefois à la fin du film, lorsque les recruteurs, ayant changé d'avis, viennent offrir le contrat rêvé. Trop tard : le rêve s'est effondré. Le cinéma a perdu son aura, la fillette son destin d'exception et la mère ses illusions : elle ne signera pas le contrat, préférant la normalité de leur modeste vie familiale, se réconciliant avec le père et déchargeant enfin sa fille du soin d'incarner le destin auquel, probablement, elle avait déjà renoncé pour elle-même.

L'éviction du père

A l'arrière-plan de l'intrigue s'entrevoit la vérité des liens familiaux qui la sous-tendent. Entièrement dévouée à sa fille – mais surtout, à travers sa fille, à elle-même et à ses propres rêves de grandeur –, Maddalena est, à l'évidence, plus mère que femme : épouse en voie de désexualisation, elle délaisse son mari, puis repousse les avances d'un autre homme. Simultanément, elle amène la fillette à occuper différentes places, qui ont en commun de n'être pas celle d'une enfant. Tantôt c'est sa propre place, lorsqu'elle se mire elle-même dans la chevelure idéalisée de l'enfant, cet emblème de féminité : « Coiffée en arrière, comme ta mère : que tu es belle, que tu es belle ! ». Tantôt c'est la place du mari, exclu du lien noué avec la fille, ombre dans l'appartement, absent de l'aventure Cinecittà dont il devient l'opposant – intrus donc. Tantôt c'est même la place de l'amant potentiel que prend la fillette : « C'est avec elle que tu sors le soir ? » demande, furieux, le mari à sa femme qui rentre tard en compagnie de l'enfant.

Quant à la place du père auprès de sa fille, elle est inexistante, tant la mère a accaparé l'enfant. Il essaie, sans y parvenir, de renouer le contact avec la fillette : une dispute s'ensuit, au terme de laquelle il s'en va, chassé par la mère. La place est libre alors pour le tête-à-tête amoureux entre mère et fille : une mère qui, cherchant à faire de sa fille une actrice, une vedette, une héroïne de film, est bien sûr la seule véritable actrice, vedette et héroïne du film qui nous conte cette histoire ; et une fille qui n'est plus alors que le jouet passif de l'abus narcissique, l'objet sans défense du tout-puissant amour dévorant de la mère. A l'abri des vertus de la maternité, et une fois évacué le père transformé en intrus, celle-ci peut sans vergogne utiliser l'enfant pour projeter sur elle ses propres fantasmes de réussite – gloire et amour total – qu'elle n'est pas parvenue à réaliser dans sa vie de femme.

C'est là la sombre vérité qui, derrière l'idéal dévouement des mères aux enfants, apparaît parfois, tel un fantôme, à la faveur du travail de la fiction : derrière le cri d'amour des forcenées de l'amour maternel (« On n'aime jamais trop les enfants ! ») perce le cri de guerre des femmes assoiffées d'objets à adorer, à investir d'un amour

33

fusionnel, à enrôler dans le désir sans fin d'une absorption sans limites dans et par l'autre – adoration, fusion ou absorption que n'autorisent guère les hommes parce qu'ils sont justement trop « autres », donc insuffisamment malléables et vulnérables à l'emprise amoureuse. Les enfants en revanche sont de parfaits objets, captifs, passifs, entièrement dépendants, au moins pour un temps. Avec les filles, c'est encore mieux qu'avec les garçons : l'« emprise » maternelle peut se conforter d'une projection narcissique sur une personne semblable à soi, autorisée à en différer dans la seule mesure où elle réalise les aspirations insatisfaites ou refoulées[1].

De l'emprise à l'abus narcissique

« Emprise » : c'est le terme utilisé par la psychanalyste Françoise Couchard – un terme qui « parle à l'imaginaire par la force de son préfixe qui évoque l'emprisonnement, la prise venant confirmer l'impact du corporel. Le sens originel du mot est juridique, l'*emprise* désignant d'abord la mainmise administrative sur une propriété privée ; le terme enfin est lié à l'idée d'empreinte ou de trace visible[2] ». Si l'emprise existe aussi de la mère sur le garçon, c'est avant tout sur la fille qu'elle s'exerce, sous les formes les plus obscures et les plus archaïques, allant parfois jusqu'à la violence. Obligation de conformité aux modèles, dépréciation du sexe féminin, imposition de secrets, récits terrifiants, culpabilisations et intrusions de tous ordres en sont les formes les plus visibles – dont la confusion des identités constitue probablement une forme plus subtile

---

1. Voir N. Heinich, *États de femme, op. cit.*, chapitre 19.
2. F. Couchard, *Emprise et violence maternelles, op. cit.*, p. 3.

mais d'autant plus redoutable. Françoise Couchard fraye ainsi une voie rare en psychanalyse : celle qui consiste à privilégier les maltraitances parentales plutôt que les pulsions destructrices ou névrotiques des enfants. Cette voie avait déjà été indiquée, dès 1965, par l'ethnopsychiatre Georges Devereux[1] ; la psychanalyste Alice Miller l'approfondira par la suite.

Avant d'attirer l'attention sur les violences physiques des parents envers les enfants et leurs conséquences dévastatrices, celle-ci avait mis en évidence, de façon tout à fait novatrice, une forme particulière d'« emprise », nommée « abus narcissique » – ce dont il est question dans *Bellissima*. L'« abus narcissique » de l'enfant par les parents et, en particulier, la mère, c'est la projection du parent sur l'enfant, dont les dons sont exploités non pour développer ses propres ressources mais pour combler les besoins de gratification du ou des parents. C'est là le « drame de l'enfant doué », selon le titre donné par Alice Miller à son premier livre, où elle problématise cette question jusqu'alors ignorée par les théories psychanalytiques[2] : ques-

---

1. « S'il est souvent question de séduction parentale dans les observations cliniques, les mêmes auteurs qui en font état au niveau de l'observation se hâtent de retrouver la terre ferme du complexe d'Œdipe, phénomène donné pour spontané lorsqu'ils en viennent à généraliser ou à conceptualiser ; et, lorsqu'une explication s'impose, ils se retranchent derrière le mythe de l'ère glaciaire imaginé par Freud dans l'un de ses rares moments contestables, au lieu de rapporter le complexe d'Œdipe et le comportement qu'il suscite à une incitation "contre"-œdipienne manifeste. Je crois en l'universalité du complexe d'Œdipe, non qu'il soit biologiquement déterminé chez l'enfant, mais parce que le complexe de Laïos ou de Jocaste est biologiquement déterminé chez l'adulte, et induit dès lors par l'adulte chez chaque enfant né et à naître, tant que le monde sera monde » (G. Devereux, « La voix des enfants », 1965, in *Essais d'ethnopsychiatrie générale*, Paris, Gallimard, 1977, p. 142).

2. A. Miller, *Le Drame de l'enfant doué. A la recherche du vrai Soi* (1979), Paris, PUF, 1983.

tion pourtant primordiale aujourd'hui où, avec le contrôle des naissances, l'investissement parental sur les enfants tend à être beaucoup plus massif, engendrant le phénomène de l'« enfant roi » qui détrône tout ce qui existe autour de lui, y compris le père et, avec lui, la vie sexuelle de l'épouse, confinée dans une identité exclusive de mère – plus mère que femme.

Les filles n'en sont pas les seules victimes : les garçons aussi ont leur part du fardeau, comme le raconte exemplairement un film de Jodie Foster, *Le Petit Homme* (1991), histoire d'un surdoué qui rend particulièrement évidente la double instrumentalisation des enfants par les adultes. Car il est à la fois l'objet de projection narcissique de l'adulte insatisfaite d'elle-même, pour la pédagogue chargée de son éducation, et le substitut affectif du conjoint manquant, pour la mère célibataire. Toutes deux se le disputent, cherchant à se l'approprier « pour son bien ». Est-ce un hasard si elles sont, l'une et l'autre, insatisfaites dans leur vie sexuelle [1] ?

Mais si l'abus narcissique peut emprunter des figures variées – père-fils, mère-fils, père-fille, mère-fille – c'est cette dernière toutefois qui prend les formes les plus pures et les plus ravageuses [2]. Car la projection narcissique est d'autant plus aisée qu'elle se fait sur un enfant du même

---

1. On trouve dans la réalité un exemple frappant d'« abus narcissique » sur un garçon, commis non par la mère mais par le père : c'est le cas du jeune Mozart tel que le décrit le sociologue Norbert Elias dans son livre *Mozart. Sociologie d'un génie* (Paris, Seuil, 1991). Pour une lecture de ce cas à la lumière de la notion millérienne d'« abus narcissique », voir N. Heinich, « Génie de la sociologie », *Critique*, n^us 550-551, mars-avril 1993.

2. « *L'emprise* maternelle sur le garçon prend souvent une forme plus douce, masquée sous la séduction et la tendresse, c'est une *emprise* par un trop-plein d'attention et d'amour. L'*emprise* sur la fille imposera davantage à celle-ci de se couler dans les modèles de la mère, de respecter ses désirs, de tout faire pour lui ressembler » (F. Couchard, *op. cit.*, p. 66).

sexe, et l'insatisfaction dont elle procède est d'autant plus probable qu'on a affaire à des êtres peu autonomes, ayant peu de contrôle sur leur propre vie et peu de moyens d'accéder à des modes de réalisation de soi extérieurs à la vie familiale – c'est-à-dire, traditionnellement, les femmes.

Lorsque c'est le garçon qui est chargé de réaliser les aspirations parentales, celles-ci sont plutôt d'ordre familial que personnel : c'est toute une lignée qui, dans l'esprit des parents, s'incarne dans le jeune héritier, alors que l'héritière investie par sa mère l'est plutôt sur un mode interpersonnel, dans une confusion des identités qui, paradoxalement, est plus lourde à porter qu'une charge familiale, parce que moins dicible, moins médiatisable par des tiers. Plus encore que pour les garçons, l'abus narcissique commis sur les filles est aussi, indissociablement, un « abus identitaire », la fillette étant mise à une place qui n'est pas la sienne et, corrélativement, dépossédée de sa propre identité par celle-là même qui a charge de l'aider à la construire.

Le devenir de l'enfant abusée

Quelles qu'en soient les causes, le résultat a toutes chances d'être, pour les filles, la reproduction de l'insatisfaction maternelle. Car le surinvestissement par la mère s'accompagne d'un déficit d'amour réel, que l'enfant transforme en défaut d'estime de soi, insatiable demande de reconnaissance et besoin d'amour inassouvi : l'« enfant doué » ne cesse de multiplier les prouesses pour mériter, par ses dons, un amour toujours insatisfaisant car jamais dirigé vers lui-même, pour lui-même – mais seulement vers ce dont il tient lieu, à savoir l'image idéalisée de la mère. Le « don » de l'enfant résulte ainsi de sa capacité, exceptionnellement développée, à répondre aux attentes de la mère abusive.

C'est probablement à son manque de dons initiaux que Maria, la petite héroïne de *Bellissima*, doit sa sauvegarde : timide et bégayante, suscitant la risée, elle se coule trop mal dans le désir d'identification de sa mère pour permettre à celle-ci de poursuivre sa chimère. C'est une chance que n'aura pas connue le jeune Mozart, comme tous les enfants prodiges chez qui le don, facilité par la réceptivité à la demande parentale, sert de monnaie d'échange au besoin d'amour parental – mais d'un amour réellement dirigé vers l'enfant, et non vers cet enfant fantasmé qu'a investi l'adulte. Or ce besoin ne peut jamais être comblé, parce que les marques de sollicitude ne s'adressent jamais réellement à l'enfant. Cette insécurité affective, ce manque d'amour engendre de sa part une fuite en avant dans des performances toujours plus poussées, parce que l'enfant n'en a jamais fini de chercher à mériter cet amour qui ne l'atteint jamais, puisqu'il ne lui est pas destiné.

Eût-elle été plus douée, la petite Maria aurait donné prise, durablement, à cet excès d'amour déplacé, couplé à un défaut d'amour réel, qui est le propre de l'abus narcissique. Probablement en aurait-elle éprouvé un sentiment profond d'indignité, qui toutefois n'eût même pas été exprimable tant il aurait été immédiatement démenti par l'expérience manifeste d'un don hors du commun, d'un amour maternel débordant. De sorte que l'enfant, toujours plus douée, toujours plus entourée et fêtée, n'en resterait pas moins seule avec le secret de son malheur – mais un secret dont elle serait elle-même exclue, parce qu'elle n'y aurait pas même accès, prise elle aussi dans l'illusion d'un amour sans failles, d'une admiration sans conditions.

Adolescente, elle serait sans doute devenue une jeune fille brillante mais toujours avide de satisfactions narcissiques, alternant les périodes d'excitation et de dépression, de suractivité et de passivité, toujours désireuse de plaire mais généralement peu aimée, probablement boulimique en même temps que soucieuse de sa ligne, affectivement immature autant que sexuellement très avertie. C'est là du moins le portrait que, dans les années soixante, la psychanalyste Helen Deutsch traça d'un cas clinique, prénommé Betty. Dès l'âge de trois ans, sa mère l'avait considérée comme une enfant exceptionnelle, et l'avait poussée à développer ses dons en même temps qu'elle la maintenait dans une étroite dépendance – exactement comme dans *Bellissima*. La récurrence de tels cas incite Helen Deutsch à y voir un phénomène d'époque, dès lors que les mères commencent à développer des aspirations que leur statut social ne leur permet pas encore de réaliser, et qu'elles reportent sur leur fille[1].

Eût-elle été capable de satisfaire, comme Betty, les ambitions de sa mère, la petite Maria de *Bellissima* aurait vu peu à peu, au fil de son existence, l'excitation de l'enfant prodige faire place à la dépression qui guette les êtres aussi exceptionnellement doués que profondément clivés : clivés entre petitesse et grandeur, haine et amour de soi, intériorité de l'être et extériorisation par le faire, obscurité d'une souffrance secrète et lumières d'une gloire vainement offerte. Tel est, en effet, le destin de la fillette lorsque sa mère, oublieuse de sa propre identité de femme, l'a chargée de réaliser ses aspirations à sa place.

---

1. Betty « est issue d'une famille très intellectuelle. La mère est extrêmement ambitieuse, mais elle a été contrariée sur ce point » (H. Deutsch, « L'adolescence des filles », in *Problèmes de l'adolescence. La formation des groupes*, 1967, Paris, Payot, 1970, p. 128-131).

3.

Plus mères que femmes
et adolescentes

Qu'en est-il à présent des mères « plus mères que femmes » face à leurs filles adolescentes ? Mères qualifiées parfois de « possessives » ou « fusionnelles », elles voient le
moment où l'objet de leur amour va s'émanciper, se tourner vers d'autres sources de gratifications : les amies filles,
d'abord, et puis les hommes, qui combleront une aspira-
tion que la mère, aussi aimante soit-elle, ne peut apporter.
Car la fille en tant que femme, en tant qu'être sexué, n'est
plus la fille en tant qu'enfant ; c'est cette différence-là que
ces mères ont du mal à admettre, c'est-à-dire à intégrer à
la relation, même si, en théorie, elles le savent bien – mais
quand même... Exclues de la vie amicale ou amoureuse de
leur fille, elles chercheront peut-être à retarder ce moment
funeste, en la coupant du monde ; ou bien à s'immiscer
dans ces relations parasites en en conservant le contrôle –
histoire, bien sûr, de ne pas laisser l'enfant s'égarer...
    La fille, elle aussi, vit douloureusement la perte de ce
qui était resté une idylle sans histoire tant qu'elle jouait le
jeu, tant qu'elle était l'objet passif, le jouet consentant
d'une mère abîmée dans la maternité. Elle n'est plus à
présent dans l'intemporalité de l'enfance, mais dans une
histoire – son histoire à elle – où il lui faut à toute force
avancer, se décider, couper des liens, en nouer d'autres : il

y a désormais ce qui est derrière elle, inexorablement, et ce qui vient devant, immanquablement. Derrière elle, le tête-à-tête trop familier où l'air – les autres – s'est mis peu à peu à manquer ; devant elle, l'inconnu, les liens sans repères autres que ce qu'elle a toujours connu et qu'elle risque fort, du même coup, de chercher à recréer : la fusion, la symbiose, l'engloutissement dans l'autre, comme le font parfois les couples d'adolescents collés l'un à l'autre, mimant la sexualité adulte dans une coquille relationnelle close.

Parvenir à avancer dans son histoire à elle, c'est réaliser ce que les psychanalystes anglo-saxons nomment le *cut-off*, c'est-à-dire « la manière de se séparer de son passé pour s'engager dans la vie au niveau de sa propre génération[1] ». Or il n'est pas facile d'accomplir ce *cut-off* pour devenir une femme, surtout lorsqu'on n'a jamais été que la fille-de-sa-mère et quand l'autre – le modèle, la référence – n'a jamais été, ou presque, que la mère-de-sa-fille. Certaines même n'y parviendront pas, faute de repères, faute d'une possible identification : de quel modèle de femme dispose-t-on lorsqu'on n'a devant soi qu'une mère ? Et celles qui y parviendront le paieront, probablement, d'une sourde culpabilité : comment peut-on abandonner une mère qui vous aime tant ?

Circuit Carole

Notre imaginaire collectif n'est pas dépourvu de scènes violentes entre mères et filles, où celles-ci se débattent contre les diktats et les interdits de celles-là, s'obstinant

---

1. Murray Bowen, *La Différenciation du soi. Les triangles et les systèmes émotifs familiaux* (1978), Paris, ESF, 1996, p. 95.

parfois leur vie durant à vouloir les changer : classique affrontement entre la sévérité de la mère, qui surveille les fréquentations, et le désir d'émancipation de la fille, qui cherche à aller voir ailleurs. Plus rares en revanche sont les fictions qui mettent en scène la configuration – très actuelle – où une fille doit faire face à une mère « parfaite », compréhensive, permissive, ne s'autorisant pas à édicter le moindre interdit : comment gérer alors un conflit forcément latent, informulé, puisque au besoin d'émancipation de la fille (« Maman, je veux m'en aller ! ») répond l'autorisation de la mère (« Tu fais ce que tu veux, ma fille... »), assortie cependant d'un reproche paralysant (« ... mais j'en crèverai ! »).

C'est cette situation indicible que tente de décrire le film d'Emmanuelle Cuau, *Circuit Carole* (1990). Une mère (Bulle Ogier) et sa fille Marie (Laurence Côte) vivent ensemble, en l'absence du père – jamais nommé ni évoqué, même en photo. C'est une situation de couple, qui pèse manifestement à la fille, d'autant qu'elle ne peut pas reprocher grand-chose à sa mère : mère parfaite, toujours tranquille et disponible, qui l'écoute patiemment lorsqu'elle s'essaie au chant, la nourrit avec sollicitude, s'ingénie à lui faire plaisir ; mère incapable de soutenir le moindre conflit avec celle qui est toute sa vie, si ce n'est de petits reproches lorsque la fille, comme pour entendre enfin la vraie voix de sa mère, transgresse les repères habituels – volant dans les magasins, oubliant le courrier...

Marie parvient toutefois – avec une maturité si étonnante qu'elle semble un artifice de scénario – à expliciter le malaise de cet enfermement dans une relation à deux, exclusive de tout tiers. Un jour, dans l'intimité de la chambre, elle explose : « Tu crois que tu m'apportes la sécurité, mais ce n'est pas la sécurité que tu m'apportes : c'est la panique !... »

La mère ne réagit pas. La fille continue :
« J'aimerais te sentir vivre pour toi : ça m'aiderait, je
me sentirais plus mûre. J'aimerais t'entendre crier, pleurer,
t'énerver... Qu'est-ce qui va se passer quand tu ne m'atten-
dras plus ? Tu vas mourir de chagrin ? »

Mutique, paralysée, la mère ne répond toujours rien, se
contentant de fixer sa fille.

« Mais aide-moi ! Arrête de me regarder avec cet air de
chien battu ! » (et ce regard sans vie de la mère a probablement à voir avec le sentiment de « panique » de sa fille[1])

« J'aimerais que tu fasses quelque chose, que tu me parles, que tu me parles de toi ! reprend Marie, inversant les
rôles entre la fille inquisitrice et la mère réticente à se
livrer. Qu'est-ce que tu attends de la vie ? Réponds !

– Je ne sais pas », répond la mère d'une voix atone.

Elle semble avoir abdiqué tout sentiment, comme si elle
laissait sa fille éprouver ses émotions à sa place.

« Tu sais ce qui me ferait plaisir ? » demande finalement
la fille.

La mère s'empresse, croyant retrouver enfin sa place, la
place de celle-qui-donne :

« Quoi donc ?

– Que tu m'aimes moins ! » répond la fille, implacable.

Elle a frappé là où ça peut faire le plus mal : en refusant,
de sa mère, l'essence même de leur lien – l'amour.

Toujours dévouée, la mère cherche un travail « pour »
(c'est-à-dire à la place de) Marie. Elle lui trouve un emploi
d'hôtesse d'accueil dans une entreprise en banlieue, proche

---

1. C'est du moins ce que suggère l'observation d'Aldo Naouri sur la
différence entre le regard « compensateur » de la mère interactive (qui « aide
à supporter le manque ») et le regard « compensatoire » de la mère projective
(qui « entretient le manque » de la mère et le transmet à la fille), laquelle
« se regarde dans sa fille et se noie, à en perdre conscience, dans la lumière
de ses yeux » (A. Naouri, *Les Filles et leurs mères, op. cit.*, p. 263)

d'un circuit moto, baptisé « Circuit Carole » à la mémoire d'une jeune fille morte en moto à l'âge de vingt ans – l'âge de Marie. Celle-ci y rencontre un motard, qui l'initie à sa passion et devient son ami.

La mère, bien sûr, vit très mal l'éloignement de sa fille, que redouble la mise en danger physique, objectivée par le casque de moto, offert par son ami, qu'arbore Marie. Ce danger extérieur lui permet de reporter sur le risque d'accident toute l'angoisse que suscite en elle la désertion de sa fille, la fin de leur couple. Mais c'est une mère qui se veut moderne, si collée à sa fille qu'elle ne peut s'opposer à elle, obligée donc d'adhérer à son évolution. Toujours mutique, elle ne fait aucun reproche, chargeant son inquiétude de culpabiliser sa fille. Une nuit où celle-ci rentre tard, son casque à la main, elle trouve sa mère encore debout :

« Pourquoi tu n'as pas été te coucher ? » reproche Marie.

Ainsi s'inversent les rôles entre accusation et défense, à l'exact opposé du « Pourquoi rentres-tu si tard ? » de la mère traditionnelle.

« Je n'arrive pas à dormir quand tu es dehors, répond la mère, experte à transformer son inquiétude et son ressentiment en culpabilisation.

– Ne regarde pas le casque comme ça !

– Tu vas en moto !

– Oui, maman : avec un garçon qui s'appelle Alexandre, on va sur le circuit Carole. Oui, c'est dangereux, mais on n'est pas éternels ! Ne fais pas cette tête ! Je ne suis pas morte ! »

Elle n'est pas encore morte, non : c'est sa mère qui se meurt de désespoir, comme le lui signifie son absolu silence. Mais que va bien devoir faire la fille pour lui arracher enfin un « Non ! », pour l'obliger à se détacher d'elle, à l'accuser, à la repousser ? Faire un casse, se droguer, se mutiler ? Ou s'en aller ?

Un dimanche où elle sait Marie sur le circuit, la mère s'y rend, pour y être elle aussi, pour voir comment c'est, là où sa fille est heureuse sans elle : comme pour diminuer la distance introduite entre elles par la moto et le garçon, refaire un lien y compris avec ce qui permet à sa fille de s'éloigner d'elle. Seule, pâle, perdue, elle traîne au milieu des motards, cherche à apercevoir sa fille. Rentre seule, dans l'appartement déserté.

Plus tard, Marie lui donnera une possibilité de prise sur son nouvel univers, en lui demandant de quoi payer l'assurance moto : « J'ai besoin d'argent, pour m'assurer. Je te le rendrai avant la fin de l'année. » La mère pourrait refuser – mais non : « Je te donne l'argent. Je le trouverai ! » dit-elle sans hésiter. Non seulement elle ne refuse pas d'aider sa fille à s'éloigner d'elle, mais elle veut faire de cet argent un don, et non un prêt : « Tu n'auras pas besoin de me le rendre. » La fille, bien sûr, refuse ce don qui n'est qu'une façon de l'infantiliser en maintenant le lien là même où elle cherche son émancipation : « J'étais sûre que ça ferait des histoires ! Tu me culpabilises, tu cherches à m'humilier en refusant que je te le rende ! »

Peu à peu, l'absence prolongée de la fille met la mère face à son désœuvrement, face au vide : tourner dans l'appartement, essuyer une poussière inexistante, appeler les réclamations pour se plaindre que son téléphone est en dérangement car elle ne reçoit plus aucun appel, puis ne pas même décrocher lorsque retentit la sonnerie de contrôle... Cette absence lui ôte même toute possibilité de communiquer à sa fille son inquiétude, la plongeant dans un délire d'angoisse qui lui fait imaginer (ou désirer ?) que Marie est hospitalisée suite à un accident de moto : « Elle est hospitalisée, ici, je le sais : elle a eu un accident de moto. Pourquoi vous ne voulez pas que je la voie ? » C'est la mère qui se retrouvera dans un lit d'hôpital – psychiatrique –, où sa fille viendra la récupérer, avec des promesses d'attachement éternel : « Maman, je n'irai jamais loin, tu le sais. Je ne vais pas partir vivre ailleurs ! »

La coupable

La jeune fille, au chevet de sa mère, renonce à la quitter, c'est-à-dire à vivre pour elle-même : la culpabilité a fait son œuvre. Elle paie de sa liberté et, probablement, de ses chances de bonheur, le mal qu'elle a fait à sa mère en cherchant à vivre sans elle, loin d'elle, en dehors d'elle. L'emprise maternelle se joue ici sous sa forme la plus classique : le refus de la séparation[1].

Car comment, ingrate, a-t-elle osé frapper de son indifférence celle qui lui a tout donné, et qui continue à ne vivre que pour elle ? Comment, fille dénaturée, peut-elle méconnaître à ce point la grandeur de l'amour de sa mère ? Comment peut-elle insulter par son dédain cette vertu sacrée entre toutes, l'amour maternel ? Comment ose-t-elle refuser le don par excellence qui lui est offert – le don d'amour d'une mère à son enfant ?

Mais justement, elle n'est plus une enfant : la mère ne peut l'admettre au risque de perdre ce statut de mère qui constitue toute son identité – donc au risque de tout perdre, son enfant et elle-même. La fille, elle, voudrait se défaire de cette enveloppe qui l'étouffe dans un rôle

---

1. « La relation d'*emprise* se lira donc dans l'incapacité de certaines mères à supporter la plus petite séparation avec l'enfant, l'impossibilité de laisser entre elle et lui un peu d'espace. On peut évoquer à ce propos ces femmes qui ne peuvent demeurer concentrées sur leur activité que si leur enfant n'échappe jamais à leur vue » (F. Couchard, *op. cit.*, p. 12).

devenu trop étroit pour elle : chrysalide, il lui faut opérer sa mue, devenir une jeune fille, une jeune femme, une femme – en tout cas autre chose que l'enfant de sa mère. L'une cherche à sortir, l'autre à la retenir – chacune y jouant sa survie, ne serait-ce que psychique si ce n'est, parfois, physique.

L'une pousse vers l'avenir, l'autre tire vers le passé : mais cette « une » et cette « autre » ne sont pas dans une position symétrique de part et d'autre de cette frontière tumultueuse entre l'enfance et l'âge adulte qu'est l'adolescence. Car l'« autre » – la mère – a pour elle la vertu, la norme sociale qui encourage les mères à être vraiment mères, toutes mères : face à une mère « plus mère que femme », on ne trouve guère qu'approbation, admiration, voire compassion lorsque l'amour ne rencontre plus que l'indifférence ou le rejet des enfants. De sorte que l'« une » – la fille – a contre elle le poids de cette norme, qu'elle a eu largement le temps d'intérioriser en forme d'amour pour sa mère, de gratitude, de dépendance et, lorsqu'elle tente d'y échapper, de culpabilité. Les positions ne sont donc en rien symétriques : à la bonne conscience de la mère répond la culpabilité de la fille, et à la plainte légitime de la première, les tourments indicibles de la seconde.

Au pire, la fille cédera face à ce poids trop lourd, et renoncera, au moins pour un temps : « Maman, je n'irai jamais loin ! » – tant il est difficile de se révolter contre une mère aimante. Au mieux, elle accomplira son destin de femme, en cessant d'être l'enfant-de-sa-mère ; mais la culpabilité risquera fort de plomber sa vie future, parasitée par le regard intérieur de celle qui est toujours présente en elle, car elle ne veut pas la lâcher, car la fille elle-même ne sait pas s'en débarrasser – comme lorsqu'elle trouve en son mari ou en son compagnon un substitut de mère, avec qui reproduire le même schéma relationnel, mélange de dépendance et de ressentiment.

Il ne suffit pas en effet de grandir, et de devenir adulte, pour s'affranchir de la relation mère-fille, qui va bien au-delà d'une relation parent-enfant. Nous allons voir à présent un exemple, exacerbé par la fiction, de ce qui se passe lorsque l'affranchissement ne se réalise pas.

4.

Plus mères que femmes
et filles adultes

« Je n'irai jamais loin ! » avait déclaré la Marie de *Circuit Carole* à sa mère éperdue d'inquiétude. Quadragénaire, pianiste de profession, elle vit toujours chez sa maman : c'est Erika, l'héroïne de *La Pianiste* d'Elfriede Jelinek (1983 – et 2001 pour l'adaptation cinématographique par Michael Haneke, avec Isabelle Huppert et Annie Girardot).

La Pianiste

Une femme célibataire habitant avec sa mère n'est pas, dans notre société, un cas exceptionnel. C'était même un destin normal dans l'ordre traditionnel des « états de femme », lorsque la carrière féminine n'admettait que trois conditions : celle de « première » (épouse et mère), dont la subsistance économique dépend de sa disponibilité sexuelle à l'égard du mari ; celle de « seconde » (concubine, prostituée), dont la subsistance dépend de sa disponibilité sexuelle à l'égard d'un nombre indéterminé d'hommes, ou d'une liaison non sanctionnée par le droit ; celle de « tierce » (célibataire, veuve), qui paie son indépendance économique par l'absence de vie sexuelle[1]. Dans ce dernier cas,

---

1. Voir N. Heinich, *États de femme, op. cit.*

49

si les ressources familiales le permettaient, il était normal que la femme demeure au domicile de ses parents lorsqu'elle n'avait pas l'obligation, ou la possibilité, de gagner sa vie à l'extérieur. Une fois le père mort, le tête-à-tête entre mère et fille était inévitable.

Mais les choses ont changé. Aujourd'hui, une femme peut être « non liée », c'est-à-dire indépendante économiquement tout en ayant une vie sexuelle sans pour autant le payer de sa relégation sociale. Dans ce nouveau contexte, une femme non mariée n'est pas condamnée à habiter chez ses parents : indépendante, elle a son propre domicile, ses amis, ses amants. D'où le léger malaise à l'idée d'une adulte qui, aujourd'hui, habiterait seule avec sa mère, du moins dans les classes moyennes urbaines : malaise qui suinte dans tout le roman de Jelinek, jusqu'à devenir l'indice d'une véritable monstruosité. Anormal, le tête-à-tête durable entre une fille adulte et sa mère, détaché de toute motivation économique, donc réduit à sa dimension psychologique, apparaît alors pour ce qu'il est : une perversion.

« Erika n'était venue au monde qu'après bien des années d'une vie conjugale difficile. Aussitôt le père avait transmis le flambeau à sa fille et quitté la scène. Erika apparut, le père disparut » : on ne peut mieux dire l'éviction du père par l'enfant, qui permet à la mère d'assurer son emprise sur un être entièrement soumis à son regard, tout en mettant l'enfant à la place de l'homme, réduit à l'état de géniteur tout juste bon à fournir à la mère son hochet narcissique, sa béquille identitaire. « Famille monoparentale », donc, comme on en voit tant aujourd'hui, mais où le problème n'est pas celui du garçon privé de l'autorité paternelle, que la mère n'arrive pas à tenir au foyer : ici, c'est celui de la fille privée de recours dans la relation exclusive avec sa mère, privée d'extériorité, rivée à un foyer dont, devenue adulte, elle ne parvient toujours pas à s'extraire alors qu'il est le lieu de son malheur.

Première perversion, donc : le masochisme, qui fait jouir de ce qui fait souffrir, parce qu'aucune autre voie n'est frayée pour exister que cette souffrance même. Pianiste réputée, professeur respectée de ses élèves, Erika, masochistement, rentre tous les soirs « à la maison », attendue et surveillée par sa mère comme si elle avait dix ans. Dans cette situation absurde, elle est engluée comme sa mère l'est – et veut que sa fille le soit avec elle – dans le spectacle interminable et régressif de la télévision : « Rien ne vaut la télévision après une longue journée de travail », prétend régulièrement la mère qui « a toujours le droit de regarder la télé avec elle. Les instants de communion avec sa fille sont les meilleurs du plaisir télévisuel ».

A situation perverse, catalogue des perversions, par lesquelles le comportement de la fille signale que quelque chose cloche, dans ce couple monstrueux formé par une vieille mère qui ne veut pas que sa fille grandisse et une vieille fille qui ne parvient pas à se dérober à l'emprise de sa mère. Deuxième perversion : les achats compulsifs de vêtements (c'est devenu, si l'on en croit les magazines féminins, un problème courant chez les femmes d'aujourd'hui), qui valent à Erika une armoire débordant de tenues luxueuses qu'elle ne porte pratiquement jamais. Du moins peut-elle ainsi « jeter par les fenêtres » l'argent qu'elle a gagné, contre le diktat maternel qui lui ordonne de l'économiser pour acheter, plus tard, l'appartement de leurs rêves...

Troisième perversion : le voyeurisme, qui amène Erika à s'abîmer dans les officines pornographiques où, pour quelques pièces, on peut voir des corps anonymes se livrer à ce qu'elle-même ne peut réaliser avec un homme, parce que sa mère a fait d'elle une fille qui ne peut devenir une femme : une femme « normale », du moins, avec mari et enfants, et non pas cette enfant prodige montée en graine qui, sitôt données ses leçons de piano, s'en va toute seule, dans le noir, épier des couples au fond d'un parc... Seule, irrémédiablement.

Quatrième perversion : l'automutilation. Car elle se plaît à entamer son sexe d'une lame de rasoir, pour s'installer ensuite à côté de sa mère devant la télévision, apparemment tranquille, avec cette plainte silencieuse qui lui coule, écarlate, le long des jambes. Si elle ne peut hurler sa révolte et son dégoût d'en être là, au moins peut-elle faire exister, entre ses cuisses, le rappel qu'il y a là quelque chose qui demande à vivre, mais qui se meurt, faute d'un homme pour donner au sang sa valeur initiatique. Il n'y a plus d'initiation possible, car toute évolution est bloquée : le verrou maternel interdit le passage de la fille à la femme.

Cinquième perversion, enfin : le masochisme, non plus seulement psychique mais corporel, qui lui interdit de répondre, à la déclaration d'amour d'un de ses jeunes élèves, autre chose qu'une longue lettre où elle détaille tous les sévices qu'il devra lui infliger. A l'échange amoureux qu'il lui propose, elle ne sait que substituer l'oscillation entre soumission pornographique et mainmise sur le corps de l'autre (lorsqu'il veut l'embrasser, elle répond en le masturbant ; lorsqu'il est près de jouir, elle le plante là), parce qu'il n'y a tout simplement pas de place, dans sa vie sexuelle, pour une relation, pour un rapport avec un homme : un rapport implique qu'il y ait un *autre* – or il n'y a pas d'autre, il n'y en a jamais eu. Elle n'a connu que la confusion identitaire avec la mère. Reste l'abjection, la frustration organisée, le viol, et le quasi-passage à l'acte d'un inceste mère-fille, où la réalisation sexuelle de ce qui a toujours été là (ne couchent-elles pas dans le même lit ?) répond à l'intrusion de l'homme dans le couple, comme

52

pour ressouder dans le passage à l'acte ce qui a failli éclater sous le poids du désir masculin : « Maman, je n'irai jamais loin ! »

Les révélateurs

Toutes les femmes qui vivent avec leur mère, aujourd'hui, n'en arrivent pas, heureusement, à de telles extrémités. Mais la fiction a le pouvoir de révéler, comme sous un verre grossissant, la logique profonde des situations. La sexualité elle aussi (présente ici sous ses formes les plus perverses : masochisme, voyeurisme, pornographie, inceste) est un révélateur – et non pas un moteur – puisqu'elle met au jour la réalité des rapports psycho-affectifs : comme lorsque « cette violence contenue dans les normes maternelles se prolonge largement après l'adolescence, notamment pour la fille à qui la mère impose des modèles sexuels qui vont conditionner sa vision du monde des hommes, ainsi que la gestion de toutes ses relations affectives et sexuelles avec l'autre sexe [1] ». Ce lien trop prolongé et trop exclusif entre mère et fille apparaît ainsi, crûment, pour ce qu'il est : pervers, monstrueux, incestueux.

Un autre révélateur de la monstruosité de telles relations peut être – toujours dans la fiction – l'intrusion d'un tiers : tel l'auteur dramatique invité par une mère et sa fille adulte dans la pièce de théâtre *Au but* de Thomas Bernhard (1981). La présence de ce témoin révèle au lecteur ce qu'est cette femme, veuve depuis vingt ans d'un homme qu'elle n'a jamais aimé ni désiré ; elle vit seule avec sa fille adulte, dans le deuil d'un jeune fils, Richard, atteint de la maladie du vieillissement précoce et mort pré-

---

1. F. Couchard, *Emprise et violence maternelles, op. cit.*, p. 13.

maturément, selon le désir avoué de la mère (« J'avais désiré sa mort si ardemment qu'il est mort »). A l'occasion de cette villégiature à trois, le monologue incessant de la mère révèle le caractère extrême de son emprise sur sa fille :

« La Mère : Tu es mon enfant toute pure
je suis ta mère impure
ton effrayante mère n'est-ce pas
La mère qui serre son enfant contre elle
et ne la laisse plus partir
jusqu'à ce qu'elle étouffe
N'ai-je pas raison
La Fille : Tu te tortures simplement toi-même
La Mère : Mon occupation favorite
la torture infligée à soi-même
en te torturant
en te défigurant depuis des dizaines d'années
je me suis moi-même défigurée
dans l'amour tu comprends
enchaînées l'une à l'autre dans l'amour
dans l'amour maternel vrai mon enfant
La mère ne veut pas donner son enfant
elle l'enchaîne à elle
et ne la lâche plus
et si elle s'arrache à elle
elle est punie de mort
l'arrachement est suivi de la peine de mort
Tu me comprends n'est-ce pas
Tu es faite pour moi
je t'ai mise au monde *pour moi*
Tu n'es pas Richard
qui a échappé
tu es pour moi

pour moi toute seule
Tu ne doutes tout de même pas
que tu m'appartiennes à moi seule rien qu'à moi seule
Tu m'appartiens de la tête aux pieds »

On peut espérer, pour la fille, que l'intrusion du témoin – l'auteur dramatique qui publie cette histoire – dénoue, en séparant enfin la fille de sa mère, le vœu mortifère : « C'est quand même bien d'être ensemble, d'être seules, sans intrus. Personne ne doit nous séparer, tu comprends ! »

Ce qu'il y a de monstrueux dans la relation entre la mère et la fille peut être révélé par tout ce qui vient s'y insinuer et n'y a pas sa place : la fiction, la sexualité, voire la simple attention aux âges de la vie, qui court comme un fil rouge dans notre investigation. Ce dernier paramètre est d'autant plus important que la différence des âges est, comme la différence des sexes, exclue du couple mère-fille, figé à ce moment intemporel où la fille est une enfant, dépendante de sa mère, incapable de vivre sans elle – même lorsque la fille est devenue une femme et que c'est, à l'évidence, la mère qui est incapable de vivre sans sa fille. Dans ces conditions, rappeler que la fille grandit et vieillit, qu'elle change d'âge, c'est introduire un « bougé » dans le cliché de ce couple immuable, et y risquer un peu de la vie qui lui manque pour pouvoir mourir, c'est-à-dire pour laisser ses protagonistes vivre leur propre vie.

La description de ces mères « plus mères que femmes » selon l'âge de leur fille nous a révélé la vérité profonde de ce qui, à première vue, ne prête guère à interrogation. Mais les conditions extrêmes dans lesquelles se vivent parfois de telles situations et, notamment, leur prolongement au-delà de la relation qui unit un adulte à un mineur dont il est moralement et légalement responsable, en font apparaître la face négative, les potentialités destructrices

(« ravageuses », disait Jacques Lacan) : puisque ce sont bien, nous venons de le voir, des « ravages » que produit l'« emprise » maternelle sur une « enfant douée ».

L'insatisfaite

Du point de vue de la mère, cette emprise peut être *comprise* – au double sens de rationalisée et éprouvée – comme « une défense quasi désespérée, lutte d'un dernier carré, contre l'angoisse mortifère de la mère de se perdre en perdant la fille, objet et d'amour et de haine [1] ». Mais elle n'en enferme pas moins la fille dans une contradiction ingérable, et qui n'a rien d'exceptionnel puisque « bien longtemps après que l'enfant soit sorti de l'enfance et même de l'adolescence, certaines mères ont refusé de respecter cet espace entre elles et leurs enfants, particulièrement les filles, à qui elles ont continué d'imposer des idées, de voler leurs pensées les plus intimes, en faisant effraction dans leur vie privée, en prétendant lire en elle "comme dans un livre ouvert" [2] ».

Alors, la marge de manœuvre est particulièrement étroite pour la fille, oscillant entre les deux extrêmes de l'identification – ressembler autant que possible à sa mère – et de la différenciation – faire des choix opposés aux siens –, au risque, dans l'un et l'autre cas, de se construire ce que Winnicott nommait un « faux self ». Parmi ces conduites d'échec figure notamment – et elle en est peut-être le fondement, la source constante – le paradoxe de la déception propre à cette relation. Car d'une part, la fille ne peut jamais vraiment satisfaire sa mère, puisqu'elle occupe une place qui n'est pas réellement la sienne : elle

1. *Ibid.*, p. 28.
2. *Id.*

aura beau faire, ce ne sera jamais assez, il lui faudra toujours cumuler les prouesses, il n'y aura jamais de terme à
l'insatiable demande maternelle d'être la meilleure, la plus
belle, la plus douée – cette demande apparente n'étant que
la rationalisation de l'indicible injonction de lui donner ce
qui lui manque. Mais elle ne peut pas non plus décevoir
sa mère, puisqu'elle n'en est qu'une projection, enjolivable
à plaisir : on sait la capacité de ces mères à s'« inventer »
des filles sans défaut, à leur prêter des chevelures admira-
bles, des sentiments élevés, des dons hors du commun.

Car on n'est pas, avec l'abus narcissique, dans le réel,
mais dans l'interminable poursuite d'objectifs décalés, en
porte-à-faux. De sorte que la fille abusée n'aura même pas
la ressource de se dérober à l'investissement maternel, de
choisir de la décevoir, de lui renvoyer de l'insatisfaction :
sauf catastrophique autodestruction (et il faut alors le
recours à la drogue, à la mutilation, au meurtre, au suicide),
la mère parviendra toujours à récupérer, dans le comportement de sa fille, de quoi alimenter son besoin de satisfaction
narcissique. A mère jamais entièrement satisfaite, fille
jamais totalement insatisfaisante : le lien demeure, tordu,
invivable – mais bien vivant.

De l'enfant surinvestie à la femme pervertie, ou de *Bellissima* à *La Pianiste* : la fiction nous offre, à trente ans
d'intervalle, deux illustrations complémentaires du manque identitaire de la mère, amenée à sacrifier son enfant
en l'enfermant dans le lien pervers de la projection narcissique et du surinvestissement amoureux. Ce n'est décidément pas de leur père que les Iphigénie modernes ont le
plus à craindre.

5.

L'inceste platonique

Où se situe la frontière entre une relation mère-fille satisfaisante et une « emprise » ou un « abus narcissique » ravageurs ? Comment faire le partage entre le légitime investissement affectif d'une mère, et sa perversion ? Entre ce qui va permettre à la fille, une fois devenue femme, d'être et de se sentir elle-même – plus ou moins accomplie, si tant est que d'autres facteurs lui aient été favorables –, et ce qui la condamnera à demeurer l'ombre portée de quelqu'un d'autre, la projection de sa propre mère, un fantasme incarné, dont les relations avec autrui risqueront fort d'être tout aussi fantasmatiques, illusoires, et décevantes ?

Ce n'est pas une question de quantité d'amour, dont on serait d'ailleurs bien en peine de donner la mesure. Ce qui compte, c'est la qualité de l'espace laissé entre la mère et la fille, et la façon dont il pourra être habité.

L'exclusion des tiers

L'inceste mère/fille de *La Pianiste* n'est que l'aboutissement, apparemment caricatural, d'une forme d'inceste beaucoup plus courante, beaucoup moins voyante et beaucoup plus destructrice : l'inceste platonique, « inceste sans passage à l'acte[1] ».

Inceste platonique : une telle expression peut sembler paradoxale, contradictoire dans les termes puisque l'inceste, traditionnellement, s'entend comme le passage à l'acte sexuel, la rencontre des corps entre des personnes apparentées par le sang. Mais la focalisation sur l'acte sexuel tend à occulter l'une des deux dimensions constitutives de l'inceste (nous traiterons plus loin de la seconde), à savoir la formation d'un couple par exclusion des tiers. Une relation à deux basée sur l'exclusion des tiers, que ce soit par le fantasme de « ne faire qu'un » ou par le secret, c'est là l'un des fondements d'une situation incestueuse, que le rapport sexuel ne fait que concrétiser – lorsqu'il a lieu. Or c'est loin d'être toujours le cas : le couple psycho-affectif peut fort bien se former hors d'une dimension proprement sexuelle.

Qui est ce tiers exclu de la relation incestueuse ? Dans l'inceste père-fille, c'est la mère. Mais c'est parce que le père a préalablement exclu la mère, ne se référant plus à elle pour occuper sa place généalogique, qu'il ne se sent plus empêché d'avoir une relation sexuelle avec sa fille. L'illégitimité de l'acte appelle le secret partagé, qui devient le symbole du lien incestueux dans sa dimension d'exclusion du tiers. Dans une relation mère/fille de type incestueux, c'est le père qui est exclu. Là encore, c'est parce que la mère ne se réfère plus à lui pour occuper sa place généalogique que la relation peut être qualifiée d'incestueuse. Il n'est pas besoin pour cela d'installer explicitement un secret : il suffit de ne pas laisser « une place pour le père », selon le titre donné par Aldo Naouri à l'un de ses

---

1. Cette dernière expression est d'Aldo Naouri, « Un inceste sans passage à l'acte : la relation mère-enfant », *art* cit.

59

livres[1]. Il suffit, par exemple, de se contenter de « désirer » l'enfant sans en désirer le père, ou de croire désirer l'homme jusqu'à ce que l'enfant paraisse et que son propre père soit alors détrôné dans un psychisme maternel où il n'y a qu'une place pour deux... Il suffit, autrement dit, de réduire le père au rôle de géniteur, voire de gamète comme dans l'insémination artificielle avec donneur (qui, rappelons-le, demeure interdite en France pour les femmes célibataires).

Autant dire que la notion – moderne – d'« enfant désiré » est loin de garantir un lien maternel non pathogène, si l'enfant est désiré sans référence au père : sans qu'il soit pour la mère « l'image de deux êtres, le fruit de deux sentiments librement confondus » qu'évoquait Julie d'Aiglemont, l'héroïne de *La Femme de trente ans* de Balzac (1832). Elle découvre avec son amant le véritable amour, qui l'empêche d'aimer vraiment la fille qu'elle a eue avec son mari, car elle n'aime pas vraiment celui-ci et ne peut donc offrir à son enfant que « la maternité de la chair », pas « la maternité du cœur »... Mais si elle souffre de ce que sa fille ressemble trop à son mari, et si elle la fait souffrir de n'être pas assez aimée, au moins ne lui inflige-t-elle pas le poids d'un amour sans *autre*.

Le psychiatre anglais David Cooper parle de « symbiose parfaite » à propos de ces interactions parents-enfants où le couple devient, « sinon en réalité, du moins au niveau fantasmatique, *une seule personne*[2] ». Cette situation est probablement aussi ancienne que l'interdit de l'inceste, mais elle paraît facilitée de nos jours par la fréquence des séparations conjugales – même si le statut et l'apparence

---

1. A. Naouri, *Une place pour le père*, Paris, Seuil, 1982.
2. D. Cooper, *Psychiatrie et antipsychiatrie* (1967), Paris, Seuil, 1970, p. 42-43.

extérieure du couple (vivant ensemble ou séparé) ne disent rien de son organisation intra-relationnelle. Le juriste Pierre Legendre a centré une grande partie de sa réflexion sur l'articulation des dimensions indissociablement psychique et juridique de cette fonction du tiers, sur la dénonciation de ses carences et sur l'analyse des effets pervers produits par la « raréfaction du Père[1] ».

Les mises en garde ne manquent pas face à une telle situation, de la part des psychanalystes comme des éducateurs, des sociologues, des politologues, qui soulignent ses effets destructeurs sur le psychisme individuel et sur les chances de socialisation des jeunes, trop souvent privés de la dimension masculine de leur univers de référence[2]. Comme le note Christiane Olivier, « l'apparition et l'essor de la délinquance adolescente, dans les années 1980, ont coïncidé avec l'arrivée d'une génération issue en 1965-75 de mères qui se sont mises à divorcer couramment, ayant acquis d'une part l'"autorité" partagée avec le père et venant d'accéder d'autre part, grâce à la contraception, à

---

1. « La raréfaction du Père, dans nos sociétés, produit des immatures et pour les deux sexes le collage à la Mère. Au-delà de l'immaturité et, pour ainsi dire, son achèvement : la décharge pulsionnelle sur les enfants. De nos jours, on peut apercevoir l'enchaînement de cette logique à rebours ; le collage produit des pères non séparés de leur propre mère, et ce sont des pères eux-mêmes sans pères qui se livrent au viol des enfants qu'ils ont engendrés. Et de même, quant aux mères » (P. Legendre, *Le Crime du caporal Lortie. Traité sur le père*, 1989, Paris, Flammarion-Champs, 2000, p. 211).

2. Sur cette question, voir notamment : Geneviève Delaisi, *La Part du père*, Paris, Seuil, 1981 ; Guy Corneau, *Père manquant, fils manqué*, Paris, Éditions de l'Homme, 1989 ; Simone et Moussa Nabati, *Le Père, à quoi ça sert ?*, Paris, Éditions Jouvence, 1994 ; Christiane Olivier, *Les Fils d'Oreste ou la question du père*, Paris, Flammarion, 1994 ; Françoise Hurstel, *La Déchirure paternelle*, Paris, PUF, 1996 ; Jean-Pierre Lebrun, *Un monde sans limite. Essai pour une psychanalyse du social*, Ramonville-Saint-Agne, Érès, 1997 ; Didier Dumas, *Sans père et sans parole. La place du père dans l'équilibre de l'enfant*, Paris, Hachette, 1999.

des grossesses volontaires, répondant à leur seul désir. L'enfant ayant définitivement échappé à son géniteur et étant à la charge de sa mère, celle-ci a trouvé plus simple de s'en occuper seule, grâce à l'aide sociale mise en œuvre à l'intention des familles monoparentales, plutôt que de continuer sa route avec un père de plus en plus absent[1] ».

Il existe en effet, depuis le XIXᵉ siècle, un véritable mouvement de « dépaternalisation » : dévolution d'une partie de l'éducation à l'État, instauration de la déchéance paternelle en cas de mauvais traitements (1889), abolition du « droit de correction » (1935) et de la « puissance maritale » (1938), remplacement de la « puissance parentale » par l'« autorité parentale » dévolue à la mère aussi bien qu'au père, de sorte qu'en cas de divorce les enfants sont presque systématiquement confiés à la mère (1970), attribution de l'autorité parentale à la seule mère en cas de filiation naturelle (1972)[2]. Le sociopsychanalyste Gérard Mendel en souligna peu avant mai 1968 la dimension collective et politique, en analysant les ressorts du déclin moderne de la société patriarcale et l'affaiblissement du principe d'autorité face au principe d'efficacité[3].

On peut se réjouir du partage de l'autorité parentale (dite « conjointe »), dont les mères étaient jusqu'alors privées, et qui tend à promouvoir une plus juste répartition des droits et surtout des devoirs des parents à l'égard des enfants. On peut aussi déplorer la « démission » de bien des pères, leur incapacité à assumer une relation de couple et/ou de parentalité. Mais la plainte des mères mal secondées par leur époux ou par leur compagnon, qu'elles peuvent désormais quitter car elles ont les moyens de ne plus

---

1. Ch. Olivier, *Petit livre à l'usage des pères*, Paris, Fayard, 1999, p. 57
2. *Id.*
3. G. Mendel, *La Révolte contre le père. Introduction à la sociopsychanalyse*, Paris, Payot, 1968.

supporter des situations qui autrefois les enchaînaient – cette plainte peut aussi empêcher d'entendre celle, beaucoup plus informulable car non encore épaulée par une norme ni par une théorie, des hommes empêchés d'être pères parce que leur épouse ne leur a laissé que la place du géniteur, leur barrant tout accès à la paternité en même temps qu'elle les récuse comme amant : « Chaque fois qu'on trouve l'homme en panne en tant que père, il y a toujours derrière – ou devant – une femme qui ne veut pas le laisser passer, qui ne veut pas qu'il soit père autant qu'elle-même est mère ![1] »

En cas d'inceste platonique, il n'y a que deux places pour trois, et elles ne sont pas interchangeables ; aussi l'enfant mis à la place du père occupe-t-il une place qui n'est pas la sienne. Dans *Sans un cri*, le film de Jeanne Labrune (1992), on voit concrètement comment l'enfant est mis à la place du père, de telle sorte que s'instaure un couple mère/fils de type incestueux. C'est l'histoire d'un petit garçon que sa mère a dressé contre son père. Mais l'histoire s'arrêterait là si le père n'essayait d'introduire un tiers en s'achetant un chien, qu'il dresse contre le monde entier, avant de quitter ce foyer où il n'y a pas de place pour deux chiens. Alors l'enfant, qui s'est emparé de l'animal à l'instigation de sa mère, comme celle-ci s'est emparée de lui, retourne le chien contre son maître : « Attaque ! » Et le chien obéit, comme l'enfant obéit à sa mère. Le père en meurt.

---

1. Ch. Olivier, *Petit livre à l'usage des pères, op. cit.*

Le couple mère/fille

De mère à fille, l'instauration d'une relation de type incestueux est facilitée par le fait d'être du même sexe : l'une devenant le miroir de l'autre, l'autre la projection narcissique de l'une, en un lien favorisant la confusion identitaire au détriment d'une réciprocité du lien. On assiste alors, remarque Françoise Couchard, à une « communication des pensées, sinon des inconscients », qui entraîne « une confusion des identités entre mère et fille, la propension réciproque à se confier mutuellement tout de leurs idées ou de leurs sentiments, à s'échanger leurs vêtements, puisqu'elles ont une peau commune et qu'entre elles deux toutes limites et toutes différences sont effacées [1] ».

Confusion identitaire, d'un côté, exclusion du tiers, de l'autre, sont bien des opérations complémentaires : dans l'un et l'autre cas, la frontière entre les êtres ne passe plus entre une mère et sa fille mais entre le couple formé par elles deux et le monde extérieur, en particulier le père. Or, explique David Cooper, « la tâche de la mère est de produire non pas seulement un enfant mais un champ de possibilités dans lequel cet enfant pourra devenir quelqu'un d'autre, une autre personne. Si la mère ne parvient pas à engendrer un champ d'action réciproque, de manière

---

1. F. Couchard, *Emprise et violence maternelles, op. cit.*, p. 98-99. « On verra alors la fille abandonner au moment de l'adolescence des curiosités intellectuelles qui la couperaient de sa mère, des aspirations professionnelles qui lui feraient escompter une réussite jamais atteinte par celle-ci. On a peut-être là une des explications de nombre d'échecs scolaires puis professionnels des jeunes filles, qui, après des débuts scolaires prometteurs, font des choix d'orientation stéréotypés et restrictifs, les acculant à répéter les éternelles fonctions féminines : servir, soigner et materner. »

telle que l'enfant apprenne comment l'affecter en tant qu'autrui, lui ne jouira pas des premières conditions nécessaires à la réalisation de son autonomie personnelle. Il restera à jamais une chose, un appendice, quelque chose d'à peine humain, une poupée animée[1] ».

C'est pourquoi « la mère ne peut pas (et ne devrait pas) être un miroir. Elle n'est pas là pour simplement refléter ce que l'enfant affirme ; elle doit personnifier quelque chose du non-moi ; elle doit être un autre séparé qui réagit à sa manière[2] ». Donald Winnicott a fourni une théorisation de cette nécessaire séparation d'avec la mère, favorisée par l'« objet transitionnel », véritable « tiers » permettant à l'enfant d'exister en dehors de sa mère, grâce à la capacité de celle-ci à maintenir un espace entre elle et l'enfant, variable selon les besoins de celui-ci : capacité propre à la mère « suffisamment bonne », c'est-à-dire ni trop absente, pour ne pas exposer le bébé à l'angoisse, ni trop présente, pour ne pas entraver sa créativité et son autonomie[3]. Faute de quoi celle qui est perçue, dans l'enfance, comme la bonne mère par excellence, ne manquera pas de se révéler une « trop-bonne mère » (selon la formule de la psychanalyste Clarissa Pinkola Estés), qui « surprotège » et, si elle échoue à « quitter la scène » au moment où la fille grandit, se verra repoussée comme une mauvaise mère[4].

Il n'y a donc qu'un pas de l'abus narcissique, par projection de la mère sur la fille, à l'inceste platonique, par lequel la fille est mise à la place du père manquant, défaillant, barré. Dans l'un et l'autre cas, l'enfant n'est qu'un hochet,

---

1. D. Cooper, *Psychiatrie et antipsychiatrie*, op. cit., p. 42-43.
2. Jessica Benjamin, *Les Liens de l'amour* (1988), Paris, Métailié, 1993, p. 30.
3. D. W. Winnicott, *De la pédiatrie à la psychanalyse*, op. cit., p. 109-126.
4. C. Pinkola Estés, *Femmes qui courent avec les loups*, op. cit., p. 81.

traité non comme une personne – une *autre* – mais comme un objet destiné à combler les manques : manque à être du narcissisme insatisfait, manque à avoir du lien affectif insatisfaisant. Quant à ce qui manque à l'enfant, dramatiquement – mais elle ne le sait pas – c'est ce tiers qui permettrait de dénouer le couple incestueux, de libérer le mouvement des affects, de recréer un espace identitaire propre à chaque personne, de réinstaurer la frontière entre elle et les autres.

Non seulement la fille ne le sait pas – tout au plus peut-elle le ressentir, par des symptômes psychiques ou corporels, par un mal-être diffus ou, comme la pianiste, par des perversions –, mais elle ne peut même pas se plaindre de cet abus : car, encore une fois, comment se plaindre d'être aimée ? Comment dénoncer une atteinte à cette expérience si impondérable, si difficile à définir qu'est le sentiment d'être soi ? Comment se révolter contre les entraves mises par la mère elle-même à un « sentiment de soi sain » tel que le définit Alice Miller – cette « totale certitude que les sentiments et les désirs éprouvés appartiennent à son propre Soi[1] » ? Et comment accuser, comment se révolter contre un inceste qui ne passe pas par des gestes accomplis sur un corps, mais par une confusion symbolique des places ?

Ainsi peuvent se reproduire, en toute ignorance et en

---

1. « Ce n'est pas une certitude raisonnée – elle est là, comme notre pouls, auquel nous ne prêtons aucune attention tant qu'il bat normalement. C'est dans cet accès spontané, tout naturel, à ses sentiments et à ses désirs personnels que l'être humain puise sa force intérieure et son respect de lui-même. Il a le droit de vivre ses émotions, d'être triste, désespéré ou d'avoir besoin d'aide, sans trembler de perturber quelqu'un. Il a le droit d'avoir peur quand il se sent menacé, de se fâcher quand il ne peut satisfaire ses désirs. Il sait non seulement ce qu'il ne veut pas, mais aussi ce qu'il veut, et se permet de l'exprimer – que cela lui vaille d'être aimé ou détesté » (A. Miller, *L'Avenir du drame de l'enfant doué*, 1994, Paris, PUF, 1996, p. 31).

toute innocence, des comportements profondément destructeurs, encouragés par la valorisation socialement admise de l'amour maternel[1] : les filles « se coulent dans les moules maternels, parce que trahir la mère leur serait insupportable ou trop culpabilisant ; elles tolèrent alors son *emprise*, en acceptant d'être sa réplique, et en escomptant que le jour venu, elles exerceront, à leur tour, le même pouvoir sur leurs propres filles[2] ». Pire : elles recherchent cette situation incestueuse, car la réciprocité est fondamentale dans ce type de lien, et on comprend pourquoi le fait d'être du même sexe ne peut que le favoriser. La fille devient en effet aussi dépendante de sa mère que celle-ci l'est de sa fille. Pourtant, la symétrie de leurs positions n'est qu'apparente, puisque c'est la mère qui, détenant – comme tout ascendant – la maîtrise de la relation avec l'enfant, en a construit le cadre. La mère agit, la fille subit puis, à son tour, s'efforce de maintenir intact ce cadre relationnel, dont elle croit qu'il est la condition essentielle du lien avec la mère, alors qu'il n'en est qu'une modalité. Et dès lors que ce cadre apparaît menacé par l'apparition d'un tiers – mari, amant, autre enfant, ou passion quelle qu'elle soit –, la fille prendra en charge sa pérennisation, en dépit de tout.

C'est là le principe de ces jalousies féroces qui s'emparent parfois des filles – petites ou grandes – envers tout homme qui leur paraît s'intéresser de trop près à leur mère, dès lors que celle-ci aura construit leur relation dans le cadre incestueux de l'exclusion des tiers. Au début du film *Talons aiguilles* de Pedro Almodovar (1991), un flash-back nous montre une scène d'enfance de Rebecca, âgée d'envi-

---

1. Sur la relativité, historique et psychique, de ce sentiment, voir Élisabeth Badinter, *L'Amour en plus. Histoire de l'amour maternel*, Paris, Flammarion, 1980.
2. F. Couchard, *Emprise et violence maternelles, op. cit.*, p. 65.

ron six ans, avec sa mère Becky et son second mari : celui-
ci n'est pas d'accord pour qu'elle accepte un contrat à
l'étranger et veut qu'elle arrête sa carrière. Dans la salle de
bains, Rebecca substitue des somnifères aux remontants et
les glisse dans la trousse de toilette de son beau-père, qui
part en voiture ; il mourra en s'endormant au volant. Elle
mettra vingt ans à avouer à sa mère qu'elle en était responsable. C'était, dira-t-elle, pour leur permettre de tout partager, ce qu'elle exprimera sous une forme ambiguë : « Je
voulais te rendre libre. »

Un point aveugle

Le propre de l'inceste platonique est de n'être pas for-
mulable. Cette caractéristique se trouve renforcée sur le
plan théorique du fait que la relation incestueuse n'est pas
pensée dans la dimension psycho-affective de l'exclusion
des tiers, étant réduite à une dimension exclusivement
sexuelle.

Par exemple, la psychanalyste Helen Deutsch, après
avoir consacré une remarquable étude clinique au cas de
Betty – cette adolescente américaine que nous avons évoquée plus haut – s'interroge : « Je ne sais pas pourquoi ces
filles, qui sont fixées dans des situations pré-œdipiennes,
ne réactivent ni ne résolvent leurs problèmes œdipiens blo-
qués au cours du processus de maturation ; après tout,
elles ont eu un père ! [1] » Elle vient pourtant de décrire de
manière saisissante la façon dont la mère a « rapté » sa fille,
investissant sur elle toutes ses ambitions et excluant le père
de cette relation en miroir. Mais elle s'étonne quand
même qu'il n'y ait pas de place pour le père : comme s'il

---

1. H. Deutsch, *Problèmes de l'adolescence, op. cit.*, p. 131.

suffisait qu'il soit physiquement présent pour tenir psychiquement sa place. Ici, la théorie œdipienne à laquelle se réfère Helen Deutsch ne rend pas compte du problème, puisque l'abus maternel est antérieur à l'investissement œdipien de la fille sur le père – l'interdit de l'inceste étant alors secondaire face à ce qu'on pourrait appeler un « interdit de l'Œdipe » posé par la mère.

Cela – remarquons-le au passage – illustre la remarque si pertinente de Georges Devereux sur le clivage entre les capacités descriptives de bien des psychanalystes et leur autocensure théorique par attachement au dogme. Le problème excède d'ailleurs largement les limites de la théorie freudienne : le modèle lacanien en fournit, en France, bien d'autres exemples, dont celui, récent, du livre consacré par la psychanalyste Marie-Magdeleine Lessana aux rapports mère-fille. Dans l'intéressante étude qu'elle propose du cas de Madame de Sévigné – illustrant remarquablement la dérive incestueuse de l'abus narcissique –, elle note assez justement que « la fille lui sert de peau qui la pare, dans le sens de parure et de protection. Parure, pour plaire ; protection, contre ce que la sexualité avec son mari a réveillé d'égaré et finalement de mortel », de sorte qu'une fois résolu ce lien mortifère, « c'est comme si chacune a eu sa peau [1] ». Mais la seule définition théorique de ce qu'elle nomme, à la suite de Jacques Lacan, un « ravage », c'est « l'apparition torturante de la haine sourde présente dans l'amour exclusif entre mère et fille. Il révèle l'impossible harmonie de cet amour qui se heurte sur l'impossible activité sexuelle [2] ». On voit là les limites d'une théorie qui, centrée sur la sexualité, intègre difficilement la possibilité d'un « inceste platonique », c'est-à-dire d'une violence

---

1. M.-M. Lessana, *Entre mère et fille : un ravage*, op. cit., p. 114.
2. *Ibid.*, p. 109.

incestueuse, ou d'un amour pervers, qui n'ait pas pour enjeu la jouissance sexuelle mais l'identité, parce que ce qui s'y joue est l'assouvissement non d'une pulsion érotique mais d'un besoin identitaire ou narcissique.

C'est ainsi qu'au caractère apparemment fort répandu de cette pathologie de l'amour maternel – d'autant plus destructrice qu'elle se présente non seulement comme normale mais comme vertueuse – s'oppose le peu d'intérêt que semblent y porter les théoriciens de la psychanalyse. S'il est vrai que « le débat psychanalytique sur la relation père-fille a été remarquablement mince par rapport aux études sur la relation père-fils[1] », que dire alors de la relation mère-fille ? Là encore, Françoise Couchard met en évidence une étrange occultation du vécu féminin : « Il est intéressant de souligner ici que lorsque les mythologues, comme les psychanalystes, étudient la relation de la mère toute-puissante avec son enfant, ils le font en privilégiant massivement l'enfant de sexe masculin, et en se désintéressant de la fille, comme si le mélange de terreur et de fascination pour l'image maternelle concernait le seul garçon, l'indifférence gouvernant les relations de la mère avec sa fille[2]. »

Ce point aveugle des théories psychanalytiques résulte probablement d'une double occultation : celle, banalement sexiste, de la spécificité du vécu féminin, et celle, plus subtile, des responsabilités parentales dans le développement de l'enfant, au profit d'une insistance sur les invariants pulsionnels imputés à l'enfant lui-même. Par exemple, la plainte d'une fille visant l'excessif attachement *de* sa mère sera analysée comme indice de son excessif attachement *à* sa mère. C'est d'ailleurs ce double déplace-

1. J. Benjamin, *Les Liens de l'amour, op. cit.*, p. 112.
2. F. Couchard, *Emprise et violence maternelles, op. cit.*, p. 37.

70

ment – des parents aux enfants, et d'une maltraitance conjoncturelle à une misère ontologique et donc universelle – que dénonça en son temps la psychanalyste Alice Miller, jusqu'à récuser transitoirement son appartenance à la profession [1].

« On est prêt certes à admettre théoriquement que l'amour et la haine se cachent parfois sous un même masque, mais les excès de l'*emprise* jusqu'à la haine, quand ils concernent la relation de la mère avec l'enfant, résistent fortement à la réflexion théorique, plus encore à l'analyse clinique », remarque encore Françoise Couchard, signalant qu'« on oublie fréquemment, même chez les femmes analystes, le versant négatif de l'amour maternel [2] ». Cette remarque, qui vaut pour l'ensemble des relations mère-enfant, prend une résonance autrement plus profonde, nous venons de le voir, s'agissant des relations mère-fille. Là en effet, la « négativité » de l'amour prend la forme, plus paradoxale encore, de l'admiration et du dévouement sans limites, portés par une identification qui, tout en permettant à la mère de se dérober à son propre destin de femme, entrave celui de sa fille en lui interdisant d'être autre chose que la fille de sa mère.

---

1. Voir A. Miller, *L'Enfant sous terreur. L'ignorance de l'adulte et son prix* (1981), Paris, Aubier, 1986 ; *La Connaissance interdite. Affronter les blessures de l'enfance dans la thérapie* (1988), Paris, Aubier, 1990.
2. F. Couchard, *Emprise et violence maternelles, op. cit.*, p. 3.

Deuxième partie

PLUS FEMMES QUE MÈRES

Les mères « plus femmes que mères » ont en commun avec les « plus mères que femmes » d'avoir une passion ; mais ici, ce n'est plus la maternité.

Parlant de sa propre mère, Françoise Mallet-Joris l'exprime avec une implacable sobriété : « L'essentiel dans la vie de ma mère n'était évidemment pas d'être ma mère[1]. » Qu'il s'agisse d'un homme, d'un statut social, d'une profession ou d'une vocation, la passion a un statut particulier : elle est l'« essentiel », le lieu d'expression de toutes leurs émotions.

C'est là que ces femmes s'investissent, qu'elles s'épanouissent, qu'elles vivent pleinement, au sens où elles ressentent ce qu'elles ne peuvent ou ne veulent ressentir ailleurs. Là, elles sont capables de supporter et surmonter les incertitudes, les échecs, les conflits qu'elles évitent partout ailleurs. Là, les épreuves les renforcent au lieu de les abattre, car elles s'éprouvent en pleine possession de moyens qu'elles n'ont pas ou croient ne pas avoir ailleurs. Les émotions vécues dans et par la passion ont la propriété d'être radicalement dissociées de leur véritable source, sou-

---

1. F. Mallet-Joris, *La Double Confidence*, Paris, Plon, 2001.

vent douloureuse et culpabilisante, pour servir la sublimation, quelle qu'elle soit. C'est peu dire que la maternité n'est pas le fort de ces mères : elles sont, tout simplement, ailleurs.

6.

Mères-épouses

Ailleurs : ce lieu qui empêche la mère d'être là pour ses enfants – ou qui lui permet de n'y être pas –, ce peut être, tout simplement, les bras de son mari, son cœur, ou son nom. Femmes tout entières épouses, c'est auprès du père de leurs enfants, ou du moins en fonction de lui, qu'elles s'épanouissent, trouvent leur raison de vivre.

La Christine de *L'Œuvre* de Zola (1886) se réveillait triste « de n'être plus qu'une mère jusqu'au soir », négligeant son petit Jacques, sa chair étant « restée muette pour lui, ne s'étant éveillée à la maternité que par l'amour. C'était l'homme adoré, désiré, qui devenait son enfant ; et l'autre, le pauvre être, demeurait un simple témoignage de leur grande passion d'autrefois ». « A table, elle ne lui donnait que les seconds morceaux ; la meilleure place, près du poêle, n'était pas pour sa petite chaise ; si la peur d'un accident la secouait, le premier cri, le premier geste de protection n'allait jamais vers sa faiblesse. Et sans cesse elle le reléguait, le supprimait : "Jacques, tais-toi, tu fatigues ton père ! Jacques, ne remue donc pas, tu vois bien que ton père travaille !" »

Certes, l'enfant est ici un garçon. Mais une petite fille aurait probablement subi un sort équivalent, car la différence des sexes ne paraît guère pertinente dans ce cas de

77

figure, du moins tant qu'il s'agit d'un enfant unique. Dès qu'il y a plusieurs enfants, la moindre inégalité de traitement, venant d'une mère aussi peu investie dans la maternité, serait probablement vécue de façon dramatique, et la petite fille pourrait en garder une mésestime de soi durablement ancrée, se jugeant sans doute responsable du peu de cas que l'on fait d'elle.

Un amour mal adressé

Fille unique d'une mère qui ne vit que dans l'amour pour son époux, celui-ci fût-il mort : c'est le cas de la jeune Lasthénie dans *Une histoire sans nom* de Barbey d'Aurevilly (1882). Sa mère, la baronne de Ferjol, avait enterré sa beauté « avec l'homme qu'elle avait éperdument aimé ; et, lui disparu, cette coquette pour lui seul n'y pensa jamais plus. Il avait été l'unique miroir dans lequel elle se fût admirée. Et quand elle eut perdu cet homme – pour elle, l'univers ! – elle reporta l'ardeur de ses sentiments sur sa fille. Seulement, comme par l'effet d'une pudeur farouche qu'ont parfois ces natures ardentes, elle n'avait pas toujours montré à son mari les sentiments par trop violents et par trop... turbulents qu'il lui inspirait, elle ne les montra pas davantage à cette enfant qu'elle aimait encore plus parce qu'elle était la fille de son mari que parce qu'elle était la sienne, à elle – plus épouse que mère jusque dans sa maternité ! »

Cette « majesté rigide » d'une veuve devenue dévote pèse sur ses rapports avec sa fille, laquelle « aimait sa mère, mais elle la craignait. Elle l'aimait comme certains dévots aiment Dieu, avec tremblement. Elle n'avait pas, elle ne pouvait avoir avec sa mère les abandons et la confiance que les mères qui débordent de tendresse inspirent à leurs enfants. L'abandon était pour elle impossible avec la sienne, avec cette femme imposante et morne, qui semblait vivre dans le silence du tombeau de son mari refermé sur elle ».

Et parce que « sa mère l'adorait, mais surtout parce qu'elle ressemblait à l'homme qu'elle avait aimé avec un si grand entraînement », les sentiments finissent par refluer, de part et d'autre, tant les « flots de tendresse » prêts à déborder entre mère et fille étaient sans arrêt « contenus ». Cette impossibilité d'exprimer ses affects – probablement parce qu'ils ne s'adressent pas à la personne qui les a suscités – deviendra entre elles un véritable mur. L'adolescente, engrossée à son insu par un prêtre durant une crise de somnambulisme, restera emmurée dans le secret que sa mère cherchera en vain à lui arracher, et qu'elle découvrira, par hasard, vingt ans plus tard.

La passion du rang

Il est aussi des épouses dont la passion se porte plutôt sur le statut social du ménage, qu'elles sont chargées de re résenter et d'incarner, selon la subtile analyse que fit le sociologue Thorstein Veblen de la « classe de loisir[1] ». Vêtements, bijoux, décoration de leur intérieur, entretien des relations, activités mondaines ou philanthropiques, loisirs, soins du visage et du corps : tout est bon pour signifier et magnifier un rang qui n'est pas seulement celui de la personne mais d'une famille tout entière, d'une lignée, d'un nom. Frivole aux yeux de certains, cette activité fait figure, pour d'autres, de devoir absolu, voire de

---

1. Th. Veblen, *Théorie de la classe de loisir* (1899), Paris, Gallimard, 1970.

passion quotidienne. Les enfants n'y tiennent d'autre place que celle qui leur est dévolue dans la maisonnée : on les montre sous leur meilleur jour lorsqu'il s'agit de manifester ainsi l'excellence de la vie familiale ; mais dans l'intimité des rapports effectifs, on les confie aux domestiques chargés de leur éducation, au même titre que les potiches et les meubles de prix soigneusement veillés par le personnel de service, et dont ils ont tout intérêt à imiter le silence et l'immobilité s'ils veulent mériter le coup d'œil approbateur de leur mère : « Tout est en ordre ! »

Aujourd'hui, c'est peut-être parmi les femmes de diplomates, de grands entrepreneurs ou d'hommes politiques que se rencontre ce type d'épouses – même si toutes, bien sûr, n'y sacrifient pas le lien avec leurs enfants. Naguère, la haute société en était le lieu privilégié, comme le décrit si bien Edith Wharton dans *Les New-Yorkaises* (1927). Nona, la fille de Pauline Manford, a dû s'adapter à l'emploi du temps implacable de sa mère : « Nona était habituée aux rendez-vous de sa mère ; habituée à se glisser en vitesse entre les guérisseurs, les marchands d'art, les assistantes sociales et les manucures. Lorsque Mrs. Manford accordait un moment à ses enfants, elle était parfaite avec eux ; mais dans cette vie new-yorkaise exténuante, pleine de devoirs et de responsabilités qui ne cessaient de se multiplier, si sa progéniture avait eu la permission de débouler à toute heure et de dévorer son temps, son système nerveux n'aurait simplement pas pu le supporter – et combien d'obligations elle aurait alors dû négliger ! »

Car il s'agit bien d'obligations, dès lors qu'il faut tenir son rang non seulement dans la bonne société new-yorkaise, mais aussi parmi les nations, grâce à « ces grands mouvements humanitaires qui nous rendent si fiers d'être américains. Ne trouves-tu pas que c'est admirable d'appartenir à la seule nation de la planète où tout le monde est absolument libre, et où pourtant chacun est formé pour faire exactement ce qu'il y a de mieux pour les autres ? » C'est pourquoi Mrs. Manford, ayant à veiller au bien-être de l'humanité tout entière, n'a guère de scrupules à être aussi peu disponible pour sa fille. Et lorsque celle-ci tente de l'alerter sur le fait qu'elle ne peut, sans contradiction, militer à la fois pour la maternité sans limites et pour le contrôle des naissances, la frontière est très vite atteinte de ce que la mère peut supporter : « Cette façon de toujours vouloir des raisons, des explications sur-le-champ ! Être soumise, sous son propre toit, à une perpétuelle inquisition... Il n'y avait rien qu'elle détestait tant que les questions auxquelles elle n'avait pas eu le temps de préparer des réponses. »

Face à cette mère qui se veut parfaite en tous points (« Quand j'entreprends une chose, j'aime la faire comme il faut. Tu sais quel a toujours été mon principe : ce qu'il y a de mieux, ou rien du tout »), et qui – fidèle à l'éthique protestante – s'obstine à ne voir de la réalité que ce qui lui convient, Nona incarne à elle seule le bon sens, pour la simple raison qu'elle est, elle, dans le réel. Elle seule éprouve, sent, devine et, finalement, prend sur elle tous les drames familiaux noués autour d'elle – déceptions amoureuses, divorces, adultères, incestes, maladies mortelles voire tentatives de meurtre. Mais elle est, en cela, absolument seule, sans personne à qui se confier ; car ceux dont elle est proche sont partie prenante de ces drames, tandis que celle qui est au centre de la toile – mère stupide autant que toute-puissante – persiste à ignorer tout ce qui ne s'accorde pas avec le rang qu'elle a tant à cœur d'illustrer.

7.

Mères-amantes

Il n'est rien de plus efficace que la passion amoureuse pour précipiter le détachement d'une mère à l'égard de son enfant. Plus spectaculaire que l'investissement sur son époux ou son rang, la liaison adultère – ou consécutive au divorce – de la mère « plus femme que mère » est fort prisée des romanciers et scénaristes. Mais lecteurs ou spectateurs oublient presque toujours que ces mères-là ont des enfants, pour la bonne raison qu'elles-mêmes n'y songent guère. Il faut glisser le regard dans les interstices de l'intrigue amoureuse pour y capter quelque chose du désarroi de la petite fille, rivale forcément malheureuse de l'amant de sa mère.

Emma et Berthe

Se souvient-on qu'Emma Bovary avait une fille ? Les quelques pages que Flaubert consacre à la petite Berthe dans *Madame Bovary* (1857) confirment, si besoin était, que la maternité n'était pas la préoccupation principale de sa célèbre héroïne. Il peut sembler paradoxal de se demander quel genre de mère était l'amoureuse Emma ; Flaubert nous présente un cas typique de mère plus femme que mère.

Emma est une femme qui cherche avec passion à être passionnée. Tout peut servir : sa coiffure, l'italien, les lectures sérieuses, devenir une sainte ou être une religieuse d'hôpital ; même la maternité, à ce titre, l'intéresse. Mais ses « passions », « elle les prenait, les quittait, passait à d'autres ». Si seulement elle avait été un garçon : « Un homme, au moins, est libre ; il peut parcourir les passions et les pays, traverser les obstacles, mordre aux bonheurs les plus lointains. Mais une femme est empêchée continuellement. » Empêchée, Emma l'est comme le sont les femmes de son époque et de son milieu. Mais empêchée dans son identité d'épouse, et de mère, c'est toute son histoire, qui fera le scandale que l'on sait.

Empêchée d'être mère, elle l'est dès la grossesse . ne pouvant s'offrir le trousseau dont elle rêve, elle désinvestit et le trousseau et l'enfant à venir qui, déjà, ne peut lui offrir la gratification narcissique qui passe par les achats ostentatoires. Puis, à la naissance, apprenant qu'elle avait une fille, « elle tourna la tête et s'évanouit ». Un garçon aurait été un prolongement idéalisé d'elle-même ; mais une fille ne peut la renvoyer qu'à la réalité, celle du malheur d'être femme, dont elle mettra toute son énergie à s'échapper – jusqu'à en mourir. En s'évanouissant, elle évite de regarder Berthe ; mais c'est d'abord d'elle-même qu'elle se détourne ainsi. Une fois revenue à elle, le choix du prénom est, nous dit Flaubert, son unique préoccupation, indiquant ce qu'elle projette sur sa fille : qu'elle s'élève au-dessus de sa condition sociale, à défaut d'être un garçon. « Emma se souvint qu'au château de la Vaubyessard elle avait entendu la marquise appeler Berthe une jeune femme ; dès lors, ce nom-là fut choisi. »

On sait aujourd'hui que la séparation précoce ne favorise pas l'attachement. Berthe, comme la plupart des enfants de l'époque et de sa condition, est placée en nourrice. Bien qu'Emma soit prise parfois du besoin subit de voir sa petite fille, elle ne s'étonne nullement de la misère où elle vit, et le moindre crachat de la petite provoque chez elle un évident dégoût. Déjà, elle a l'esprit occupé ailleurs, et se débarrasse au plus vite de la nourrice et de sa fille : dès que celle-ci n'est plus là, elle n'existe plus pour elle.

C'est seulement lorsque son premier amoureux platonique, Léon, lui annonce son départ, qu'elle retire Berthe de chez sa nourrice, la chargeant sans doute de remplir momentanément le vide laissé par l'amant – mais seulement en présence des invités. « Félicité l'amenait quand il venait des visites, et Madame Bovary la déshabillait afin de faire voir ses membres. Elle déclarait adorer les enfants ; c'était sa consolation, sa joie, sa folie, et elle accompagnait ses caresses d'expansions lyriques, qui, à d'autres qu'à des Yonvillais, eussent rappelé la Sachette de *Notre-Dame de Paris*. » Et plus tard, lorsqu'elle est entièrement occupée à organiser sa fuite – ratée – avec Rodolphe, c'est lui qui lui rappelle qu'elle a une fille : « "Et ta fille ?" Elle réfléchit quelques minutes, puis répondit : "Nous la prendrons, tant pis !" » Ainsi, Berthe n'existe pas pour Emma dès lors qu'il s'agit de mettre en acte ses désirs amoureux ; mais, rappelée à la réalité, et sachant qu'elle ne peut l'abandonner sans apparaître comme un monstre, elle réduit sa fille à ce « tant pis » qui symbolise, au moment même où elle décide de s'affranchir, tout ce qui la bride, la freine, l'empêche de se dégager de cette vie qu'elle abhorre. On peut dire, comme Jean Starobinski dans sa magistrale analyse [1],

---

1. J. Starobinski, « L'échelle des températures. Lecture du corps dans *Madame Bovary* », *Le Temps de la réflexion*, 1980, n° 1. L'auteur montre

que les rapports d'Emma avec sa fille sont « chauds » ou « froids » – et plus souvent froids que chauds. La température dépend exclusivement de son état amoureux, car Emma est soit femme, soit mère, mais jamais les deux.

Lorsque Emma est seule avec Berthe, et privée de préoccupation amoureuse, elle repousse en paroles et en gestes la petite fille qui ose quémander ce qu'elle ne peut lui donner : de la tendresse, un peu d'attention, une caresse, un regard. Elle la bouscule jusqu'à la faire tomber, et la blesser : « La petite Berthe était là, qui chancelait sur ses bottines de tricot et essayait de se rapprocher de sa mère pour lui saisir, par le bout, les rubans de son tablier. "Laisse-moi !" dit celle-ci en l'écartant avec la main. La petite fille bientôt revint plus près encore contre ses genoux ; et, s'y appuyant des bras, elle levait vers elle son gros œil bleu, pendant qu'un filet de salive pure découlait de sa lèvre sur la soie du tablier. "Laisse-moi !" répéta la jeune femme tout irritée. Sa figure épouvanta l'enfant, qui se mit à crier. "Eh ! laisse-moi donc !" fit-elle en la repoussant du coude. Berthe alla tomber au pied de la commode, contre la patère de cuivre ; elle s'y coupa la joue, le sang sortit. »

Emma cache l'incident à son mari, en en rendant Berthe responsable : « Regarde donc, cher ami, lui dit Emma d'une voix tranquille : voilà la petite qui, en jouant, vient de se blesser par terre. » Ce type d'allégations est caractéristique d'une maltraitance maternelle : ce n'est pas moi qui l'ai blessée, c'est elle. Cette scène illustre parfaitement le danger que court une enfant exclue de l'univers de sa mère du fait d'être du même sexe. Ainsi, observant sa fille qui s'est endormie après le retour de son père, Emma aura

---

dans cet article que « les oppositions thermiques constituent l'un des axes principaux au long desquels se distribuent les séries perceptives ».

cette pensée terrible : « Comme cette enfant est laide[1] ! »
Il y a là, probablement, un peu du mépris qu'elle porte à
son mari ; mais ne peut-on y voir aussi le reflet de la haine
qu'elle se porte à elle-même, celle qu'elle tentera désespérément de combattre par des aspirations si impossibles à
assouvir qu'elles la conduiront à la mort ? Dès lors que
la fillette veut se faire un tant soit peu connaître, sinon
reconnaître, elle crée une effraction, une blessure psychique, qui s'extériorise chez elle dans la peur et dans le sang
et, chez sa mère, par le déni de sa violence. Quant au père,
qui pourtant aime sincèrement sa fille, son aveuglement
consiste à se méprendre sur l'inquiétude d'Emma, prenant
pour un souci maternel légitime le dégoût pour sa propre
enfant.

L'un des problèmes que pose à un petit enfant la maltraitance maternelle est qu'il s'en sent responsable, mais
que tout vaut mieux que l'indifférence. Faute d'être
reconnu, ce nœud relationnel est appelé à se reproduire
toute une vie, sous une forme ou sous une autre[2]. Dans
ce contexte, les manifestations de tendresse, à contretemps,
sont probablement perçues comme fausses, car ce sont les
relations violentes qui sont « vraies » : « "Amenez-la-moi !
dit sa mère, se précipitant pour l'embrasser. Comme je
t'aime, ma pauvre enfant ! comme je t'aime !" Puis, s'aper-
cevant qu'elle avait le bout des oreilles un peu sale, elle
sonna vite pour avoir de l'eau chaude et la nettoya, la
changea de linge, de bas, de souliers, fit mille questions
sur sa santé, comme au retour d'un voyage, et, enfin, la
baisant encore, et pleurant un peu, elle la remit aux mains
de la domestique, qui restait fort ébahie devant cet excès

---

1. Cette scène est reprise intégralement dans l'adaptation cinématographique de Claude Chabrol (1991) avec Isabelle Huppert.
2. Caroline Eliacheff, *Vies privées. De l'enfant roi à l'enfant victime*, Paris
Odile Jacob, 1997

de tendresse. » Gageons que Berthe aura été, elle aussi, fort ébahie, et n'aura pu se réjouir pleinement de ces démonstrations où il ne s'agit, en fin de compte, que de changer son apparence puis de la remettre où elle était : au placard.

Le départ de l'amant platonique avait laissé une place à Berthe, certes ambivalente, mais une place quand même. La fuite de Rodolphe, en qui reposaient tous les espoirs d'Emma de devenir la femme idéale qu'elle rêvait d'incarner, la rendra d'abord malade et solitaire, puis modifiera sa relation avec sa fille, au sens où elle lui attribuera l'« indulgence universelle » à laquelle elle estime certainement avoir droit au regard de sa douleur d'avoir été abandonnée sans pouvoir s'en plaindre officiellement. « Elle fit revenir à la maison sa petite fille, que son mari, durant sa maladie, avait renvoyée chez la nourrice. Elle voulut lui apprendre à lire ; Berthe avait beau pleurer, elle ne s'irritait plus. C'était un parti pris de résignation, une indulgence universelle. Son langage à propos de tout était plein d'expressions idéales. Elle disait à son enfant : "Ta colique est-elle passée, mon ange ?" » Mais lorsque Emma est reprise de passion pour Léon, qu'elle va voir régulièrement à Rouen, elle s'exclut cette fois de ses fonctions de mère et d'épouse. La maison n'est plus tenue, et Berthe se clochardise sans que son père puisse rien pour elle : « Il y avait des mouchoirs traînant sur les fourneaux ; et la petite Berthe, au grand scandale de Mme Homais, portait des bas percés. Si Charles, timidement, hasardait une observation, elle répondait avec brutalité que ce n'était point sa faute ! »

Berthe ne sera rappelée par sa mère qu'au moment de son agonie provoquée par l'arsenic. La scène racontée par Flaubert fait irrésistiblement penser au Petit Chaperon rouge regardant le loup : « Berthe, cependant, restait posée sur le lit. "Oh ! comme tu as de grands yeux, maman ! comme tu es pâle ! comme tu sues !" Sa mère la regardait.

"J'ai peur !" dit la petite en se reculant. Emma prit sa main pour la baiser ; elle se débattait. "Assez ! Qu'on l'emmène !" s'écria Charles, qui sanglotait dans l'alcôve. » Après la mort de sa mère, Berthe vivra une brève lune de miel avec son père, d'autant plus proche d'elle qu'il s'éloigne de ses connaissances : si proche même que c'est elle seule qui le découvrira mort, assis dans le jardin.

Il semble que le désintérêt – pour employer un euphémisme – que lui témoignait sa mère ait empêché la fille de développer la moindre séduction à l'égard de femmes qui auraient pu être des mères de substitution : de la femme de ménage, qui n'en prenait guère souci même du vivant de son père, à sa grand-mère, qui mourut dans l'année même. Elle échoua chez une tante pauvre qui l'envoya, pour gagner sa vie, dans une filature de coton. Pauvre Berthe ! Mais aussi : pauvre Emma ! « Elle n'était pas heureuse, ne l'avait jamais été. D'où venait donc cette insuffisance de la vie, cette pourriture instantanée des choses où elle s'appuyait ? » Peut-on aimer une fille quand on ne s'aime pas comme femme et qu'on n'aime pas l'homme avec qui l'enfant a été conçue ? Peut-on être aimée comme femme quand on demande à cet amour de combler un gouffre insondable ?

8.

Mères-étoiles

« Pourquoi me tortures-tu ? » demande la mère à sa fille dans *Talons aiguilles*, le film de Pedro Almodovar. Becky (Marisa Paredes) est une chanteuse naguère célèbre, de retour en Espagne après un long exil à l'étranger. Sa fille Rebecca (Victoria Abril), présentatrice de télévision, vient d'avouer en direct, au journal télévisé, le meurtre de Manuel, son mari, un ancien amant de sa mère, laquelle venait de renouer puis de rompre à nouveau avec celui qui était devenu le mari de sa fille. Celle-ci se retrouve en prison. Le juge, qui doute de la sincérité des aveux, organise un tête-à-tête entre la mère et la fille, où cette dernière, enfin, explose :

« Dans *Sonate d'automne*, dit-elle, une pianiste a une fille médiocre. Ça nous ressemble. La mère vient voir sa fille qui joue aussi du piano. Elle lui demande de jouer pour elle. La fille est gênée mais elle finit par accepter. Elle joue nerveusement du Chopin. Pour la forme, sa mère la félicite mais elle ne peut s'empêcher de lui donner des conseils. Rien n'est plus humiliant pour la fille, car sa mère lui dit : Tu es nulle, comment oses-tu jouer cette partition sublime, pensais-tu que je le supporterais ? Tu es trop vulgaire pour imiter mes gestes. Même si tu le voulais, tu ne serais même pas ma pâle doublure, ton imitation n'est pas un hommage mais une insulte. »

89

Pour la première fois, Rebecca exprime à sa mère sa vérité sur leur relation. Elle va d'ailleurs avouer également que c'est elle qui, petite fille, provoqua la mort de son beau-père pour rester seule avec sa mère – c'est la scène de flash-back déjà évoquée à propos des filles jalouses de l'amant de leur mère. Pour pouvoir dire cette vérité, elle s'appuie – exactement comme nous le faisons – sur une fiction : un autre film, qui a pu donner forme, dans son imaginaire, à une souffrance informulable. Que raconte *Sonate d'automne*, le film d'Ingmar Bergman (1978) ?

Sonate d'automne

Dans la catégorie « plus femmes que mères », Becky est une « mère-étoile », exactement comme Charlotte (Ingrid Bergman), la pianiste virtuose imaginée par Bergman. L'une et l'autre ont une fille – deux même dans le cas de Charlotte, mère d'Eva (Liv Ullman) et de sa sœur handicapée, Helena. Le problème n'est pas que ces mères soient des stars : le problème est que leur profession est leur unique passion.

C'est pourquoi, lorsque Eva écrit à Charlotte, qu'elle n'a pas vue depuis sept ans, pour l'inviter chez elle, ayant appris par hasard le décès de son compagnon, elle prend soin de préciser qu'elle possède un excellent piano sur lequel Charlotte pourra travailler : Eva a totalement intériorisé que sa seule présence ne peut suffire à attirer sa mère, laquelle ne pourrait supporter d'être réduite à sa fonction maternelle, même pour quelques jours. Depuis toujours, la passion professionnelle passe en premier.

Charlotte arrive un peu plus tôt que prévu. Ce léger contretemps résume à lui seul leur relation : alors qu'une mère « plus mère que femme » est là quand il faut – et

90

parfois aussi quand il ne faut pas –, une mère « plus femme que mère » n'est jamais là quand on l'attend. Elle vient trop tôt, ou trop tard – voire pas du tout. Au malaise créé par ce contretemps s'ajoute l'évidente dissymétrie des rapports mère-fille : Charlotte n'a pas informé Eva du décès de son compagnon, alors qu'Eva avait immédiatement prévenu sa mère lorsque son mari et elle avaient perdu accidentellement leur fils de quatre ans – mais Charlotte avait pris prétexte de son travail pour ne pas venir. Il est implicitement admis que les malheurs de la mère sont plus importants que ceux de la fille, celle-ci n'étant pas jugée digne d'en être directement informée.

La dissymétrie de leur relation ne peut prendre qu'une seule forme : l'infériorité de la fille par rapport à la mère, admise par l'une comme par l'autre. Après les formules de bienvenue, Eva fait acte de soumission en précisant d'emblée les hiérarchies : elle parle immédiatement de l'objet de la passion de la mère (« Tu as apporté toutes tes partitions ? ») et fixe sa propre position d'inférieure (« Tu me donneras quelques leçons ? C'est promis, tu le feras ! »), s'engageant dans la rivalité sur un terrain où elle sait d'avance qu'elle sera perdante. Comme si la confirmation de la supériorité maternelle était ce qui lui confirme avant tout l'existence de leur relation, et la rassure sur sa pérennité en dépit de leur peu de contacts.

C'est Charlotte, forcément, qui ouvre la conversation ; et c'est d'elle-même, forcément, qu'elle parle, contant la mort de son amant – elle qui n'a jamais questionné sa fille sur la mort du petit garçon. Mais le sujet est vite liquidé : « Je ne peux pas prétendre que j'aie du chagrin. » On perçoit sa difficulté à éprouver des sentiments, ou à les éprouver sans les annuler aussitôt : « Bien sûr j'éprouve un certain vide. Mais il ne faut pas toujours ruminer ces choses. » A cette rigidité émotionnelle succède sans transition

91

un accès de narcissisme, comme si celui-ci constituait sa carapace protectrice : « Tu trouves que j'ai beaucoup changé ces dernières années ? C'est vrai, j'ai fait teindre mes cheveux », lance-t-elle à sa fille, dont elle attend manifestement qu'elle reconnaisse et accepte sa supériorité non seulement sur le plan professionnel, mais aussi sur le plan de la féminité.

Charlotte instrumente sa fille comme elle doit le faire de son entourage, la réduisant au rôle de miroir pourvoyeur de gratifications. Mais pour cette mère, l'admiration de sa fille est plus essentielle que ne le sont des étayages narcissiques interchangeables : même si cela paraît paradoxal, elle a besoin d'être sans cesse approuvée par elle. C'est là en effet la condition pour que demeure refoulée la culpabilité que suscite leur relation, où le travail-passion est censé l'exonérer de ses obligations de mère, même les plus évidentes comme celle d'être auprès de sa fille lorsque celle-ci vient de perdre son enfant. Faute de cette approbation, le conflit latent ne peut qu'éclater ; et c'est bien sûr ce qui arrivera lorsque Eva, ayant mis au clair ses sentiments, osera enfin l'accuser, avec ces mots terribles qui enfoncent la mère dans la culpabilité tout en la privant de cette singularité dont elle a toujours fait son excuse et sa protection : « Il faut toujours qu'il y ait des exceptions pour toi ! Il faut que tu comprennes que tu es coupable, toi aussi, comme tous les autres ! »

Rigidité émotionnelle et défense du narcissisme contre la culpabilité : ainsi se présente Charlotte – à l'opposé d'Eva qui, elle, continue à vivre avec son enfant mort la relation émotionnelle intense dont sa mère est incapable avec ses enfants vivants. Un peu plus tard, seule dans sa chambre après d'éprouvantes retrouvailles, Charlotte se laisse, à son corps défendant, envahir par les émotions : « Qu'est-ce que j'ai à me sentir comme ça ? Comme si j'avais de la fièvre. Et envie de pleurer. » Mais aussitôt, de nouveau, c'est l'annulation immédiate de l'émotion, doublée d'une mise à distance de la culpabilité : « C'est idiot ! Je suis la mère indigne, c'est comme ça. Il faut que j'aie mauvaise conscience. Toujours mauvaise conscience. »

Pour lutter contre une culpabilité consciemment reconnue, mais qui n'en est pas supportable pour autant, Charlotte met en place une série de défenses bien rodées : l'affirmation agressive de sa féminité (« Je mettrai une belle robe pour le dîner. Eva sera bien obligée d'admettre que la vieille est bien conservée ») ; la fuite (« J'écourterai mon séjour ») ; et surtout – car c'est là ce qui fait la femme plus femme que mère – la réintégration de ses émotions douloureuses dans sa passion, de façon à les déconnecter de leur source : « Ça fait mal. Mal. Mal. Ça fait mal comme le deuxième mouvement de la sonate de Bartok. Oui, c'est ça. J'ai entamé ces mesures beaucoup trop vite, c'est évident. Ça doit être comme ça : l'attaque pam-pam, ensuite un petit nœud de souffrance. Lentement mais sans larmes car il n'y a plus de larmes, il n'y en a jamais eu. Voilà. Si ça marche, cette visite dans ce presbytère aura eu quand même son petit avantage. » On comprend mieux pourquoi de telles femmes s'investissent tant dans leur travail-passion, dont elles se plaignent qu'il les dévore, mais dont elles ne pourraient se passer au risque de s'effondrer.

C'est ainsi qu'Eva connaît et reconnaît sa mère, et tente de renouer le lien. Ne disposant d'autre frayage vers elle que la reproduction de leur relation frustrante, elle cherche l'humiliation pour retrouver sa mère. C'est pourquoi, lorsqu'elle se résout à prendre la parole, elle ne peut s'empêcher de se placer sur le terrain miné de la musique, royaume maternel : « Je joue souvent à l'église. Le mois dernier, j'ai animé toute une soirée musicale. Je jouais et je commentais en même temps ce que je jouais. C'était très réussi. » Immédiatement, la réponse de Charlotte vient rappeler à qui appartient la couronne : « A Los Angeles, j'ai donné cinq concerts pour les écoles au palais des concerts, devant trois mille enfants chaque fois ! J'ai joué, j'ai commenté... Un succès inimaginable. Mais quelle fatigue ! » Il n'y a donc aucune place, même modeste, pour la fille dans le domaine de la passion de la mère, où celle-ci fait forcément plus, elle, et mieux – elle, elle, elle...

Mais le pire est encore à venir : ce sera cette fameuse leçon de piano que la Rebecca de *Talons aiguilles* lançait à sa propre mère comme l'horrible vérité de leur relation. Autour du Prélude n° 2 de Chopin, « exécuté » à tous les sens du terme par Eva, Charlotte va lui donner une magistrale leçon – à la demande, notons-le, de sa fille, qui insiste pour que sa mère lui dise la vérité sur son jeu. « Je comprends », dit finalement Eva, décomposée, après que Charlotte a joué à son tour le morceau. Qu'a-t-elle donc compris, la fille quémandeuse, qu'elle ne savait déjà ? Mais elle avait besoin de se l'entendre signifier, encore, comme l'unique condition de tout rapport avec sa mère : c'est la mère qui règne, sans le moindre partage possible ; elle ne peut s'en empêcher, même si elle perçoit la violence ainsi exercée (« Ne m'en veux pas ! » dit-elle à sa fille à la fin de la leçon). La mère clôt toute possibilité de rivalité structurante, en éteignant tout espoir de l'égaler – sans même parler de la surpasser. Il y a toujours un risque, pour une fille, à aller quémander ce que précisément sa mère ne peut donner – amour ou reconnaissance. Car en quémandant, la fille se place en position de victime, mais en quémandant ce que la mère ne peut donner, elle exerce une violence. La réponse ne peut être que violente, renforçant la position de victime de la fille.

Jusque-là, Eva n'a su que jouer le jeu de sa mère, seule condition pour ne pas la perdre. L'autre fille, Helena, est au plus loin de toute complaisance, de toute possibilité de maintenir la façade : murée dans l'aphasie, elle présente à sa mère le miroir d'une fille débile – autant dire ce qu'il peut y avoir de plus ingrat et de plus culpabilisant. Son handicap la rend incompréhensible, sauf pour ceux qui l'aiment et lui sont proches, telle Eva. Ce n'est pas le cas de Charlotte, totalement incapable de s'identifier à cette fille « ratée », qui ne fait que la renvoyer à son propre ratage affectif. C'est ce vivant reproche, bégayant et bavant, qu'Eva jette à la tête de sa mère, comme une mise en accusation par délégation : elle lui annonce timidement la présence chez elle d'Helena, censée être dans un établissement spécialisé.

Confrontée aux sources de sa culpabilité – abandon, oubli, déni –, Charlotte se raidit : « Pour moi, c'est tout ce qu'il y a de plus désagréable, mais je n'ai pas le choix ! » Puis, elle se défend en accusant : « J'ai toujours eu du mal à supporter les gens qui ne se rendent pas compte de leurs motivations », signifiant ainsi à Eva qu'elle n'est pas dupe de ce que celle-ci, même inconsciemment, a concocté contre elle en lui imposant la présence de sa sœur. Par cette interprétation en forme d'énigme, elle fait effraction dans l'inconscient de sa fille, lui signifiant qu'elle, et elle seule, en connaît les ressorts : sa lucidité lui sert de scalpel.

A Helena, Charlotte lance, théâtrale . « J'ai souvent pensé à toi, j'y ai pensé tous les jours. » Personne n'est dupe qu'elle ment : elle ment consciemment, elle joue la comédie, et elle le sait. Ce n'est pas la même chose que lorsqu'elle parle faux, comme quand elle ne veut pas mentir à ses filles. A la différence du mensonge, le parler faux est un désaccordage entre le ressenti interne et les paroles prononcées, qui fait écho au contretemps évoqué plus haut. C'est Eva qui l'exprimera au mieux : « Je t'aimais à la vie à la mort, je crois, mais je me méfiais de ce que tu disais. Je comprenais d'instinct que tu ne pensais presque jamais ce que tu disais... Je ne comprenais pas tes mots, ils ne s'accordaient pas avec l'expression de tes yeux ou de ta voix. »

Ce parler faux est la traduction clinique de la dissociation caractéristique de la femme « plus femme que mère » : elle a scindé sa vie en plusieurs parties, et s'efforce en permanence de ne pas les faire communiquer, tout en tâchant de faire coïncider son comportement avec l'image idéale attendue d'elle. Elle croit parler comme la mère qu'elle devrait elle, et ne réussit à exprimer que le vide de ce monde affectif déserté. Musicienne, elle saurait d'ailleurs faire la différence : mentir est, en musique, l'équivalent de jouer une fausse note, tandis que parler faux équivaut à jouer sur un instrument désaccordé. A contrario, l'accent de vérité, qui ne se commande pas plus que le parler faux, tient autant à l'assentiment à ce qu'on dit qu'au fait d'avoir consenti à être touché par la parole de l'autre. Il ne signifie pas qu'on dit la vérité – car on peut se tromper, et on se trompe souvent – mais qu'on est en accord avec ce qu'on dit. L'accent de vérité, en musique, c'est la grâce.

On comprend pourquoi Eva, parlant de sa mère à son mari, emploie les termes d'« incompréhensible », d'« étrange ». Lorsqu'un enfant ressent quelque chose qui ne peut être mis en mots par l'entourage ou, comme ici, quand la mère parle faux, l'enfant refoule massivement ce qu'il ressent au profit de la vérité « officielle ». Mais cela entraîne des symptômes qui traduisent l'aliénation totale à la parole dominatrice de l'autre. C'est ce qu'exprimera un peu plus tard – un peu trop tard – Eva : « Je ne pouvais donc pas te haïr, et ma haine est devenue une angoisse terrible... Un enfant ne peut pas comprendre, il ne sait pas, personne ne dit rien, il connaît la dépendance, l'humiliation, la distance, le mur infranchissable, l'enfant crie, personne ne répond, personne ne vient, tu ne saisis pas ? » On comprend qu'à force de crier sans être entendue, Eva se soit appliquée à ne plus rien ressentir du tout.

Difficile dans ces conditions d'aimer ensuite un homme, quand on court le risque de laisser exploser une haine indicible. C'est pourquoi Eva ne peut ni aimer Viktor, son mari, ni d'ailleurs le détester, bien qu'il l'aime, lui, comme elle est, et le lui dise. Il n'y a aucun point commun entre son mari et sa mère – or Eva ne connaît qu'une seule forme d'amour : celui qu'elle portait à sa mère. La réciproque, elle ne l'a pas connue, sans pourtant avoir accès à cette vérité, car le parler faux régnait là aussi : « J'étais convaincue, dira-t-elle, que nous nous aimions, et que tu savais tout mieux que moi » ; et pourtant, quelque part, elle savait : « Tu ne pensais presque jamais ce que tu disais. »

Et puis, comment savoir ce qu'est l'amour d'une femme pour son mari lorsque sa propre mère n'en a jamais donné l'exemple ? Malgré tous ses efforts, Charlotte n'a pas offert à ses filles l'image d'une mère aimant réellement son mari. Eva le lui rappellera à propos de Joseph, son père : « Le pauvre papa n'était qu'un médiocre, gentil, soumis, pas contrariant. » Difficile d'aimer un homme quand le père, relégué au rang d'accessoire par la mère, n'a pu trouver grâce aux yeux de sa fille. Charlotte, d'ailleurs, n'a pas davantage de considération pour le mari de sa fille, ce qu'elle exprime en disant exactement le contraire de ce qu'elle pense : « Lorsque je vous vois, Viktor et toi, je deviens tout simplement jalouse. » Mais comment Eva reçoit-elle ces mots qui parlent faux, cette fausse reconnaissance de sa supériorité en amour, si dissonante avec leur relation, alors qu'elle ne peut pas ne pas pressentir la vérité que sa mère prononcera pour elle-même, une fois seule dans sa chambre : « Ce Viktor distille l'ennui, il ressemble de manière désagréable à Joseph, mais en plus mesquin. Ils s'ennuient mortellement l'un l'autre, c'est sûr. »

Au soir de ce premier jour, déjà éprouvant, Charlotte s'endort. Elle fait un cauchemar : les caresses de sa fille Helena se transforment en agression, où s'exprime la vérité de ce que la mère éprouve face à la seule existence de cette fille handicapée. Charlotte hurle, se lève. Eva vient la rejoindre, et ce sera l'occasion de s'expliquer, enfin, sur le passé, à la faveur de cette intimité nocturne et d'un peu d'alcool. Que reproche Eva à sa mère ?

Un flash-back muet pourrait l'illustrer : Charlotte joue du piano, elle travaille. La petite fille écoute derrière la porte. La musique s'arrête, c'est l'heure attendue de la pause, elle ose entrer pour lui apporter son café. Sa mère lui jette à peine un regard, se déplace vers le canapé où elle s'assied, ouvre un journal qui cache son visage. La petite fille, qu'on voit de dos, s'agenouille à quelques mètres devant sa mère et la fixe des yeux, immobile, silencieuse. « Va-t'en, va jouer dehors ! » lui lance sa mère sans même la regarder. C'est tout.

Cette froideur glaçante, cette inaccessibilité donne à la fillette l'impression d'être indésirable au sens fort, dérangeante, la renvoyant à un sentiment d'indignité (qu'est-ce que j'ai fait ?) voire au néant (est-ce que j'existe ?). Un enfant peut effectivement déranger un adulte absorbé par son travail ; mais la force sidérante du refus de Charlotte à accepter la seule présence de sa fille révèle la profondeur du dérangement dont il est ici question : la fille fait effraction dans le psychisme de la mère ; et de cela, elle se défend à mort[1].

---

1. Françoise Mallet-Joris a probablement connu cette expérience, sans en avoir apparemment été anéantie. Elle décrit en effet sa mère, à un âge plus avancé, comme une femme « à la froide intelligence, pour qui l'amour même fut un spectacle, qu'attiraient les sciences et la philosophie, qui voyait

Mais un souvenir ne suffit pas pour comprendre, encore moins pour communiquer une vérité : il y faut des mots, ces mots qu'Eva va enfin parvenir à jeter, durant cette nuit que nous raconte Bergman, au visage décomposé de sa mère. Celle-ci perd peu à peu, aux yeux du spectateur, de son attrait, de sa forte personnalité, au profit de sa fille, de plus en plus intéressante, profonde et belle : au moment où elle refuse à sa mère suppliante de lui pardonner et même de la toucher, elle apparaît enfin comme une femme, alors qu'elle n'était jusqu'alors – et redeviendra le lendemain – qu'une petite fille vieillie, insignifiante, attifée de vêtements sans âge.

Elle accuse sa mère d'avoir fait semblant de l'aimer alors qu'elle ne l'utilisait que comme un accessoire, un support à son narcissisme défaillant : « Pour toi, je n'étais qu'une poupée avec laquelle tu jouais quand tu avais le temps. Mais si je tombais malade ou si je causais le moindre embarras, tu me laissais à papa ou à la nurse... Tu t'enfermais pour travailler, et personne n'avait le droit de te déranger... Tu étais aimable, mais absente. C'est à peine si tu répondais aux questions qu'il m'arrivait de te poser. » Même lorsque Charlotte avait été contrainte de se replier temporairement sur son foyer et sur son identité d'épouse et de mère (décision qui, bien sûr, ne pouvait qu'être catastrophique : « Au bout d'un mois j'avais compris quel terrible fardeau j'étais pour papa et pour toi, et j'avais envie de partir »), la blessure d'Eva n'en avait pas été atténuée pour autant, loin de là : « J'avais quatorze ans, et faute de mieux tu as reporté sur moi toute ton énergie endiguée. Tu m'avais négligée, et tu avais juré que tu allais rattraper le temps perdu. Je me défendais comme je pou-

un monde dans les stries d'un coquillage mais qui ne voyait pas l'attente sur le visage d'un enfant » (F. Mallet-Joris, *La Double Confidence, op. cit.*).

vais, mais je n'avais pas une chance... Je vivais comme paralysée, mais il y avait une chose que je comprenais avec toute la clarté nécessaire : pas un iota de ce qui était vraiment moi ne pouvait être aimé, ni même accepté. » Car après avoir connu, dans l'enfance, les départs répétés de sa mère et s'y être tant bien que mal adaptée, il ne pouvait rien arriver de pire à l'adolescente que le brusque intérêt de sa mère – totalement à contretemps – pour sa féminité naissante.

L'origine de la faille de Charlotte, son déficit identitaire, se situe probablement dans le handicap relationnel avec sa propre mère, incapable du moindre contact, de la moindre chaleur émotionnelle : « Je ne vis pas, je ne suis pas née, j'ai été expulsée du corps de ma mère, il s'est refermé et s'est aussitôt retourné vers mon père, je n'existe pas. » Eva lui assènera en écho comment s'est transmis ce déficit identitaire, de mère à fille : « Tu es une infirme pour tout ce qui touche aux sentiments... Tu m'as portée dans ton ventre froid et tu m'as expulsée avec dégoût, parce que je t'aimais et que tu me trouvais répugnante, mal faite et sans talent. Et tu es arrivée à faire de moi une infirme à vie, comme tu l'es toi-même... » Là, les instruments sont accordés, la vérité est dite : il n'y a pas la moindre fausse note !

Si Helena incarne le déficit narcissique de sa mère, Eva incarne son déficit identitaire. Abandonnant quelques instants ses certitudes, et parlant sans réfléchir, sans même réaliser ce qu'elle dit, Charlotte aura alors ces paroles, qui la positionnent non plus en mère toute-puissante autant qu'absente mais en toute petite fille, ne sachant pas plus tenir sa place avec sa fille qu'elle ne l'avait su avec sa mère, alternant l'excès de distance et l'excès d'investissement : « J'ai toujours eu peur de toi... J'avais peur de ce que tu exigeais de moi. Je croyais que tu exigeais et que je ne pouvais répondre à tes exigences... Je ne voulais pas être ta mère, je voulais que tu saches que je n'avais pas plus de défense que toi, mais que j'étais encore plus démunie et que j'avais encore plus peur. » La rivalité s'est à présent déplacée : c'est à qui sera la plus victime... Mais dans une famille, quand une mère est victime, la fille est coupable. Quand un enfant est victime, le parent est bourreau. Chacune retrouve sa place dans la roue infernale : Charlotte réfugiée dans sa passion, qui est sa carapace relationnelle ; Eva hésitant entre le suicide et le dévouement à autrui – autant de façons de ne pas parvenir à être soi-même.

Laissons les mots de la fin à Eva, ou plutôt à Ingmar Bergman (dont l'effrayante lucidité bouleverse l'idée, sous-jacente chez Freud, selon laquelle la relation mère-fille ne pourrait se comprendre qu'entre femmes[1]) : « Une mère et une fille, quel terrible mélange de sentiments, de désarroi et de destruction. Tout est possible au nom de l'amour et de l'affection. La faille de la mère, la fille en héritera. Les ratages de la mère, la fille les paiera. Le malheur de la mère sera le malheur de la fille. C'est comme si on ne coupait jamais le cordon ombilical. Est-ce ainsi ? Le malheur de la fille est-il le triomphe de la mère ? Maman... Ma douleur est-elle ton plaisir secret... ? »

Et encore : « Ne cesse-t-on jamais d'être mère et fille ? »

Une constellation d'étoiles

Sonate d'automne raconte un cas de transmission de déficit identitaire et de déficit narcissique entre mère et fille sur au moins deux générations. A la troisième génération, celle d'Eva, la mère « aura la peau » de sa fille. Le

---

1. F. Couchard, *Emprise et violence maternelles, op. cit.*, p. 9.

manque de dons de la fille, comme l'échec professionnel de la mère au moment de l'adolescence de sa fille, qu'elle s'est appropriée en la dépossédant d'elle-même, ont été des facteurs aggravants.

Mais les choses ne se passent pas toujours ainsi avec les mères passionnées par leur métier ou par leur vocation : il n'y a pas qu'une seule façon, pour une femme, d'être une « étoile », car elle peut l'être dans sa profession et continuer de se vivre comme mère. Toute femme passionnée par autre chose que ses enfants n'entre pas forcément dans la catégorie des femmes « plus femmes que mères », toute vocation ne condamne pas une mère à n'être pour sa fille qu'une « mère-étoile », pas plus qu'elle ne constitue le symptôme d'une incapacité à transmettre autre chose que ses propres déficits. Une position sociale ne fait pas à elle seule une structure relationnelle, et une femme qui travaille et s'investit dans son métier n'en est pas pour autant une mère plus femme que mère – de même que les mères plus mères que femmes ne sont pas forcément (nous l'avons vu avec *Bellissima*) des femmes au foyer.

Dans le film *Mirage de la vie* de Douglas Sirk (*Imitation of life*, 1958), on trouve un cas de star passionnée par son métier d'actrice, mais qui n'en exclut pas pour autant sa fille de son monde affectif : elle est capable de différer l'engagement cinématographique dont elle rêve pour assister à la remise de diplôme de l'adolescente. Partie de rien, veuve très jeune, elle est devenue une vedette sans rien céder sur son éthique, sacrifiant sa vie de femme jusqu'à ce que, carrière faite, elle retrouve enfin l'homme qu'elle aimait depuis longtemps. C'est là un bel exemple de triple accomplissement – professionnel, amoureux et maternel – réalisé grâce à la capacité à jouer avec la temporalité, en hiérarchisant les investissements dans le temps.

Quant à ce que deviennent les filles de « mères-étoiles »,

on ne prétendra pas non plus – malgré la force du schéma exemplifié par *Sonate d'automne* – que les jeux sont forcément joués de façon qu'une femme « plus femme que mère » (telle la mère de Charlotte, passionnée par les mathématiques et par son mari) ne puisse avoir qu'une fille sur le même modèle, comme Charlotte, ou anéantie, comme Eva. Une femme peut aussi devenir « plus femme que mère » sans que sa mère l'ait été : c'est le cas des filles de mères devenues « plus mères que femmes » à l'occasion d'une circonstance extérieure, tel le décès d'un époux bien-aimé ; la fille, ou l'une des filles s'il y en a plusieurs, est alors investie par la mère de la mission de remplacer le père. Socialement, cela peut entraîner de belles carrières professionnelles, caractérisées par un investissement passionnel dans le travail qui sert, comme pour Charlotte, à se déconnecter de sa source douloureuse – le deuil du père. Ce deuil, la mère ne peut l'accomplir au sens où il faudrait que rien ne change – ce qui devient la mission (impossible) de la fille. Dans ce cas, il n'y a pas de déficit identitaire, la fille s'identifiant au père avec le soutien de la mère, sans pour autant sacrifier sa féminité.

En devenant à son tour mère d'une fille, cette femme sera tout à fait capable, parce qu'elle l'a elle-même vécu, d'investir narcissiquement sa fille, non en s'occupant d'elle mais en valorisant tout ce qu'elle est, tout ce qu'elle fait, voire tout ce qu'elle dit si tant est qu'elles se parlent. Cette fille connaîtra, certes, la « froideur glaçante » de sa mère-étoile, mais n'en aura pas moins l'opportunité de se réaliser, dans une indifférence masquée par le discours de l'approbation valorisante. Ce sont les contretemps qui, parfois, l'alerteront sur ce que ce discours a d'artificiel : n'est-il pas troublant pour une enfant d'être toujours approuvée, même quand elle fait des bêtises ? N'est-il pas troublant d'être si rarement désapprouvée ou de l'être à tort, par exemple lors d'une réussite incontestable, signe probable d'une jalousie inconsciente de la mère ?

L'impossibilité de décevoir sa mère est en effet – nous l'avons vu déjà à propos des mères « plus mères que femmes » – une forme de prison, plus douce que l'impossibilité de la satisfaire, mais une prison quand même. Et c'est une prison réciproque : la fille ne peut ni satisfaire sa mère (c'est déjà fait), ni la décevoir (c'est quasi impossible). La mère, quant à elle, ne voit sa fille que comme une fille idéale, passant à côté d'une relation authentique, et préférant s'entourer d'admirateurs ou d'admiratrices – probablement homosexuel(le)s, déclaré(e)s ou refoulé(e)s – qui voient en elle la femme idéale, susceptible de leur conférer une part de sa grandeur. Elle-même, de son côté, trouvera là des filles de remplacement, moins idéalisées, donc aptes à être authentiquement aimées et critiquées.

Le public et le privé

Au-delà des différences dans l'objet de leur passion – époux, amant, vocation –, les femmes « plus femmes que mères » ont un point commun : non seulement elles ne sont pas les mêmes avec leurs enfants en public et en privé, mais elles réservent au public des démonstrations affectives dont elles sont avares en privé (inversement, la mère « plus mère que femme » aura tendance à étendre au public la sollicitude empressée à l'égard de l'enfant, l'empêchant d'exister pour autrui autrement qu'en tant qu'il est un enfant, son enfant).

En effet, lorsque la source douloureuse et culpabilisante de leurs émotions est précisément la maternité, à travers la relation à leur propre mère, elles mettent en place différents mécanismes pour devenir « imperméables » en privé.

Elles se présentent donc de façon fort différente selon qu'on les rencontre en situation de femme, ou de mère. Certaines de ces femmes, qui ne parlent pratiquement jamais à leurs enfants, sont intarissables à leur sujet auprès de leurs collègues de travail, laissant alors affleurer la source de leur culpabilité mais sans s'y confronter directement, ou en l'utilisant au profit de leur activité – qu'il s'agisse de séduire, de faire rire, d'écrire, etc. D'autres oublient complètement qu'elles sont mères quand leurs enfants sont absents (et parfois quand ils sont là !), l'objet de la passion venant faire écran, de la façon la plus opaque possible, entre les différentes dimensions de leur vie. Dans l'un et l'autre cas, les enfants souffrent quand ils le découvrent : les premiers, parce qu'ils auraient aimé, pour une fois, profiter de tout ce que leur mère dit d'eux ; les seconds, parce qu'il est douloureux d'être à ce point exclu du discours maternel.

9.

Dissymétries

Nous avons présenté les mères « plus femmes que mères » en fonction de leurs passions (l'époux, l'amant, la vocation), alors que les « plus mères que femmes » s'échelonnaient selon les âges de la fille (bébé, enfant, adolescente, adulte). Cette dissymétrie fait écho à ce qui, par ailleurs, les différencie.

L'exclusion

Une première dissymétrie concerne la structure même de la relation mère-fille. Nous avons vu que les « plus mères » sont centrées sur leur fille, à l'exclusion du reste, tandis que les « plus femmes » sont centrées sur un objet extérieur à la maternité, à l'exclusion de leur fille.

Dans l'inceste platonique, vers lequel tend la mère « plus mère que femme », celle-ci exclut tout tiers dans la relation à l'enfant, et à la fille en particulier, en tant que semblable à la mère. A l'inverse, dans le cas de la femme « plus femme que mère », c'est l'enfant qui est exclu – la fille de préférence, en tant que non différente de la mère. Dans ce second cas, la mère noue une relation avec un homme, un projet ou une passion, qui ne laisse aucune place a la fille, aucune possibilité de se projeter dans l'espace laissé par la mère. Les garçons, eux, sont moins exposés à être ainsi exclus, sans doute en raison de leur plus grande valeur sociale, et parce qu'ils sont d'emblée différents de leur mère. Celle-ci est, de ce fait, moins tentée de les traiter comme cette image d'elle-même à dépasser pour se réaliser.

Dans l'un et l'autre cas – « plus mères » ou « plus femmes » – il y a bien un processus d'exclusion, mais parfaitement dissymétrique : exclusion du tiers, pour les unes, qui font couple avec leur fille ; exclusion de la fille, pour les autres, qui mettent leur fille en tiers. D'un côté, la fille – excluante – est sans recours extérieur par rapport à la mère ; de l'autre, la fille – exclue – est sans place auprès de la mère.

Qui n'a pas connu l'une ou l'autre de ces expériences ne peut sans doute pas en ressentir toute la douleur ; qui l'a connue ne peut guère, probablement, trouver les mots pour l'exprimer, à moins d'un long travail analytique. C'est à ces émotions, aussi indicibles qu'invivables, que donnent corps la fiction, par l'imaginaire, et la théorie, par la généralisation – l'une et l'autre permettant de se détacher, par les mots, de l'expérience.

La culpabilité

Il existe une autre dissymétrie, tout aussi importante, entre « plus mères que femmes » et « plus femmes que mères », concernant leur position au regard de la norme – laquelle est particulièrement prégnante en matière de maternité.

Les « plus mères » occupent la position classique des « bonnes mères » : elles ont pour elles toute la valorisation accordée à l'amour maternel. Leur dévouement suscite l'approbation, et elles peuvent se conforter elles-mêmes dans un investissement qui fait d'elles, à leurs propres yeux comme aux yeux du monde, des mères exemplaires, même s'il se révèle être, pour la fille, un travail de démolition. Celle-ci est d'autant plus seule, d'autant plus démunie pour exprimer – et, avant d'exprimer, pour pouvoir simplement ressentir – le mal qui lui est fait. Et si elle parvient, enfin, à se plaindre, elle en paie forcément le prix, car la culpabilité est alors tout entière de son côté.

A l'opposé, les « plus femmes » font figure de « mauvaises mères » : peu présentes, indifférentes, mal-aimantes. La fille, certes, peut pâtir de cette absence de tout lieu où être et s'aimer elle-même au regard de sa mère ; mais au moins pourra-t-elle s'en plaindre, voire transformer en haine son amour impossible. Le monde sera prêt à l'entendre, et d'autant mieux si cela permet de stigmatiser les passions féminines, l'ignominie de la femme adultère, le travail des femmes ou l'impasse de la vocation. La culpabilité, ici, est bien du côté de la mère.

Rien n'exprime mieux cette légitimité de la plainte filiale face à la mère « plus femme que mère » que l'histoire d'Électre, fille d'une « mère amante », Clytemnestre, qui assassina son mari Agamemnon avec l'aide de son amant Egisthe, lequel usurpa la place du père. C'est, au féminin, l'histoire même d'Hamlet – l'enfant se fait porte-parole de la cause du père victime de la mère – sauf que, dans le cas d'Électre, l'appel à la justice pour le père défunt et à la vengeance contre la mère coupable trouve un double renfort : non seulement celui, collectif, de la loi, qui punit les femmes adultères et meurtrières ; mais aussi celui, intrapsychique, du complexe d'Œdipe, qui pousse à l'amour du père et à la haine de la mère. Rien ne résume mieux la situation que cette parole d'Électre dans la pièce éponyme de Giraudoux (1938) : « Je suis la veuve de mon père, à défaut d'autres. » Parce qu'elle peut culpabiliser sa mère de ne pas occuper la place qui devrait être la sienne – celle de bonne épouse autant que de bonne mère –, Électre échappe, au moins partiellement, à sa propre culpabilité face à ses sentiments haineux.

Dans cette même pièce, Clytemnestre évoque les tout premiers temps de sa relation avec sa fille : « Tu veux m'entendre dire que ta naissance ne doit rien à mon amour, que tu as été conçue dans la froideur ? Sois satisfaite. [...] Pas une fois tu n'as parlé en moi. Nous avons été des indifférentes dès ta première minute. Tu ne m'as même pas fait souffrir à ta naissance. Tu étais menue, réticente. Tu serrais les lèvres. Si un an tu as serré obstinément les lèvres, c'est de peur que ton premier mot ne soit le nom de ta mère. Ni toi ni moi n'avons pleuré ce jour-là. Ni toi ni moi n'avons jamais pleuré ensemble. » On a là le tableau clinique d'une femme qui, d'emblée, perçoit son nouveau-né fille comme rejetante, et la traite comme telle – perception qui trouvera bien sûr son symétrique du côté de la fille, laquelle, probablement, rendra haine pour haine à sa mère. Qui, de l'une ou de l'autre, est responsable ? Est-ce la mère, mal-aimante et mal-aimée, puis criminelle, ou la fille, mal-aimée et mal-aimante, puis assoiffée de vengeance ? La réponse est peut-être dans ce commentaire d'un mendiant assistant à l'explication entre Électre et Clytemnestre : « Elles sont de bonne foi toutes les deux. C'est ça la vérité. »

« Notre mère que j'aime parce qu'elle est si belle, dont j'ai pitié à cause de l'âge qui vient, dont j'admire la voix, le regard... Notre mère que je hais » : dans son ambivalence à l'égard de sa mère[1], la fille ne dispose que d'une seule

---

1. Ambivalence également soulignée par Nicole Loraux, selon qui, en pleurant la mort de son père, Électre « répéterait, en gémissant sur lui, la plainte de la mère qu'elle pense avoir rejetée... [...] Prenant sur soi le para-

ressource pour n'être pas détruite – la haine. Mais si la haine envers la mère est un séparateur efficace, elle est en même temps dévoreuse d'énergie : comme toute passion, il lui faut se nourrir en permanence. La haine sépare, certes ; mais elle n'apaise pas.

Ni mauvaises ni bonnes

La dissymétrie est fonction de la norme collectivement instituée : sans elle, il n'y aurait ni « bonnes » ni « mauvaises » mères, mais seulement des expériences diversement perturbantes, l'une n'étant pas pire que l'autre. Il nous faut donc changer d'optique : il n'y a pas, à un pôle, des mères « bonnes » (maternelles) et, à l'autre, des mères « mauvaises » (indifférentes) : il y a, aux deux extrémités, des mères problématiques pour leurs filles, ou qui rendent le lien mère-fille suffisamment tordu pour produire des filles « difficiles », étouffées par l'absence d'espace entre leur mère et elles ou, à l'inverse, anéanties par l'infranchissabilité de cet espace.

Fallait-il autant travailler, dira-t-on, pour s'apercevoir qu'il est des mères insuffisamment aimantes, et d'autres qui le sont trop[1] ? Oui. Car le mot « amour », si communément prisé pour parler des relations entre parents et

digme féminin de la mère en pleurs, Électre en dit beaucoup sur sa propre ambivalence à l'égard d'une mère pour qui elle n'a que haine à proclamer » (N. Loraux, *Les Mères en deuil*, Paris, Seuil, 1990, p. 94).

1. En d'autres termes : « Pour être véritablement salutaire, la conduite maternelle doit éviter aussi bien la négligence que la sollicitude excessive : ces deux conditions extrêmes – bien qu'antithétiques – expriment également une hostilité inconsciente vis-à-vis de l'enfant, de sorte que les soins maternels vraiment affectueux devraient se maintenir à égale distance de l'une et de l'autre » (Glauco Carloni, Daniela Nobili, *La Mauvaise Mère. Phénoménologie et anthropologie de l'infanticide*, 1975, Paris, Payot, 1977, p. 78).

enfants, n'aide guère à comprendre ce qui s'y joue – nous y reviendrons. Nous savons à présent que le sens commun se trompe lorsqu'il considère l'« amour » comme une valeur, qui serait forcément d'autant plus bénéfique qu'il existerait en quantité : en cessant d'accoler à ce terme une connotation obligatoirement positive, nous pouvons commencer à admettre que les formes – variables – de relations subsumées sous ce terme peuvent être destructrices autant que constructrices. La suspension du recours à cette notion d'« amour » nous a permis de mettre en évidence, dans ce qui se joue entre mères et filles, le rôle et l'importance du « tiers », soit exclu, soit excluant : autant dire que, contrairement aux conceptions de sens commun, la relation mère-fille n'est pas une relation à deux, mais une relation à trois. Et c'est précisément l'ignorance ou la dénégation de ce tiers qui en fait les ratages, et les ravages.

Dans la recherche de la bonne façon d'être une mère, susceptible de produire des filles capables de supporter d'avoir une mère et d'en devenir une à leur tour, il faut donc non seulement se détacher du mot « amour », et déplacer le curseur entre les deux pôles de l'excès et du manque, mais aussi introduire un troisième terme entre mère et fille, qui laissera chacune occuper sa place – ni plus, ni moins. C'est la condition pour qu'un équilibre, tant bien que mal, puisse s'établir, dans le jeu avec une extériorité de la relation mère-fille qui, jamais, ne devrait en être exclue, ni en exclure la fille, ou la mère. Et pour saisir ce qui permet cet équilibre, continuons à parcourir les positions à problèmes, qu'éclaire la fiction.

Troisième partie

MÈRES ET/OU/NI FEMMES

Plus mères que femmes, plus femmes que mères... Il est aussi des femmes qui ne sont *ni* mères *ni* femmes. D'autres encore incarnent successivement, à l'égard de leur fille, ces deux façons d'être : mères *et* femmes, ou plutôt mères *ou* femmes, car il ne s'agit pas d'une superposition ou d'un mélange de ces deux états, mais d'un basculement de l'un à l'autre, plus ou moins rapide, plus ou moins réversible – mais, toujours, problématique pour la fille, qui ne saura plus alors, comme on dit, sur quel pied danser. Tant il est vrai que les comportements que nous décrit la fiction ne sont pas donnés une fois pour toutes – ce ne sont pas des « caractères » au sens de la psychologie classique – mais varient (sauf extrême rigidité caractérielle) au gré des moments ou des circonstances de la vie.

Parmi celles-ci, l'avènement de la fille au rang de rivale figure parmi les phases les plus critiques de la relation mère-fille, amenant une autre sorte de situation incestueuse : provoquée par le maintien ou le basculement de la mère en position de femme, elle peut aussi entraîner son rebasculement vers une position maternelle. C'est ainsi qu'à l'inéluctable évolution de la fille au long des âges de la vie répond la nécessité, pour la mère, de se mouvoir sur l'axe opposant le pôle de la maternité et le pôle de la féminité : mouvement plus ou moins harmonieux ou heurté, plus ou moins juste ou, à l'inverse, réalisé à contre-temps. C'est cette mobilité identitaire – parfois excessive, parfois insuffisante – dont nous allons à présent étudier les formes, et les effets sur la fille.

10.

Ni mères, ni femmes

On naît fille, mais il arrive qu'on ne devienne ni femme, ni mère. Le renoncement à la féminité ne se fait pas au profit de la maternité, pas plus que le non-investissement à l'égard de l'enfant ne libère la vie amoureuse, sexuelle ou créative.

La vie ne manque pas de ces cas de filles mal-aimées par une mère frustrée, épouse acariâtre ou veuve sans regrets, ne manifestant pas plus d'intérêt pour le monde extérieur (sauf à en dénoncer aigrement les méfaits) que pour les sentiments de sa fille, en qui elle projette probablement toute la charge négative, dépréciative et dépressive qu'elle porte en elle – d'autres enfants pouvant cependant mobiliser son énergie affective. La fille renoncera-t-elle à tout amour-propre, intériorisant le désamour que lui inflige sa mère et le reproduisant à la génération suivante ? Cherchera-t-elle à se faire aimer de sa mère, en multipliant les prouesses qui devraient, espère-t-elle, la convaincre de sa valeur [1] ? Ou trouvera-t-elle ailleurs les satisfactions lui permettant de se détacher de ce foyer de frustration, par exemple en la personne d'un prince charmant qui viendra

---

1. Pour un témoignage autobiographique illustrant ce cas de figure, voir Gisèle Halimi, *Fritna*, Paris, Plon, 1999.

l'arracher au maléfice maternel ? C'est ce dernier cas de figure que privilégie – on l'aurait deviné – la fiction.

Marnie

Pourquoi Marnie (Tippi Hedren), l'héroïne du film d'Alfred Hitchcock *Pas de printemps pour Marnie* (1964), est-elle kleptomane (elle dévalise méthodiquement ses patrons, changeant ensuite de ville et d'identité), phobique (l'orage et le rouge la paniquent) et frigide, au point de ne pas supporter que son mari l'effleure ? On pressent que ces troubles psychiques ont leur origine dans l'enfance, dès la première visite qu'elle fait à sa mère, vieille femme sans âge, boiteuse et revêche, recluse en solitaire dans son appartement de Baltimore.

La jeune femme, belle et élégante, est chargée de cadeaux et, manifestement, d'espoir que sa mère lui rende son affection ou, du moins, lui témoigne un peu de gratitude ou d'approbation. Mais la mère ne s'occupe que de la fillette d'une voisine qu'elle garde dans la journée, brossant amoureusement sa longue chevelure blonde sous le regard envieux et triste de Marnie, qui voit la petite fille qu'elle aurait aimé être. Lorsqu'elle s'agenouille tendrement aux pieds de sa mère et pose la tête sur ses genoux, attendant manifestement qu'elle lui caresse les cheveux, elle ne la touche même pas et ne sait que lui dire : « Arrête, Marnie ! Tu me fais mal à la jambe ! »

Une fois la fillette partie, la jeune femme tente de se rapprocher de sa mère, qui recule, se dérobe, retire sa main lorsque sa fille cherche à la toucher. Marnie explose : « Maman, pourquoi tu ne m'aimes pas ? Je me le suis toujours demandé... Si tu me donnais un peu de tendresse, d'affection... Pourquoi t'écartes-tu toujours de moi ? Que me reproches-tu ? Quand je pense à tout ce que j'ai fait pour gagner ta tendresse ! Ce que j'ai fait ! Tu penses que je me suis mal conduite, que je suis la maîtresse de M. Pemberton ? C'est pour ça que tu t'écartes de moi ? » Sa mère la gifle. Aussitôt Marnie s'excuse, bafouille, remballe ses griefs : « Excuse-moi, maman. Tu ne m'as jamais méprisée. » L'échange s'arrête là.

La seconde rencontre, à la fin du film, permettra de lever le mystère de l'origine des symptômes et, grâce à l'insistance du mari (Sean Connery) transformé en psychanalyste amateur, d'en délivrer Marnie. On y apprend que la mère n'est pas seulement une mauvaise mère mais fut aussi une femme de mauvaise vie, qui se prostituait avec des marins de passage quasiment devant sa fille. L'un d'eux fut assassiné à coups de tisonnier par la petite Marnie elle-même, âgée d'environ cinq ans, pour protéger sa mère qu'elle sentait menacée, au cours d'un orage terrifiant. Blessée au propre et au figuré, la mère s'est retranchée par la suite dans le silence et le refus de toute vie affective, en expiation de ses péchés : « Une chance m'était donnée de réparer en t'élevant bien. J'ai promis à Dieu que je ferais de toi une fille convenable » – convenable, c'est-à-dire « qui n'a pas besoin des hommes ».

« Quand je pense à tout ce que j'ai fait pour gagner ta tendresse... » A la lumière de ce passé, les paroles de Marnie prennent une intensité nouvelle : car elle a été jusqu'à tuer pour sa mère, afin de la protéger autant que d'éliminer ces hommes qui la séparaient d'elle – comme la petite Rebecca de *Talons aiguilles* – alors que, privée de père, elle n'avait d'autre référence affective que ce rapport mère-fille exclusif de tout tiers. Ce meurtre, Marnie l'a refoulé, mais elle n'a oublié ni l'orage ni le rouge du sang répandu. Ce geste, la mère l'a dénié en s'en accusant devant la police, et la justice a achevé le déni en acquittant la mère pour légitime défense. Marnie, finalement, a consacré sa vie à se venger en volant les hommes qui, dans son enfance, lui volaient sa mère, puis à tenter de se rapprocher d'elle en réalisant, par sa frigidité, son vœu : « Ton ambition s'est réalisée ! lui lancera-t-elle. Voleuse, menteuse, mais convenable ! »

En mettant une croix sur sa vie de femme, la mère n'en est pas devenue plus mère pour autant, car elle ne l'était pas avant l'« accident » : elle avait quinze ans quand un séduisant basketteur lui a promis son maillot si elle lui laissait faire ce qu'il voulait, puis, « quand tu t'es annoncée, il a filé. J'ai toujours le maillot, et je t'ai, toi ». Elle a sa fille, certes, mais qu'a-t-elle eu à lui donner, étant elle-même si peu de chose à ses propres yeux, et pour les hommes qui l'ont touchée ? « Je n'ai jamais aimé que toi », lui déclare-t-elle après la remémoration de cette scène traumatique, en présence du mari. Vrai ? Faux ? La question n'est pas là car dans ces conditions, que signifie « aimer » ? Elle-même ne le sait sans doute guère, qui ne l'a probablement jamais été. Et surtout, comment le manifester ? Elle ne le sait pas davantage : lorsque Marnie, comme pour éprouver la vérité de ces mots, pose une fois de plus sa tête sur les genoux de sa mère, celle-ci n'arrive toujours pas à se comporter en mère aimante ; ses doigts ne parviennent pas jusqu'à la chevelure de sa fille, et elle ne sait que dire : « Tu me fais mal à ma jambe ! » – rappel de la blessure infligée lors du meurtre mais aussi, probablement, de la souffrance inguérissable qu'a été la venue au monde de l'enfant non désirée, cause de l'abandon par l'homme.

Comment exprimer de l'amour maternel quand on n'a été touchée par aucune forme d'amour, quand on n'a pas été reconnue comme mère par le père de son enfant, et quand on n'a jamais été reconnue comme femme sinon par une sexualité monnayée ?

11.

Ou mères, ou femmes

Ou mère, ou femme : ce dédoublement peut relever d'une ambivalence intérieure à la femme, comme le suggère finement Helen Deutsch à propos du roman de Balzac *Mémoires de deux jeunes mariées* (1842), mettant en scène l'amitié entre Louise de Macumère et Renée de L'Estorade, l'une amoureuse de l'amour, l'autre hypermaternelle [1]. Il peut arriver aussi qu'une femme, au cours de sa vie, bascule alternativement, de façon plus ou moins radicale, de la position de femme à la position de mère – ou inversement. Cette mobilité identitaire pourrait être la condition d'une bonne relation mère-fille, évoluant avec l'âge de l'enfant, si elle avait lieu au bon moment, et pas trop brutalement. Mais si elle se produit à contretemps, ou entre des positions extrêmes (inceste platonique ou, à l'opposé, désinvestissement), elle risque d'être déroutante sinon traumatisante pour la fille, qui ne saura plus alors, comme on dit, sur quel pied danser. La fiction nous en offre divers exemples.

---

1. H. Deutsch, *La Psychologie des femmes* (1945), Paris, PUF, 1953, II.

La Lettre écarlate

La « lettre écarlate » du roman de Nathaniel Hawthorne (1850), c'est la lettre A cousue sur le vêtement de Hester Prynne, symbole de l'adultère qu'elle a commis dans cette petite communauté puritaine de l'Amérique des premiers colons. Après un séjour en prison, dont elle est sortie avec la petite fille née de cette liaison coupable, elle a dû s'installer dans un pauvre logement éloigné, obligée de vivre aux marges de la communauté, enfermée dans cette prison sans murs qu'est la privation des liens avec autrui. Solitaire, elle reporte sur la petite Pearl tout son amour, toute son énergie, toutes ses capacités affectives.

Fille sans père – sans autre père du moins qu'un géniteur anonyme et coupable –, Pearl est bien l'enfant de sa mère, à qui elle appartient tout entière bien qu'elle pressente l'anormalité de la situation : « Dis-le-moi ! Dis-le-moi ! C'est toi qui dois me le dire ! », ordonne-t-elle à Hester qui se demande à haute voix d'où vient sa fille. Mais, à la question d'un inconnu lui demandant qui elle est, Pearl répond sans hésiter : « Je suis l'enfant de ma mère, et je m'appelle Pearl. » L'inceste platonique est évidemment favorisé par la situation de cette mère, privée de contact avec autrui en même temps que de vie amoureuse et sexuelle, et incapable, par conséquent, d'inscrire son lien avec sa fille dans un espace habité par d'autres qu'elles deux.

Mais du jour où resurgit l'éventualité d'un lien amoureux avec le pasteur (dont tout le monde ignore qu'il est le père de Pearl), tout change : « Elle avait respiré une heure d'air libre – et voici que ce misérable stigmate écarlate rougeoyait de nouveau à son ancienne place ! » Dans ce basculement entre désexualisation et sexualisation, entre mère et amante, le stigmate devient d'autant plus visible que se rapproche la tentation sexuelle dont il est la cristallisation, rappel de sa présence passée en même temps qu'interdiction de son retour ; la chevelure de la femme, signe de la sensualité, redevient « belle et abondante ».

Avec la réapparition du tiers exclu, la fillette cesse d'occuper la place qui lui était jusqu'alors échue : celle de l'objet d'amour exclusif, qu'il lui faudrait désormais, sinon céder à l'homme, du moins partager avec lui – ce qui équivaudrait, de toutes façons, à renoncer à cette place. Les rapports entre mère et fille s'en ressentent sans que celle-ci – instrument passif des déplacements affectifs de sa mère – puisse le comprendre : « L'enfant et la mère s'étaient, en effet, éloignées l'une de l'autre mais par la faute d'Hester, non de Pearl. Tandis que celle-ci vagabondait sous bois, quelqu'un avait été admis dans le cercle des sentiments de sa mère et en avait tellement modifié l'aspect que Pearl, à son retour, ne pouvait plus trouver sa place habituelle et ne savait plus où elle en était. »

Mais très vite, Hester renonce à renouer avec son amant, et la mère reprend le pas sur l'amante : « Hester rassembla les épaisses boucles de sa chevelure et les enferma sous sa coiffe. Comme si la lettre écarlate avait exercé un sortilège et flétri ce qu'elle touchait, la beauté d'Hester, la chaleur et le rayonnement de sa féminité disparurent comme disparaît le soleil et une ombre sembla s'étendre sur elle. » C'est bien la condition pour que se renoue le lien exclusif entre mère et fille : « Une fois ce mélancolique changement opéré, Hester tendit la main vers Pearl. – Reconnais-tu ta mère, à présent ? demanda-t-elle avec reproche mais d'un ton adouci. Traverseras-tu le ruisseau ou la renieras-tu encore à présent que sa honte la recouvre, à présent qu'elle est triste ? – Oui ! répondit l'enfant traversant le ruisseau d'un bond et serrant Hester dans ses bras. Oui, à présent, tu es tout de bon ma mère et je suis ta petite Pearl ! »

La Leçon de piano

La Leçon de piano de la cinéaste néo-zélandaise Jane Campion (1993) pourrait être une autre version de *La Lettre écarlate*, où le stigmate infligé à la mère célibataire ne serait plus le port de la lettre infamante mais, dans l'Angleterre victorienne du XIXᵉ siècle, l'exil dans une lointaine colonie, en compagnie d'une fillette, lutin bien-aimé de sa mère esseulée...

Ada (Holly Hunter) est une fille-mère, n'ayant pas été mariée avec le père de sa fille, son professeur de musique. Une fois celui-ci disparu, il lui a fallu trouver un époux par petites annonces. Un colon inconnu la fait venir dans son pays lointain, accompagnée de sa petite fille et de son piano à queue – car elle est pianiste. Ce piano est d'autant plus important pour elle qu'elle ne parle pas, étant devenue muette à l'âge de six ans – l'âge de sa propre fille. On n'entend donc que sa voix intérieure, et celle de la fillette, qui lui sert d'interprète en langage des signes, ou de messagère lorsque sa mère communique avec le monde par de petits billets.

La fillette est la voix de sa mère, en même temps que sa protectrice, son rempart et sa complice face au mari tout neuf, qui déplaît autant à l'une qu'à l'autre : « Je ne l'appellerai pas papa. Je ne l'appellerai pas. Je ne le regarderai même pas ! » déclare la fillette à propos de son futur beau-père, semblant exprimer à voix haute ce que sa mère éprouve. Et lorsque celui-ci ouvre la porte de la chambre pour rejoindre sa nouvelle épouse, il recule et renonce : car dans le lit, à la place qu'il devrait occuper, c'est la fillette qui trône, enlacée à sa mère. L'inceste platonique, noué probablement après la mort du père, est installé lorsque commence l'intrigue. L'irruption d'un mari n'y fait rien, si même elle ne renforce pas le lien face à l'intrus qu'il faut alors exclure.

Indifférent à ce qui fait le bonheur de la jeune femme, le mari a laissé le piano derrière eux sur la plage. Un de ses employés, un métisse (Harvey Keitel), accepte d'aller le récupérer avec Ada, en l'absence du mari. Dûment corsetée et chapeautée, Ada joue sur l'immense plage sauvage, tandis que la fillette danse, déployant leur féminité en toute liberté, en toute innocence, en toute exultation : « Regarde, maman ! Regarde-moi danser ! » Mais le triomphe de la fillette scelle en même temps la fin de son idylle avec sa mère, car la scène se déroule sous le regard de l'homme. Elles ne sont plus deux, désormais, mais trois : ce tiers intrus, complice et instigateur du bonheur d'Ada, deviendra bientôt son amant.

L'indigène, ayant installé l'instrument dans sa case, permet à Ada d'en jouer en échange de pseudo-leçons de piano qui, peu à peu, se mueront en moments d'amour clandestin. La fillette, jusqu'alors seul amour d'une mère « plus mère que femme », va assister, impuissante, à son éviction. Le renversement est brutal, tragique, implacable : « Va jouer, maintenant ! » lui ordonne sa mère, devenue « plus femme que mère » tandis qu'elle s'apprête à pénétrer, seule, dans la case qui abrite ses amours clandestines. C'est la fillette à présent qui se retrouve en tiers, intruse, indésirable pour le couple formé par sa mère et son amant. Exclue de cette relation qui lui enlève l'amour jusqu'alors exclusif de sa mère, elle passe dans le camp du mari, qu'elle intronise dès lors comme père et dont elle se fait le porte-parole : « Tu es allée là-bas : je n'aime pas ça du tout, et papa non plus ! »

La fillette se retrouve condamnée à épier les ébats adultères de sa mère, comme le mari à son tour va le faire, réduit à l'état de voyeur des amours de sa femme avec son employé. Fou de rage, il la ramène chez lui et la séquestre en compagnie de sa fille. Celle-ci va retrouver, pour un temps, l'intimité avec sa mère : mais c'est une intimité forcée, où elle n'est plus que l'ombre, transparente et insuffisante, de l'amour charnel qui s'est emparé de la femme.

La seule place – amère – qui reste à la fillette est celle de messager, lorsque la femme adultère lui confie le soin d'apporter à l'amant illettré une touche de son piano – sacrifice majeur ! – sur laquelle elle a gravé une solennelle déclaration d'amour. « Va, va lui porter ça ! » ordonne la mère à la fillette. Un court instant, celle-ci hésite sur le seuil de la maison, entre le chemin de planches, à gauche, qui va vers la case de l'amant, et celui de droite, qui va vers le champ où travaille le mari. C'est ce dernier qu'elle choisit, c'est-à-dire le droit chemin. Car face à l'amant intrus, devenu son ennemi, que faire sinon devenir la garante de la vertu de sa mère[1] ?

En offrant au mari le message destiné à l'amant, la fillette lui révèle qu'Ada ne le trompe pas que dans sa chair, mais aussi dans son cœur : double trahison. C'en est trop pour l'homme, qui punit sa femme en lui faisant subir ce qu'elle a infligé à son piano chéri : il lui tranche un doigt à la hache – la même hache que brandissait Barbe-Bleue dans le théâtre d'ombres qu'on venait d'applaudir...

Contre toute attente, l'histoire finira bien : l'amant

---

1. Exactement comme dans *La Lettre écarlate* lorsque la mère, dans un retour de flamme pour son amant le pasteur, ôte de sa poitrine la lettre A : Pearl est alors prise de rage, sentant bien que la lettre protège la femme de la sexualité qui l'éloigne de sa fille en même temps qu'elle l'a exclue de la communauté.

enlève la femme avec sa fillette et les emmène vivre ailleurs. Pendant leur voyage, Ada manque d'être emportée au fond de l'eau par la corde du piano qui s'est accrochée à son pied, et dont elle ne se dégage qu'en l'abandonnant, reconquérant la vie, la liberté, l'amour puis - avec sa voix qu'elle acceptera de travailler et son doigt muni d'une prothèse bricolée par l'amant – l'intégrité de son être. Elle vivra donc sans son piano, préférant l'accomplissement par l'amour à l'accomplissement par la création.

L'encombrant piano est lourd de significations : il est à la fois ce qui la rattache à son premier compagnon, la met en relation avec le monde (par la musique, qui compense sa mutité), la coupe de son mari (qui le lui refuse), la lie à son amant (qui lui en rend l'usage), et enfin ce qu'elle doit sacrifier pour accéder à un lien amoureux en même temps qu'à l'intégrité d'elle-même (la voix retrouvée en même temps que le doigt). Le piano symbolise cette identité autonome, tournée vers la création, par quoi cette femme échappe à la dépendance conjugale, en même temps que le lien avec le monde, médiatisé par l'amant auquel elle aura consenti parce qu'il respecte et admire, lui, ce qu'elle est, à travers son piano.

Mais si tout finit bien pour la mère après cette série d'épreuves (l'exil, l'union non désirée, la privation du piano, l'adultère, la mutilation, le sacrifice du piano), on peut se demander ce qu'il en est pour la fillette, mise par sa mère à différentes places qui n'ont en commun que de n'être pas la sienne : la place du père mort, dont elle est l'incarnation vivante ; la place du mari, dont la mère refuse de partager le lit pour dormir avec sa fille ; la place de l'amant potentiel, tant qu'elle n'a que son enfant pour assouvir son affectivité ; la place de l'intruse, lorsque l'amant potentiel est devenu réel ; et la place de l'intermédiaire, lorsqu'elle est utilisée comme messagère. Brutalement évincée, sans motif apparent, du rapport jusqu'alors exclusif qu'elle entretenait avec sa mère, à quelle errance, à quelle mutité va-t-elle être à son tour condamnée ? Remise finalement à sa place de petite fille dans le couple légitime formé par la mère et l'amant, saura-t-elle oublier les fortes émotions vécues avec sa mère, ou cherchera-t-elle à les retrouver avec un homme qui, comme autrefois, lui fera vivre alternativement des situations où elle est tout pour lui, et d'autres où elle n'est rien ?

MÈRES ... OU FEMMES

12.

Mères et femmes

En quelle circonstance une mère peut-elle être *à la fois* mère et femme vis-à-vis de sa fille (et non pas mère pour sa fille et femme pour un homme) ? C'est lorsque mère et fille se retrouvent rivales en amour. Une telle situation nous plonge au cœur des rapports mère-fille, car elle est pratiquement impossible entre une mère et un fils (sauf cas extrêmes de mère homosexuelle, amoureuse de l'aimée de son fils, ou de fils homosexuel, amoureux de l'amant de sa mère). Jusqu'à présent, les configurations que nous avons étudiées – mères « plus mères que femmes » ou « plus femmes que mères » – n'avaient de spécificité, en matière de rapports mère-fille, que par leur résonance particulièrement aiguë pour la fille, en raison de sa dépendance identitaire envers sa mère – on l'a vu notamment avec l'inceste platonique. Or la rivalité amoureuse entre une mère et sa fille est bien une situation spécifiquement « mère-fille » ; et ce n'est sans doute pas un hasard si elle est aussi, nous allons le voir, intensément problématique.

Car de deux choses l'une : soit l'homme qui fait l'enjeu de cette rivalité est le mari de la mère et le père de la fille, et l'on a alors affaire à un inceste classique, réprouvé par la morale et punissable par la loi (nous en traiterons plus loin, au titre des cas extrêmes) ; soit l'homme est l'amant ou le soupirant de l'une et de l'autre, et l'on a affaire à une situation plus subtilement problématique. Elle n'a été analysée que très récemment par l'anthropologue Françoise Héritier sous le nom d'« inceste du deuxième type », désignant une situation où deux personnes apparentées par le sang se partagent un même partenaire sexuel – telles, typiquement, une mère et une fille[1].

Alors que ni la morale, ni la loi, ni même la théorie psychanalytique ne semblent avoir grand-chose à dire sur ce cas de figure, la fiction nous en offre de nombreux exemples. Sans doute touche-t-il profondément les imaginaires : soit masculin, en tant que l'homme auteur s'y projette dans la position de l'amant, rival du mari autant que séducteur de deux femmes ; soit féminin, en tant que la femme auteur ressent toute l'intensité du drame qui se joue là. Car il s'agit bien d'une situation potentiellement dramatique, voire tragique, pour la mère comme pour la fille, quelle que soit la position de l'une et de l'autre dans l'histoire : fille ravie par l'amant de sa mère, ou mère ravisseuse de l'amant de sa fille.

D'une coupable, l'autre

En 1933, la romancière américaine Fanny Hurst publie *Mirage de la vie* (*Imitation of Life*), dont nous avons déjà mentionné, à propos des « mères-étoiles », l'adaptation cinématographique par Douglas Sirk en 1958. Le roman conte l'ascension, à la fin de la première guerre mondiale, d'une jeune veuve, Bea Pullman, obligée de gagner sa vie : orpheline de mère, elle a à sa charge une petite fille, Bessie,

1. Voir F. Héritier, *Les Deux Sœurs et leur mère. Anthropologie de l'inceste*, Paris, Odile Jacob, 1994.

et un père impotent. Elle fait fortune dans le commerce mais doit renoncer à toute vie amoureuse, de même qu'elle a dû se résigner à vivre éloignée de sa fille : nous sommes encore dans cette période intermédiaire où la femme qui conquiert son indépendance économique, entre l'ancien état de « tierce » et celui, moderne, de « femme non liée », a du mal à échapper au célibat[1]. Au faîte de son ascension, elle tombe amoureuse de son comptable, de huit ans plus jeune qu'elle, mais ne s'aperçoit pas de l'idylle qui s'est nouée entre le jeune homme et sa propre fille, laquelle ignore les sentiments de sa mère. Celle-ci s'incline sans un mot devant l'évidence : « Ils étaient là si beaux, si jeunes... faits l'un pour l'autre... » Ainsi la défaite est totale pour la mère, sur tous les plans : celui de l'amoureuse déçue, de l'ambitieuse reléguée dans la seule réussite matérielle, et de la mère supplantée par sa propre fille.

Imitation of Life connaîtra deux adaptations cinématographiques, dont les variations par rapport au roman méritent d'être soulignées (seule restant inchangée l'intrigue parallèle concernant un second couple mère-fille, formé d'une mère noire et de sa fille à la peau blanche – nous y reviendrons). En 1934, John Stahl réalise *Images de la vie*, interprété par Claudette Colbert Ce premier film reste très proche du roman, à un (important) détail près : l'homme dont Bea Pullman et sa fille tombent l'une et l'autre amoureuses choisit la mère et non la fille ; et c'est la mère qui renoncera au mariage pour ne pas éloigner d'elle sa fille, acceptant toutefois de devenir la maîtresse de celui qu'elle devait épouser.

En 1958, *Mirage de la vie*, de Douglas Sirk, interprété

---

1. L'une, rappelons-le, paie son indépendance du renoncement à toute vie sexuelle, tandis que l'autre (apparue dans l'entre-deux-guerres) parvient à cumuler l'autonomie matérielle avec une vie amoureuse, sans le payer d'une relégation sociale. Voir N. Heinich, *États de femme, op. cit.*

par Lana Turner, s'éloigne davantage du roman initial : non seulement la femme d'affaires est devenue comédienne – indice d'un déplacement dans l'imaginaire américain de l'ascension sociale après la seconde guerre mondiale – mais surtout, la rivalité amoureuse entre la mère, Lora, et la fille, Susie, prend une forme assez différente. Retrouvant, dix ans plus tard, le photographe, Steve, qu'elle avait refusé d'épouser pour ne pas sacrifier, comme il l'exigeait, sa carrière d'actrice, Lora s'apprête enfin à l'épouser. Or Susie en est tombée amoureuse pendant l'absence de sa mère, mais ne s'est pas confiée à elle. Un soir où Steve et Lora sont sortis dîner ensemble, Susie les voit s'embrasser de la fenêtre de sa chambre : scène muette, tragique, où la réalité du lien unissant Steve et sa mère tombe comme un couperet, reléguant instantanément sa passion de jeune fille au statut d'illusion. Lorsque sa mère lui annonce leur prochain mariage, le désespoir de Susie fait éclater la vérité. Désolée, Lora se dit prête à renoncer à cet homme, sacrifiant la femme à la mère. Mais la fille, plus adulte en cela que sa mère, la rappelle à l'ordre des prééminences et des antériorités : « J'oublierai Steve ! » déclare-t-elle – et elle demande à être envoyée en pension. C'est donc, ici, la mère qui triomphe.

Du roman à ses deux adaptations cinématographiques, les déplacements de la rivalité mère-fille évoluent ainsi parallèlement au statut social de l'accomplissement professionnel pour les femmes : ils bénéficient clairement à la mère, dont l'ambition est de moins en moins sanctionnée par le renoncement amoureux. Dans le roman, la femme d'affaires est totalement perdante en amour, de sorte que l'ordre traditionnel des « états de femme » est préservé, en même temps que l'ordre des générations : une femme indépendante ne peut avoir de vie amoureuse, surtout avec un homme plus jeune qu'elle. Dans le premier film, la femme d'affaires est à moitié perdante, ou à moitié gagnante, en amour : une femme « non liée » doit se contenter d'une vie amoureuse clandestine (comme si la relation légitime était celle avec sa fille...) ; mais en renonçant au mariage pour ne pas se couper de sa fille, la mère l'autorise à continuer de fantasmer sur cet homme, puisqu'elle n'explicite pas son propre lien avec lui, l'empêchant d'échapper à la rivalité mère-fille et prolongeant le climat incestueux par peur du conflit. Dans le second film enfin, l'actrice triomphante est aussi gagnante en amour (à condition quand même de limiter ses ambitions professionnelles...) : l'ordre traditionnel des « états de femme » est bien caduc ; et la rivalité mère-fille se résout en faveur de la « première », plus âgée et première aimée par l'homme qui est sa dernière chance en amour, de sorte que la fille devra se détacher de celui qu'aime sa mère pour s'intéresser aux hommes de son âge.

Dans chacune de ces trois versions, cependant, ni la mère ni la fille n'apparaissent coupables, car chacune ignorait – du moins consciemment – qu'elle n'était pas la seule à aimer d'amour cet homme-là : la rivalité se trouve donc minimisée. Mais que la mère soit supplantée par sa propre fille, ou que la fille soit délaissée au profit de sa mère, ce sont là deux situations qui ont toutes chances, nous allons le voir, d'être ravageuses.

La fille ravie par l'amant de sa mère

Pourquoi les vingt dernières années du XIXe siècle voient-elles la parution, en France, de plusieurs romans contant, sous différentes formes, une même histoire de rivalité mère-fille, où la fille devient la rivale de la mère ? Simple effet d'imitation entre romanciers ? Conséquence de l'abaissement des contraintes de moralité dans le roman ? Ou bien encore symptôme d'un changement dans les mœurs ? Il y a là un mystère de l'histoire littéraire – mais surtout un formidable gisement en matière de rapports mère-fille.

En 1883, Jules Barbey d'Aurevilly – grand romancier des relations entre mères et filles – publie *Ce qui ne meurt pas* (dont un premier état datait de 1835). L'intrigue est pour le moins détonante : un jeune homme, Allan, adopté à la mort de ses parents par une veuve amie de sa mère, Yseult de Scudémor, s'éprend de celle-ci, qui accepte de céder à son désir ; il s'en détache ensuite pour tomber amoureux de sa fille Camille, qu'il finit par épouser alors que la mère accouche d'un enfant de lui – une fille, bien sûr ! On a affaire ici à un double inceste symbolique – entre un fils adoptif et sa mère, et entre un frère adoptif et sa sœur – redoublé d'un « inceste du deuxième type », avec la relation charnelle de deux personnes apparentées entre elles – mère et fille – avec un même tiers. Étrangement, ce cumul de situations illégitimes n'attira guère l'opprobre, alors que l'adultère de Mme Bovary avait valu, une génération auparavant, un retentissant procès à Flaubert : comme si une veuve et une jeune fille qui copulent avec le même homme (fils et frère adoptif de surcroît !) semblait une situation moins dangereuse pour la morale qu'une femme mariée qui commet l'adultère... Mais si la morale matrimoniale n'apparaît pas fondamentalement atteinte par une telle situation, le psychisme en est, lui, profondément bouleversé – en particulier celui des femmes.

Barbey d'Aurevilly présente cette mère comme « plus femme que mère », même avant qu'elle n'ait pris un amant. La mort du mari, loin de rapprocher la mère de sa fille, avait entamé son amour : « Le cordon ombilical du passé a-t-il été tranché comme celui de la chair ? l'enfant ne tient plus à la mère. Cette vie une, dans sa duplicité merveilleuse, éclate et se scinde tout à coup. » Aussi sa fille ne trouve-t-elle pas dans les yeux de Mme de Scudémor « l'expression réchauffante de ceux des mères », et subit « l'absence de cette affection d'une fille pour sa mère – paisible, forte et abreuvante –, que Camille ne connaissait pas et qui n'est pas toujours le partage de ceux qui en apprécieraient le plus la douceur céleste. Parmi les déshérités de ce monde, les plus malheureux sont les déshérités de leurs mères, pauvres orphelins du cœur, sacrés aux orphelins eux-mêmes entre tous ». Ce pourquoi elle s'est tournée, très jeune, vers son frère adoptif : « Le sentiment fraternel d'Allan pour Camille avait remplacé pour elle tout ce qui lui manquait d'ailleurs. »

Découvrant la passion que lui voue le jeune Allan, Yseult ne se donne à lui que par pitié, car elle n'est pas amoureuse de celui qui est avant tout son fils adoptif. Leur liaison se poursuit en secret jusqu'à ce qu'Allan, fatigué de cette maîtresse-mère pas assez ardente, s'éprenne de la sœur adolescente qui s'est elle-même prise de passion pour lui au retour d'un voyage à trois en Italie. Toutefois, il s'interroge : « "Est-ce que je suis digne de cette enfant pure, virginale, passionnée et à son premier amour, moi qui ai usé mon cœur dans une passion inutile – et pour sa mère ! et à laquelle je ne pense plus qu'en rougissant depuis que la raison m'est revenue ? Pourquoi cette passion n'a-t-elle pas tari les sources d'amour qui sont en moi ? Je ne suis pas encore comme cette funeste Yseult ! Je le sens, puisque j'aime sa fille. Sa fille ! Ah ! cette idée est désolante ! Pourquoi Yseult est-elle sa mère ? Ou pourquoi ai-je aimé Yseult ?..." Et il allait, se heurtant à ces deux questions redoutables qui se le renvoyaient tout rebondissant contre elles deux ! »

L'intimité entre Allan et Camille est facilitée par la maladie mystérieuse d'Yseult, qui la tient dans sa chambre – maladie qui s'avérera, à la fin du roman, n'être autre qu'une grossesse. Mais de même qu'il avait fallu tenir secrète sa liaison avec Yseult, de même Allan ne se résout pas à avouer à la mère sa nouvelle passion pour la fille : « Il se demandait, avec une anxiété qui allait grandir, ce qu'il deviendrait avec cet amour sur lequel il s'était mépris et qu'il avait cru longtemps une tendre amitié fraternelle... Comment avouer l'amour de Camille à cette mère de Camille qu'il avait aimée et qui s'était donnée à lui par le fait d'une pitié, le seul sentiment qui fût resté à sa grande âme ? La figure d'Yseult se levait maintenant dans sa pensée à côté de celle de Camille et l'épouvantait, et il fallait cacher son épouvante à Camille pour ne pas lui déshonorer sa mère. Effroyable effort vis-à-vis de cette fille ivre d'amour, mais dont il ne pouvait partager l'ivresse. Trop de crainte et de honte s'y mêlaient. » Tâchant de les préserver l'une et l'autre, il ne fait que les trahir pareillement : « Le fait est qu'il les trompait indignement toutes les deux. »

Probablement anticipe-t-il la violence du trouble qui s'empare de la fille lorsque la vérité lui apparaît : l'homme qu'elle aime a été l'amant de sa mère. Ce n'est plus la mère qui jalouse sa fille par rapport au mari, mais la fille qui jalouse sa mère, par rapport à l'amant. Il suffit pour cela d'une remarque imprudente d'Allan : « La ressemblance du regard était frappante. Allan le lui dit en l'embrassant passionnément sur les yeux. "Tu trouves ?" répondit-elle, et, avec la rapidité de la pensée, le poinçon d'acier dont elle jouait, elle alla pour l'enfoncer dans ses yeux. Horreur !.... Allan vit le mouvement et la désarma, mais la pointe avait pénétré dans l'angle d'un des yeux qu'il venait de baiser, et le sang coulait. "Es-tu folle ? – lui demanda-t-il avec effroi. – Oui, dit-elle, car je suis jalouse ! J'ai cru autrefois que tu avais aimé ma mère, et ta caresse de tout à l'heure, Allan, m'a semblé pleine de son souvenir. Oh ! si tu allais m'aimer parce que je te la rappelle... Si j'allais passer pour ma mère !" »

Nous voilà au cœur de ce qui fait la spécificité du rapport mère-fille : dans l'indistinction identitaire engendrée par cette rivalité amoureuse entre mère et fille, qui pousse celle-ci à se mutiler pour détruire ce qui pourrait la faire ressembler à sa mère.

Est-ce la légèreté de l'attachement d'Yseult à son ex-amant, ou l'embarras bien plus lourd que lui cause sa grossesse (une grossesse qu'il lui faudra dissimuler jusqu'au bout, et même après la naissance de cette nouvelle petite fille qui sera en même temps la fille de son fils adoptif et celle de son gendre) ? Toujours est-il que le trouble que pourrait causer à la mère la révélation de l'idylle entre Allan et Camille n'est guère évoqué par le romancier. Le bouleversement de la fille, en revanche, est patent : « Tu n'es qu'un lâche, Allan, tes serments de m'aimer sont des perfidies ! Tu as aimé ma mère et peut-être l'aimes-tu encore, ou tu le lui fais croire comme à moi. Voilà pourquoi tu n'oses demander la fille à la mère, quand tu les as trahies toutes deux ! » Et lorsque Allan, pour la calmer, tente de la prendre dans ses bras, elle se débat, rejetant l'amant de sa mère en même temps que son propre amour : « "Ne m'approche pas, lui cria-t-elle avec horreur, tu sens ma mère ! ma mère, hypocrite et froide créature, qui l'aurait dit ? tu l'as aimée ! Oh ! que je la hais à présent ! Quand je te dis de me laisser, amant de ma mère !" reprenait-elle avec une rage toujours croissante, en se dégageant de ses bras. » De ce tourbillon de rapports impossibles, qui éteint tout véritable amour entre la mère et la fille, entre la fille et son époux, entre l'époux et sa belle-mère, entre le fils et la mère adoptive, il ne restera, au bout du compte, que la pitié – « ce qui ne meurt pas ».

Aucun des romans traitant par la suite de ce thème n'atteindra à une telle débauche de nœuds relationnels. Trois ans plus tard, Georges Ohnet publie *Les Dames de Croix-Mort* (1886) : une riche veuve de trente-huit ans, mère d'une fille adolescente, cède à la tentation de se remarier avec un homme de son âge. Mais celui-ci, qui en avait d'abord après sa fortune, ne tarde pas à s'intéresser à sa belle-fille, découvrant en elle – un peu tard – celle des deux qu'il aurait dû épouser. La jeune fille tente de dissimuler à sa mère les assiduités du beau-père : en vain. Il est démasqué, au désespoir de la mère qui le chasse de la maison. Lorsqu'il revient en cachette importuner sa belle-fille, celle-ci le tue, perdant avec son innocence la beauté de sa jeunesse, c'est-à-dire ce qui la différenciait de sa mère : « Quand on la revit dans le pays, ses cheveux étaient devenus tout blancs. Entre elle et sa mère, au premier abord, il n'y avait guère de différence. Les deux femmes continuèrent à vivre à Croix-Mort, ne sortant jamais que le dimanche, pour aller à l'église, tristes, froides, silencieuses, et séparées toujours par l'ombre inquiétante du beau garçon à la barbe d'or. » Ainsi, c'est le retour déplacé de la veuve dans le monde sexuel qui provoque l'intrusion, tout aussi déplacée, de celui-ci dans le monde asexué de la fille ; la rivalité amoureuse, éradiquée par le meurtre de l'homme et le deuil de toute sexualité, instaure entre elles l'indifférenciation mortifère en même temps que l'impossibilité d'un retour à la complicité des femmes, irrémédiablement séparées par « l'ombre inquiétante » de celui qui, ayant épousé la mère, voulut posséder la fille.

Trois ans plus tard, Guy de Maupassant mettra en scène, avec *Fort comme la mort* (1889), une femme qui vit tragiquement son basculement dans l'adultère avec le

peintre chargé de faire son portrait : comme si son désespoir d'avoir cédé à la tentation n'était que le pressentiment
de l'horrible punition qui lui serait infligée plusieurs
années après, lorsque son amant tomberait amoureux de
sa propre fille. C'est le portrait réalisé à l'origine de leur
liaison qui déclenchera la révélation de la ressemblance
entre la mère et la fille et, du même coup, l'amour impossible du peintre vieillissant pour l'adolescente. « Et il allait
devant lui, épris d'elles, de celle de gauche comme de celle
de droite, sans savoir laquelle était à gauche, laquelle était
à droite, laquelle était la mère, laquelle était la fille [...] Il
cherchait même à les mêler dans son cœur, à ne plus les
distinguer dans sa pensée, et il berçait son désir au charme
de cette confusion. N'était-ce pas une seule femme que
cette mère et cette fille si pareilles ? Et la fille ne semblait-
elle pas venue sur la terre uniquement pour rajeunir son
amour ancien pour la mère ? » La fille toutefois restera
préservée de la vérité, ignorant jusqu'au bout que cet ami
de la famille est en fait l'amant de sa mère, et qu'il l'aime,
elle, autant qu'il aima sa mère ; mais la mère en sera
réduite au désespoir – et l'homme à la mort.

En 1901, Paul Bourget publie à son tour un roman
intitulé *Le Fantôme* : un homme épouse la fille de son
ancienne maîtresse disparue dans un accident. Il devient
alors la proie d'une « sensation de l'inceste » accentuée par
la ressemblance des deux femmes, tandis que la fille sent
bien que son époux et elle sont « séparés par quelque chose
que l'on ne peut définir, et qui est là... » : ce « coin fermé,
la chambre où l'on n'entre pas », et où son mari a le sentiment de dissimuler un fantôme. La neurasthénie du mari
manque de disloquer le couple, jusqu'à ce que la jeune
femme, apprenant la vérité, finisse par accepter de continuer à vivre avec l'amant de sa mère. Bourget, en mora-
liste, juge sévèrement la situation : « Cette substitution,

sentimentale et physique, de l'épouse à la maîtresse, de la fille à la mère, constituait une véritable monstruosité. »

Ces romans ont tous été écrits par des hommes. Les femmes cependant peuvent aussi – nous l'avons vu avec Fanny Hurst – mettre en scène l'inceste du deuxième type. Edith Wharton en donne un des exemples les plus purs avec *La Récompense d'une mère* (1925) : un titre bien amer puisqu'il désigne les conséquences dramatiques que peut avoir, pour une femme « plus femme que mère », le choix d'abandonner mari et enfant en bas âge pour s'en aller vivre sa vie. Appartenant à la meilleure société new-yorkaise du début du siècle, mais séparée très tôt de son mari, l'héroïne, en exil sur la Riviera, trouve l'amour en la personne d'un jeune amant, avec lequel elle connaît une liaison courte mais intense. Des années plus tard, à la mort de son mari, elle est rappelée au foyer par sa fille, riche orpheline en âge de se marier. Exaltée par cette longue séparation, une idylle quasi amoureuse s'installe entre mère et fille : la femme est devenue « plus mère que femme », et son attachement à sa fille – mise à la place de l'impossible amant – évoque l'inceste platonique, au point qu'« elle s'effrayait parfois de sentir combien cette passion maternelle ressemblait à la brusque et dévorante flamme de son ancien amour ».

La mère envisagerait volontiers une vie commune avec sa fille, jusqu'à la fin de ses jours, comme un vieux couple : « Vivre dans l'atmosphère de sa fille, vivre avec Anne dans une intimité de tous les jours, où mère et fille se reposeraient l'une sur l'autre, voilà le seul lien humain exempt de méfiance et de mensonge, le seul amour qui ne trompe pas. » Mais la jeune fille, qui n'est plus une enfant, tombe amoureuse d'un homme, ignorant qu'il fut le grand amour de sa mère, lui-même ne sachant pas de qui elle est la fille. La mère s'effondre en l'apprenant : à la jalousie et au dépit

140

amoureux de la femme supplantée par une autre dans le cœur d'un homme s'ajoute la rivalité avec sa propre fille, le seul être qu'elle aime et dont elle soit aimée.

Elle tentera, sans succès, de faire échouer le mariage, ne parvenant qu'à provoquer une rupture qui fait le malheur de sa fille et la retourne contre elle – jusqu'à ce que son consentement aux noces renoue la paix entre elles. Mais elle ne peut se résigner à vivre avec le jeune couple, ni à épouser le vieil ami qui pourrait l'attacher à un foyer. Alors elle s'enfuit à nouveau, retrouvant « son vieux mal d'être une déracinée », redevenant la vagabonde, l'errante sans espoir de retour ni, cette fois, d'amour. De cette triple défaite – comme épouse, amante, et mère – elle sort définitivement brisée, et seule : à la fois perdante et perdue. La morale de l'histoire est claire : une mère doit se résigner à renoncer à sa vie amoureuse si elle ne veut pas entrer en mortelle rivalité avec sa fille, seule femme au monde dont elle n'a pas le droit de désirer la défaite ; sauf à risquer que cette « récompense d'une mère » qu'est une fille aimante et aimée ne devienne la punition de celle qui n'assume pas le renoncement au sexe qu'appelle la maternité.

Un dernier cas de fille ravie par l'amant de sa mère – mais il en existe d'autres – suggère une troublante proximité entre inceste platonique et inceste du deuxième type : c'est le cas de *Qui j'ose aimer* de Hervé Bazin (1956), où une situation de matriarcat (qui rappelle *Le Matrimoine*, déjà évoqué) crée chez la fille aînée une telle dépendance envers sa mère qu'une fois celle-ci remariée, la fille est prête à tout pour éliminer son rival – même à accepter de devenir sa maîtresse.

Dans cette maison de campagne (« une maison de femmes à qui des maris fragiles ou inconstants n'ont su faire, en passant, que des filles ») se sont succédé une grand-mère rendue veuve par la première guerre ; une mère qui

141

s'est mariée pour échapper, en vain, à cette maison, et dont le mari, fait prisonnier lors de la deuxième guerre, n'est revenu que pour divorcer ; deux filles adolescentes dont une handicapée mentale ; et une vieille tante bigote qui veille au grain. L'histoire, racontée par la fille aînée, Isabelle (dite Isa, pour la différencier de sa mère Isabelle, dite Belle...), commence au moment où sa mère revient au foyer accompagnée d'un nouveau mari. Aussitôt surgit la jalousie de la fille, qui ressent sa « défaite » face à l'intrus, et refuse le tiers masculin jusqu'alors exclu : elle est incapable d'accepter un remariage qui la sépare de sa mère, et supprime jusqu'à la similitude de leur nom : « Dans quelle mesure pouvait-elle s'appeler Mme Méliset, puisqu'elle était ma mère et que je m'appelais toujours Isabelle Duplon ? » Pourtant le curé, consulté sur la meilleure façon de mal recevoir l'intrus, assure : « Tu restes d'abord ce que tu es : la fille de ta mère. »

Est-ce pour punir sa mère de cette trahison qu'elle renoncera à se conduire comme sa fille, en devenant la maîtresse de son beau-père ? « Au fond de moi, informulée, dormait la noire excuse : ce qu'elle nous a fait, en épousant Maurice, est à l'origine de ce que je lui ai rendu, en le prenant pour amant » : l'inceste platonique, dénoué par la volonté de la mère, glisse vers l'inceste du deuxième type, rendu possible par la maladie puis la mort de sa mère. Cette circonstance évite opportunément une mise en rivalité trop directe . la fille ne fait que suppléer à la carence de la mère, rendue sexuellement indisponible. « C'est que non content d'être marié, Isabelle, ton amant est marié avec ta Maman, cette grande malade que tu aimes et qui t'aime et qui aime bien aussi le monsieur... Succomber en trente secondes, quand on est la farouche Isabelle, nous t'accordons que c'est vexant ! Mais en faveur du seul homme à qui tu n'avais pas le droit de toucher,

142

voilà le noir de l'affaire, voilà le petit inceste... » Quant au mari-amant, il ne semble pas excessivement affecté, « gravement campé dans cette bigamie où je prenais rang de favorite, le titre de première femme demeurant à qui de droit ».

Avec l'inceste du deuxième type, ce sont les problèmes d'identité qui viennent se substituer à la jalousie : l'homme sourit « du même sourire devant ma mère ou devant moi », tandis que la fille continue son monologue intérieur : « Si tu savais comme je donnerais cher en ce moment pour avoir un prénom bien à moi, un prénom que tu n'aies pas de la même façon, dans la même occasion, glissé dans une autre oreille ! » Paradoxalement, la mort de sa mère les sépare, comme si, une fois la rivalité évacuée, l'inceste n'avait plus lieu d'être : « Vivante, elle nous a rapprochés ; morte, elle nous sépare. [...] Maurice est libre, sauf pour toi. Tu es libre, sauf pour Maurice. Oserais-tu faire l'amour avec l'homme que tu lui as volé, dans le lit où ta mère est morte ? » Elle choisit de rester fille, dans la maison matriarcale, plutôt que de devenir femme en épousant son amant, bien qu'elle soit enceinte de lui. Et c'est, bien sûr, d'une petite Isabelle qu'elle accouchera, en mère célibataire... « C'est vrai. Ni mari, ni père, ni grand-père n'ont jamais longtemps compté ici. Son rôle joué, le bourdon fuit ou meurt ; une filiation d'abeilles suffit à cette maison où sévit bien un peu le vieux rêve de Diane, tentée par l'enfant seul. » Ainsi, l'inceste du deuxième type n'aura été qu'un accident dans l'inceste platonique perpétré de génération en génération...

Quand la mère est supplantée par la fille, c'est elle qui, logiquement, est la plus perdante des deux : en tant que femme, parce que son amant la délaisse (et pour une plus jeune qu'elle) ; et en tant que mère, parce que sa rivale est l'être dont elle est la plus proche, celle qu'il lui faut protéger et aimer, dont il lui faut désirer le bonheur, celle donc qu'il ne lui est pas permis de haïr, voire de blesser, comme le voudrait toute femme jalouse. C'est le cauchemar du célèbre *Lolita* de Vladimir Nabokov (1958), où l'homme a épousé la mère dans le seul but de se rapprocher de la fille, qui le séduira elle-même après la mort de sa mère – pour le quitter ensuite...

Mais la fille y laisse aussi, comme on dit, des plumes, quand son idylle a commencé dans l'ignorance du lien qui unissait son amant à sa mère : là, il semble que le secret soit l'élément le plus néfaste. Quand une jeune fille se choisit un amant dont elle sait qu'il fut celui de sa mère et sans forcément que celle-ci le sache, on peut n'avoir affaire qu'à un concours de féminité au bénéfice de la fille, une identification prenant valeur d'épreuve initiatique pour entrer dans la vie adulte[1]. En revanche, avec la révélation du secret liant son amant et sa mère, la fille se trouve en position d'exclue – revivant la situation de l'enfant face au couple parental – là même où, en aimant un homme, elle pensait accéder enfin à une identité distincte, autonome car excluant sa mère : le jeu du tiers exclu se retourne contre elle. Son amant n'est plus l'arme qui lui permet de se détacher de sa mère mais, au contraire, celle qui permet à sa mère de lui signifier qu'elle-même est toujours là, présente, fantôme qui s'interpose entre elle et l'amant.

Pire encore, s'insinue le doute : et s'il ne m'aimait que parce que c'est ma mère qu'il retrouve en moi ? Si ma valeur de femme, que je croyais mettre à l'épreuve de son

---

1. « A quinze ans, seize ans, j'eus un amant qui avait été, quelque temps auparavant, l'aimé de ma mère. Défi ? Hommage ? Il y avait une part d'amour, aussi, dans ce qui devint avec le temps une liaison. On aime souvent une arme, un couteau », témoigne Françoise Mallet-Joris dans *La Double Confidence, op. cit.*, p. 53.

désir, ne vaut que comme confirmation de la féminité de ma mère ? Si la vérité de ce qui attire à moi mon amant était celle que confie Allan à Yseult dans *Ce qui ne meurt pas* : « J'aimais Camille parce qu'elle était votre fille. Je vous imaginais à son âge. [...] Je regardais ses yeux et j'y cherchais les vôtres. J'embrassais ses cheveux avec trouble, ses cheveux imprégnés peut-être du même parfum qui s'exhalait de ceux que je n'avais jamais respirés. [...] Je me disais qu'elle était votre chair, que le sang qui passait dans la chair de ce bras était votre sang, et je fermais les yeux, tout en la portant, d'une volupté indicible. » C'est également ce qui « déchire » la jeune héroïne du *Fantôme* de Bourget, apprenant que son mari a aimé sa mère avant elle : « Savez-vous ce qui me déchirait davantage ? C'était de me dire que lui, il ne m'a jamais aimée... Non ! Ce n'est pas moi qu'il a aimée en moi... Ce n'est pas moi... Ah ! gémit-elle avec un regard de terreur, ne m'en faites pas dire plus !... »

Cette terrible rivalité, qui touche non seulement à ce que croit posséder une femme – l'amour d'un homme – mais à ce qu'elle *est*, à son identité, n'éclate jamais autant que lorsque la mère, de femme supplantée par sa fille, devient celle qui la supplante dans le cœur et les bras d'un homme.

La mère ravisseuse de l'amant de sa fille

Talons aiguilles de Pedro Almodovar n'illustre pas seulement l'inceste platonique – qui rend les petites filles si jalouses de l'amant de leur mère qu'elles en arrivent à le tuer – ni les mères-étoiles, astres lointains dont les filles devenues adultes tentent de se déprendre en leur rejouant *Sonate d'automne*. Le film met en scène un double inceste du deuxième type. Une fille épouse l'ex-amant de sa mère (excellente façon de se venger d'une mère qui a trompé sa fille avec un homme) ; celle-ci, une fois revenue auprès de sa fille, ne résiste pas aux avances de son ex-amant, couchant ainsi avec son gendre (excellente façon de se venger de la vengeance de sa fille).

« Je suis toujours au milieu », s'excuse Becky, la chanteuse étoile, en retrouvant sa fille après des années de séparation : voilà qui ne concerne pas seulement les bagages dans lesquels elle se prend les pieds à l'aéroport, mais aussi les liens familiaux. Car elle découvre que le mari de sa fille Rebecca est un de ses anciens amants, Manuel, lequel s'empresse de lui faire des avances, auxquelles elle ne résiste pas longtemps (« Mais je suis la mère de ta femme ! », proteste-t-elle ; et lui : « Pas pour longtemps : je vais divorcer »). Manuel y laissera sa vie, assassiné par Rebecca. Après la scène mémorable où celle-ci jette à la tête de sa mère tous ses griefs, Becky fait une crise cardiaque sur la scène où elle chante ; peu avant sa mort, elle s'accuse du meurtre de son gendre, aidant sa fille à fabriquer la preuve qui l'innocentera.

Apparemment, tout est bien qui finit bien pour la fille, puisque la voilà délivrée du double inceste du deuxième type – fille-mère et mère-fille. Mais ce n'est pas si simple, car le juge qui mène l'enquête se révèle avoir une double identité : il est aussi Letal, un travesti qui, après avoir été le meilleur ami de Rebecca fut, un soir, son amant. Elle se retrouve enceinte de lui, pour le plus grand bonheur du juge Letal, qui la demande aussitôt en mariage. *Happy end* ? Ne rêvons pas : car la spécialité de Letal lorsqu'il se produisait sur scène n'était autre que l'imitation de... Becky, la mère de Rebecca (dont le surnom pourrait bien être, notons-le, Becky...). Après avoir tué deux amants de sa mère, Rebecca ne trouve rien de mieux que d'épouser un clone de celle-ci, qui lui fait un enfant (« Je voudrais être plus qu'une mère pour toi ! » lui avait déclaré Letal dans sa loge avant de lui faire l'amour) : retour, donc, à l'inceste platonique, après ce délicat passage par un double inceste du deuxième type, de fille à mère et de mère à fille. La boucle est bouclée, « létale » (c'est-à-dire mortelle), bien serrée, pour qu'on n'en sorte pas...

Ce n'est donc plus « après la mère, la fille », mais « après la fille, la mère ». Il n'y a cependant ni succession ni symétrie entre ces situations. Car si la fille est le plus souvent innocente (au moins au sens d'inconsciente) de cette rivalité avec sa mère, en revanche, la mère qui prend pour amant l'amoureux de sa fille apparaît plutôt comme agissant en connaissance de cause, et donc coupable, perverse – ravisseuse.

Il n'y a pas davantage de symétrie du point de vue du matériau que nous offre la fiction : autant il est riche s'agissant de la fille rivale de sa mère, autant il est pauvre s'agissant de la mère rivale de sa fille. Sans doute est-ce là en partie l'effet d'une situation historique : jusqu'à il y a peu, la durée de vie sexuelle d'une femme était limitée (n'excédant guère l'âge de devenir grand-mère ou, au mieux, de la ménopause), de sorte qu'une mère d'adolescente tendait à être considérée comme « hors circuit » en matière de séduction ; le risque était faible qu'elle puisse concurrencer sa propre fille. Cette explication « réaliste » n'exclut pas une autre hypothèse, qui tiendrait au caractère particulièrement transgressif d'une telle situation : celle-ci en effet, non contente de contrevenir à la nécessaire protection maternelle en faisant de la mère la rivale de la fille, inverse l'ordre des générations en empêchant la fille d'accéder à son tour à son destin de femme, littéralement « soufflé » par celle qui devrait l'y conduire.

Cela expliquerait pourquoi, lorsque la fiction s'empare

147

d'une telle situation, c'est dans un cadre fortement déréalisant : telle la tragi-comédie dans *Talons aiguilles*, ou encore la comédie vaudevillesque dans *Belle-Maman*, le film de Gabriel Aghion (1998), où un homme s'éprend, le jour de ses noces, de la mère de sa jeune épouse (ce n'est pas, notons-le, la mère qui le séduit, mais lui qui en tombe amoureux). Ce peut être aussi le cadre de la caricature, comme dans *Mrs Loveday* de Robert Goodyear (1936), qui met en scène une bien mauvaise femme, vaguement nymphomane, ex-fille de mauvaise vie ayant eu un enfant hors mariage et qui continue, une fois mariée, à avoir des amants ; l'un d'eux sera le fiancé de sa propre fille, ce qui, bien sûr, finira mal : après qu'il les a quittées, la mère s'aperçoit qu'elle est enceinte de lui et se fait avorter, ce qui occasionne une grande maladie dont elle sortira éteinte, vieillie, et suicidaire – autant dire punie.

Ou bien encore, il faut que cette mère rivale soit non pas la mère réelle mais – comme si cela permettait de rendre acceptable la monstruosité de la situation – une mère symbolique, une femme qui, comme on dit, « aurait l'âge d'être sa mère ». Que se passe-t-il lorsqu'une femme de l'âge de sa mère ravit à la jeune fille celui qu'elle devait épouser ? C'est *Le Ravissement de Lol V. Stein* de Marguerite Duras (1964) : un ravissement qui peut s'entendre comme rapt, violence, spoliation – la spoliation de son état de promise, perpétrée sous ses yeux par son fiancé avec une inconnue. Plus âgée et de noir vêtue, celle-ci est immédiatement présentée comme une mère, « plus femme que mère » : « Il y avait longtemps déjà que la fille de Anne-Marie Stretter avait fui. Sa mère n'avait remarqué ni son départ ni son absence, semblait-il. » Elle danse toute la nuit avec Michael Richardson, le fiancé de Lol, sous les yeux de celle-ci. La jeune fille s'évanouit lorsqu'ils s'en vont à l'aube, et devient folle.

Sa place auprès de l'homme lui a été ravie, par une femme, et pas n'importe laquelle puisque cette femme est une mère – qui pourrait être sa mère. C'est une souffrance absolue : elle n'est même plus celle qui peut se vivre souffrante, qui peut éprouver sa propre souffrance puisqu'elle n'est même plus, littéralement, elle-même, ayant été chassée de la place où elle était qui elle est. « Je n'étais plus à ma place. Ils m'ont emmenée. Je me suis retrouvée sans eux », se souviendra-t-elle.

Guérie, elle se marie, a trois enfants, revient habiter dans sa ville natale. Elle demeure toutefois étrangement absente à ce qui lui arrive, à son statut d'épouse, de maîtresse de maison, de mère de famille. Dix ans se passent ainsi, comme absentée d'elle-même. Arrive le jour où elle voit un homme, en compagnie de sa maîtresse. Or cette femme est Tatiana Karl, l'amie qui assista au bal, assista au ravissement. Lol observe de loin ses rencontres dans une chambre d'hôtel avec son amant, qu'elle séduit à son tour – sans pour autant cesser d'observer le couple. C'est à elle de se mettre à la place d'une autre : pour retrouver cette place qui lui a été ravie, dans les bras de l'amant ; pour pouvoir alors se poster devant l'hôtel où, complice, il étreint l'autre femme ; et enfin, pour pouvoir regarder : pour n'être plus que celle qui regarde le spectacle de sa propre absence dans les bras de l'aimé, et « délicieusement ressentir l'éviction souhaitée de sa personne ».

Voilà ce qui peut advenir à une jeune fille brutalement évincée de sa place auprès d'un homme par une femme qui ne devrait pas avoir statut de rivale, car elle fait figure de mère. De quoi devenir folle : neurasthénique d'abord, puis définitivement névrosée, enfermée dans la compulsion à revivre ce ravissement, cette hébétude qui dure tant que dure le spectacle de l'absence de soi-même. Jusqu'à ce que ça s'arrête, pour laisser la place au néant – et que ça recommence... « Je ne comprends pas qui est à ma place » : cette espèce très particulière d'épreuve identitaire n'est supportable qu'à deux conditions ; soit, comme Lol l'a fait durant le bal, à ne pas réaliser, à demeurer dans le ravissement, dans le regard fasciné qui suspend la retombée dans le réel, c'est-à-dire dans le néant ; soit, dix ans après, à reproduire ce qu'elle a subi en se mettant à la place de l'autre femme par l'intermédiaire de l'homme, qui n'est alors qu'un instrument dans ce jeu, mortel, de chaises musicales, où il n'y a qu'une chaise pour deux : une place, pour deux femmes.

Telle Médée meurtrière de ses enfants, la mère qui « souffle » un fiancé à sa fille apparaît comme une femme qui n'a pas su étouffer ses pulsions agressives pour protéger sa fille, ou chez qui la femme – celle qui a avant tout besoin d'être aimée par un homme – prend le pas sur la mère – celle qui aime avant tout ses enfants. Une autre hypothèse peut également être évoquée, malgré l'absence de supports fictionnels : ne peut-il s'agir d'une mère qui pousse si loin l'attachement à sa fille que, pour éviter d'en être dépossédée lorsqu'elle devient femme, elle ne trouve rien de mieux que de posséder l'homme que sa fille s'est choisi ? On se trouverait alors à l'opposé de la mère « plus femme que mère », avec une mère tellement « plus mère que femme » que le désir de maintenir une relation fusionnelle avec sa fille la pousse à s'identifier à elle au point de séduire celui qui risquerait de la lui prendre – exactement comme la fille, on l'a vu chez Bazin et Almodovar, maintient le lien avec sa mère en séduisant l'amant de celle-ci. Là, l'inceste du deuxième type n'est plus que l'instrument de l'inceste platonique.

L'inceste du deuxième type

Dans *Le Fantôme* de Bourget, l'ami de la famille mini-misait la faute que se reprochait le mari : « Vous n'avez pas commis ce crime-là. S'il y avait un inceste dans le mariage que vous avez fait, vous n'auriez qu'à vous tuer. Il n'y a pas d'inceste. »

Plus exactement, il n'y a pas inceste au sens classique du terme, mais il y a bien ce que Françoise Héritier a mis au jour : l'« inceste du deuxième type ». Voilà qui rend compte du malaise de l'époux, hanté par le fantôme de la mère de sa femme, et de l'horreur de celle-ci lorsqu'elle apprend la vérité, confrontée à l'indistinction identitaire qui jette rétrospectivement un autre éclairage sur son idylle : « Non ! Ce n'est pas moi qu'il a aimée en moi... Ce n'est pas moi... » Une place pour deux femmes, dont l'une est la mère et l'autre la fille : de quoi s'agit-il[1] ?

L'inceste du deuxième type se définit par la relation sexuelle de deux consanguins avec un même partenaire, introduisant, selon Françoise Héritier, « une intimité char-nelle entre consanguins inconcevable, indicible autrement que par le sous-entendu des mots[2] ». C'est bien le cas lors-que deux sœurs, ou une fille et sa mère, ont une relation sexuelle avec le même homme, comme dans les fictions évoquées plus haut (et dont *Les Trois Filles de leur mère* de Pierre Louÿs, en 1926, constituait un passage à la limite entre érotisme et pornographie). Il n'y a pas inceste au sens premier du terme, puisque les deux partenaires ne

---

1. Pour un développement de ce qui suit, voir N. Heinich, « L'inceste du deuxième type et les avatars du symbolique », *Critique*, n° 583, décembre 1995.
2. F. Héritier, *Les Deux Sœurs et leur mère, op. cit.*, p. 53.

sont pas du même sang. Les deux sœurs, ou la mère et la fille, n'entrent en contact que par l'intermédiaire d'un tiers, parce qu'il leur est commun. Ce type d'inceste, précise l'anthropologue, « n'a rien à voir ni avec le mariage ni avec la reproduction et il se produit, le plus souvent, à l'insu même des partenaires [1] ».

Cette situation ne fait pas l'objet d'une prohibition universelle, comme l'inceste désormais qualifié « de premier type », mais elle n'est pas non plus clairement autorisée, puisque sa transgression provoque pour le moins un malaise. Ce malaise est d'autant plus intense que les deux êtres sont de même sexe, surtout si ce sont deux femmes et, plus encore, une mère et une fille : « A mes yeux, l'inceste fondamental, si fondamental qu'il ne peut être dit que de façon approchée dans les textes comme dans les comportements, est l'inceste mère/fille. Même substance, même forme, même sexe, même chair, même devenir, issues les unes des autres, *ad infinitum*, mères et filles vivent cette relation dans la connivence ou le rejet, l'amour ou la haine, toujours dans le tremblement. La relation la plus normale du monde est aussi celle qui peut revêtir les aspects les plus ambigus [2]. »

Toujours selon Françoise Héritier, l'inceste du deuxième type permet de comprendre (même s'il n'en est pas le fondement) celui du premier type, « comme il donne aussi la raison d'autres interdits d'unions considérées comme incestueuses, avec les parents de lait et les parents spirituels ». Sa construction interprétative repose en effet sur le postulat suivant : « nos sociétés répugnent à la mise en rapport de l'identique », ou encore : « implicitement, le court-circuit de l'identique est censé avoir des

---

1. *Ibid.*, p. 307.
2. *Ibid.*, p. 352-353.

effets dévastateurs[1] ». Quel est cet « identique » qu'il faut à tout prix éviter ? Ce sont les « humeurs », les liquides corporels, la substance, le sang : « Si la relation sexuelle n'a rien à voir avec le mariage légal, elle transporte avec elle la même chose que lui, biologiquement et physiologiquement, à savoir le contact et le transfert de substance. Si un homme ne peut pas avoir de rapport sexuel avec deux sœurs et leur mère, en un même lieu et donc en même temps, c'est parce que celles-ci ont une même identité substantielle, de telle sorte que tout rapport avec l'une pourrait contaminer l'autre[2]. » Ainsi cette prohibition de l'inceste du deuxième type « marque de façon éclatante le primat du symbolique, fondée qu'elle est sur un discours, étonnamment complet en tous lieux, tiré des prémisses de l'identique et du différent[3] ».

A ce stade, une question se pose : s'il entre, dans cette affaire, du « symbolique », est-ce ce mélange physiologique des propriétés corporelles *qui est symbolisé* par l'inceste du deuxième type ? Dans ce cas, on ne voit pas où se situe le « symbolique » dans une relation sexuelle qui met imaginairement en contact des substances, sans la médiatisation d'aucune parole. Ou bien – plus vraisemblablement – est-ce ce mélange physiologique, opéré par la copulation d'une même personne (un homme) avec deux personnes apparentées (une mère et une fille), *qui symbolise* quelque chose – mais alors quoi ? La réponse nous paraît la suivante : ce mélange imaginaire des matières par la copulation est symbolique de ce qui relève précisément du « symbolique », à savoir la place occupée par chacun dans la configuration familiale.

---

1. *Ibid.*, p. 15 et 89.
2. *Ibid.*, p. 40.
3. *Ibid.*, p. 365.

Le célèbre litige entre Mia Farrow et Woody Allen, suite à la liaison de celui-ci avec la fille adoptive de celle-là (que Françoise Héritier analyse à juste titre comme un inceste du deuxième type), nous en apporte la démonstration. Entre Mia Farrow et sa fille, il n'y a pas de lien de sang puisque Sun Yi est adoptée. Woody Allen n'en est pas le père biologique, ni le père social puisqu'il ne l'a pas adoptée. Il n'en est pas moins, au titre de compagnon de la mère, en « position paternelle » vis-à-vis de la jeune fille. La condamnation s'exerce parce que la similitude ou la proximité entre les deux femmes relève d'un rapport de parenté purement symbolique, passant par les mots « mère » et « fille », mais pas par les corps. La situation dans laquelle s'est mis Woody Allen donne un « sentiment d'inceste » parce que, dans la généalogie familiale, il occupe une position paternelle, d'autant plus qu'il a eu un enfant biologique avec Mia Farrow. Ce qui compte là n'est donc pas tant la dimension corporelle de l'acte sexuel (le mélange des « humeurs »), sur laquelle Françoise Héritier fonde sa démonstration, que les places généalogiques, proprement symboliques, qui sont assignées aux uns et aux autres.

Ce passage du corporel à l'identitaire n'est qu'à peine évoqué par l'auteur, alors qu'à notre sens il éclaire parfaitement l'aspect le plus dramatique de l'inceste du deuxième type : l'insoutenable rivalité lorsqu'une mère et une fille sont mises à la même place sexuelle. Cet impossible partage d'une place unique entraîne une confusion des places dans la configuration familiale, une indifférenciation identitaire psychiquement intenable. La rivalité sexuelle, déjà problématique en situation ordinaire, peut faire basculer dans la confusion, ou dans la folie, quiconque y est confronté avec un être qu'il lui faut à la fois aimer et distinguer de soi : amour et différenciation étant les deux requisits que détruit la mise en rivalité.

Ce nécessaire évitement de la rivalité est explicite dans maints énoncés de l'interdit de l'inceste du deuxième type cités par Françoise Héritier. Or qu'est-ce que la mise en rivalité sexuelle, sinon la mise d'une personne à la place d'une autre, risquant la confusion identitaire « dans la logique de l'identité et de la différence » ? Évitement de la rivalité et respect de l'identité constituent le double impératif que transgresse l'inceste – du premier comme du deuxième type – en instaurant la confusion des places. Il suffit de suivre la littéralité des discours – discours de prohibition ou discours du roman – pour entendre que ce qui est interdit à un homme, c'est de mettre en rivalité, à la même place, en un même lieu, en un même temps, deux femmes alliées par le lien de proximité généalogique le plus fort qui soit.

L'épreuve est d'ailleurs simple : qu'un homme transgresse cet interdit, et il aura vite fait de récolter les effets destructeurs de la rivalité qui déchire des femmes très proches lorsqu'elles sont mises à la même place – sexuelle – et, de ce fait, menacées au plus profond de leur identité. C'est bien ce que nous enseigne la fiction.

Nous voici parvenus à une double extension de la notion d'inceste : d'un côté, l'« inceste platonique », rapport non charnel entre deux personnes apparentées par le sang (mère et fille) ; de l'autre, l'« inceste du deuxième type », rapport charnel entre un homme et deux femmes (mère et fille également) apparentées par le sang. On n'y trouve pas ce qui fait la définition de l'inceste « du premier type », à savoir un rapport charnel entre deux personnes apparentées par le sang ; mais on y trouve, avec l'inceste platonique, l'exclusion du tiers et, avec l'inceste du deuxième type, l'instauration d'une confusion généalogique et identitaire par la rivalité entre apparentées. Nous verrons plus loin comment cette double caractéristique s'articule avec l'inceste du premier type, éclairant sous un autre jour l'énigme de l'interdit de l'inceste.

Quatrième partie

MÈRES EXTRÊMES

Jusqu'à présent, nous avons abordé les rapports mère-fille en fonction de la position objective occupée par la mère. Nous allons à présent nous rapprocher du vécu subjectif de la fille. Celles que nous qualifions de « mères extrêmes » ne le sont pas forcément dans leur comportement réel, ou du moins pas autant qu'on pourrait le croire – même si certaines le sont effectivement. Ce qui leur est commun, c'est qu'elles suscitent chez leur fille des affects extrêmement forts. Ce point de vue subjectif va être à présent notre guide.

Pourquoi alors parler de « mères extrêmes » plutôt que de « filles extrêmement affectées » ? La raison en est que, dans toute relation parent-enfant, la relation est forcément dissymétrique. C'est le parent qui lui confère sa structure – sauf à postuler que les enfants naissent avec un psychisme déjà entièrement formé, aussi construit que celui d'un adulte. Il ne peut y avoir égalité entre parents et enfants : l'essentiel du pouvoir est entre les mains des parents, même s'il leur arrive de se sentir manipulés par un enfant perçu comme un être autonome, un partenaire égal. C'est pourquoi le vécu de la fille par rapport à sa mère n'est jamais arbitraire, même s'il n'est pas lucide ou objectif : il n'est pas forcément le reflet immédiat du comportement (explicite ou implicite) de la mère, mais il est toujours fonction de lui.

Les « mères extrêmes » hantent les contes de fées : elles y apparaissent soit comme « bonne mère » – et plutôt qu'une vraie mère, ce sera alors une marraine, ou une bonne fée – soit comme « mauvaise mère » – et ce sera alors une marâtre, une méchante belle-mère[1]. Il est exceptionnel qu'y figure, du moins comme personnage principal, une vraie mère (même celle du *Petit Chaperon rouge* joue un rôle secondaire) : comme si la violence des affects à l'égard de la mère ne pouvait s'exprimer qu'à condition de les déplacer sur une mère de substitution. Dans la fiction moderne, en revanche, un grand choix nous est offert en matière de « mères extrêmes » : que ce soit dans l'écart de grandeur entre mères et filles, dans la rivalité, ou dans la déshérence sous toutes ses formes.

---

1. Sur la marâtre, voir G. Carloni, D. Nobili, *La Mauvaise Mère, op. cit.*, p. 127 et 131.

13.

Mères supérieures

Tout rapport entre une mère et son enfant est pris dans une double hiérarchie, conjoncturelle et structurelle. Conjoncturellement, une hiérarchie de dépendance s'instaure dès la naissance entre le nourrisson, qui a besoin de sa mère (ou d'un substitut) pour survivre, et la mère qui, elle, ne dépend des besoins de son enfant que sur les plans émotionnel et éthique, sans que sa vie soit en jeu. Cette hiérarchie de dépendance varie avec les âges de la vie, se réduisant progressivement à mesure que l'enfant s'autonomise, jusqu'à s'inverser avec la vieillesse de la mère, qui peut devenir aussi dépendante de son enfant qu'il l'avait été d'elle.

Il existe parallèlement une autre hiérarchie, non plus conjoncturelle – liée aux âges de la vie – mais structurelle – liée à l'écart générationnel : quoi qu'il arrive, la mère est au-dessus de l'enfant dans l'arbre généalogique, elle le précède dans la vie, possédant donc sur lui une avance irréductible. Cette hiérarchie d'antériorité est vécue dans la plupart des cultures comme une préséance – c'est-à-dire une supériorité de principe – des parents sur les enfants, des aînés sur les cadets. C'est dire qu'elle confère aux parents des droits sur leurs enfants – droit de décider pour eux jusqu'à leur majorité, droit d'être secourus par eux

161

dans la vieillesse – en même temps que des devoirs – devoir de protection durant l'enfance, devoir de transmission du patrimoine sous toutes ses formes. La réalisation concrète de ces deux hiérarchies, de dépendance et d'antériorité, varie bien sûr considérablement selon les cultures et les familles.

Aussi la supériorité de la mère sur la fille est-elle, si l'on peut dire, doublement « normale » : la fille dépend de la mère, et arrive après elle. Elle peut toutefois être vécue par la fille avec une intensité qui fait de cet « écart de grandeur [1] » un phénomène extrême ; elle peut également être négociée par la mère de façon telle que le développement du psychisme de la fille s'en trouve non pas accompagné et soutenu mais, au contraire, bloqué ou entravé.

La beauté

« Il n'apparaît pas clairement que la beauté apporte un profit ; sa nécessité culturelle ne se laisse pas discerner et cependant on ne saurait en concevoir l'absence dans la culture [2] », écrivait Freud. On discerne en revanche parfaitement le rôle de la beauté comme cristallisation du sentiment qu'a la fille de la supériorité de sa mère. « Ma maman est la plus belle » : à la période où la mère est le meilleur, voire le seul modèle féminin de la fillette, celle-ci ne peut que ressentir sa propre petitesse face à la grandeur idéalisée qu'elle attribue à sa mère, incarnée dans le sentiment de la beauté. Cette beauté de la mère est d'autant

---

1. Sur cette notion et ses implications psychosociales, voir Nathalie Heinich, *L'Épreuve de la grandeur. Prix littéraires et reconnaissance*, Paris, La Découverte, 1999.
2. Sigmund Freud, *Malaise dans la culture* (1930), Paris, PUF, 1994, p. 270.

plus évidente pour la fille lorsqu'elle donne sens à l'amour réciproque de son père et de sa mère, cet amour auquel la fille attribue légitimement son impossibilité de plaire au père autant que sa mère. La beauté – réelle ou supposée – de la mère donne, si l'on peut dire, « raison » à l'infériorité de la fille, sur tous les plans.

Ainsi, dans *L'Arche dans la tempête* d'Elizabeth Goudge (1940), Rachel du Frocq apparaît à sa fille dans tout l'éclat et le mystère de sa souveraineté : « Elle était très belle, droite et élancée comme une tige de lavande, grande et imposante comme un pin dans un val abrité, avec une abondante chevelure brune nattée et enroulée en couronne ; elle avait un port de reine. [...] Sans doute devait-elle sa persistante beauté à l'esprit d'indépendance qui l'animait. Tout en se donnant avec amour à son mari et à ses enfants, tout en accueillant avec joie ce qu'elle rencontrait de beau ou de comique sur sa route, au plus profond d'elle-même elle se tenait à l'écart. Une partie de son être, profondément enfouie, reposait dans une grande sérénité qu'elle protégeait farouchement de toute violation. [...] Tout ce qu'elle touchait, tout ce qui l'entourait était éclairé par son charme et réchauffé par son ardeur. » Ici, la mère est perçue comme d'autant plus souveraine qu'elle est inaccessible, telles les stars, dont le statut tient essentiellement à la part de mystère qu'elles savent créer. Les filles qui, à l'adolescence, prennent pour modèles des actrices ou des mannequins célèbres déplacent sur des figures extrafamiliales l'admiration inconditionnelle qu'elles por taient, petites filles, à leur mère.

Une supériorité structurante

L'héroïne d'Elizabeth Goudge n'abuse en rien de la supériorité que ses trois filles, tout comme son mari, lui reconnaissent. On les verra évoluer, chacune à leur façon, à travers d'autres modèles d'identification, vers un accomplissement tranquille, à la fois différent pour chacune et différent de celui de leur mère, qui se sent suffisamment accomplie pour ne pas s'imposer comme modèle à ses filles, ni leur imposer d'être autres qu'elles ne sont, les soutenant au contraire dans leurs choix, en accord avec son mari.

Dans ces conditions, la supériorité maternelle dans l'accomplissement de la féminité a toutes chances d'être structurante : c'est la hiérarchie d'antériorité, qui permet à la fille de rêver à ce qu'elle deviendra plus tard à partir de l'image de sa mère au présent. « Quand je serai grande... » Ainsi, la jeune héroïne de *Poussière* de Rosamond Lehmann (1927) : « Je voudrais, dis-je violemment [...], je voudrais être une femme de trente-six ans en satin noir avec un collier de perles » – et elle se souvient de sa mère s'apprêtant à sortir, un soir, mener sa vie mystérieuse de femme, « habillée pour un dîner, tout en blanc, avec quelque chose de rose et d'irisé qui flottait autour d'elle... » Ces images font rêver les petites filles qui se cachent dans la garde-robe de leur mère, palpant les tissus des robes, s'imprégnant de leur parfum, copiant leur maquillage, essayant leurs fourrures et leurs chaussures à talons, se donnant l'illusion d'être elles aussi des « dames ».

Quand la mère est perçue par sa fille comme *ayant* plus qu'elle-même, car *étant* tellement plus qu'elle – plus belle, plus femme, plus dame –, et quand ce « plus » renvoie à une part de la vie de la mère qui ne se réduit pas à la fille mais ne l'en exclut pas pour autant (ni « plus mère que femme », ni « plus femme que mère »), alors la fille peut investir à son tour cette vie mystérieuse qui sera un jour la sienne, poussée à grandir par la curiosité et l'envie de découvrir ce que sa mère vit de si intéressant, et qu'elle-même ne connaît pas encore : c'est, dans les termes de Françoise Dolto, l'« allant devenant » de la fillette, que la supériorité de la mère structure au lieu de le freiner[1]. Mais les choses, bien sûr, ne se passent pas toujours aussi bien...

La Disgrâce

Qu'advient-il lorsque la fille ne rencontre pas, dans le regard maternel, le sentiment de sa propre beauté ? La supériorité de sa mère ne signe plus alors la promesse d'un accomplissement futur de la fille, mais la fatalité d'un écart irréductible, d'une infériorité dont la fille ne pourra même jamais se consoler dans la compréhension aimante de sa mère, car c'est sa mère elle-même qui lui en inflige la peine.

Dans *Sonate d'automne*, Eva, nous l'avons vu, reconnaît d'emblée la supériorité de sa mère Charlotte, à la fois comme pianiste et comme femme. Mais la perception de la beauté lointaine et inaccessible de sa mère la renvoie à une infériorité qui frise l'indignité, du simple fait que leurs regards ne se rencontrent pas, interdisant toute réciprocité de la reconnaissance. La mère se laisse admirer sans voir sa fille ni même savoir qu'elle la regarde. Eva se souvient ainsi de son adolescence : « Quelquefois, tu me donnais la permission de t'emmener en barque sur la baie, tu portais une longue robe d'été blanche qui découvrait tes seins, tes

---

1. Voir F. Dolto, *Tout est langage*, 1987, Gallimard, 1995, p. 21.

seins si beaux, tu avais les pieds nus et tu retenais tes cheveux dans une lourde tresse. [...] J'avais toujours peur que tu ne m'aimes pas, je me trouvais laide, maigre et sans grâce, avec de gros yeux de vache. » Ici, peu importe que l'écart entre mère et fille soit objectif ou issu de la subjectivité de la narratrice : sa simple perception est source de souffrance, et non d'espoir, parce que la mère n'a d'intérêt ni pour sa fille telle qu'elle est, ni pour la femme qu'elle deviendra.

Il arrive aussi que la supériorité de la mère relève d'un manque de beauté objectif de la fille. Mais comment et par qui ce manque est-il objectivé ? Si la mère sait maintenir avec sa fille une complicité à ce sujet, si elle relativise ce défaut en mettant en valeur d'autres qualités, alors celle-ci pourra minimiser ce qui lui manque et investir positivement ce dont elle dispose · ce n'est pas autour de sa disgrâce que se construira son identité, pas plus que ses rapports avec sa mère. En revanche, si la fille devine ou surprend que la beauté qui lui manque est la seule chose que sa mère aurait désirée pour elle, alors c'est toute la personnalité de la fille, en même temps que sa relation à sa mère, qui bascule en se recomposant autour de cette « disgrâce », pour reprendre le titre du roman de Nicole Avril (1981).

Isabelle – la mal nommée – a treize ans, et n'a pas encore développé d'esprit critique à l'égard de ses parents : « Lui, un peu âgé et las, tout alourdi du poids glorieux des responsabilités et du savoir. Elle, jeune, belle, attentive, parée comme une déesse, une star, une reine. Des êtres merveilleux que ses parents ! » Mais Isabelle est trop curieuse ; surprenant une conversation entre ses parents, elle aura la révélation brutale de ce qu'elle sait depuis toujours, à savoir l'importance que sa mère accorde à la beauté et le fait qu'elle-même en est définitivement privée :

« Comprends-tu, Étienne, une femme sans beauté n'est rien. On a beau prétendre le contraire, c'est faux, faux, faux ! Si encore c'était réparable, j'aurais trouvé pour elle les meilleurs chirurgiens. D'un coup de bistouri, on supprime un nez en bec d'aigle ou un menton en galoche. Mais la science n'arrangera ni ses yeux sans couleur, ni sa peau épaisse, ni ses lèvres rentrées. Elle n'est pas seulement laide, ma pauvre petite fille, elle est sans grâce, c'est pire. [...] J'ai beau être sa mère, l'amour ne m'aveugle pas. Le cadeau que j'aurais voulu lui faire à la naissance, c'est la beauté. Crois-moi, elle est indispensable à une femme, c'est la seule chose qui s'impose sans démonstration. Hélas, j'ai échoué, Étienne, nous avons échoué. Elle n'est pas belle du tout, notre fille. – Non, elle n'est pas belle, approuva le père. »

Isabelle ne peut mettre en doute le verdict parental : elle a toujours su qu'elle était laide, par le regard ou les paroles des autres : « D'elle, on ne disait pas, elle est brune ou elle est blonde, elle a les yeux comme ceci, ou les cheveux comme cela ; on disait, au mieux, elle n'est pas belle, au pire, elle est laide. » Elle ne reproche pas à sa mère de l'avoir faite laide mais, plus subtilement, de ne pas posséder cet aveuglement attribué à l'amour maternel, qui voudrait que toutes les mères trouvent leur fille jolie : « Toi seule avais le pouvoir de me donner une seconde fois la vie en disant non au monde entier. Non, ma fille n'est pas laide, vous vous trompez. Vos regards ne voient pas. Vos cœurs n'aiment pas. Tu aurais fait un pied de nez au destin et je n'aurais plus senti se poser sur moi les yeux de mes juges. [...] En consacrant sa fille à la laideur, Mme Martineau-Gouly avait failli. »

C'est cette défaillance qu'Isabelle ne pourra supporter : elle tentera de se suicider en allant nager trop loin, mais sera sauvée par un jeune homme qui l'avait observée de la plage. Cette tentative de suicide, comme c'est souvent le cas, ne sera pas reconnue comme telle, et la vie continuera, dans un écart de grandeur entre mère et fille qui demeurera incontestable et incontesté : « De sa mère encore elle pouvait accepter la suprématie, parce que sa mère était sa mère, qu'elle appartenait à un ordre différent et que sa beauté avait toujours été pour sa fille une sorte de vérité révélée. »

L'abus dénarcissisant

Le manque de soutien d'une mère face à l'infériorité, réelle ou supposée, de sa fille, peut aller jusqu'au dénigrement systématique, lui permettant d'imposer sa supériorité avec une cruauté méthodique. Ainsi, dans *François le Bossu* de la comtesse de Ségur (1864), Mme des Ormes, la mère de la petite Christine, attaque régulièrement sa fille sur son physique et son comportement : « Tu n'es pas jolie, ma pauvre fille ! », « Elle va chiffonner ma jolie robe ou elle la salira avec ses pieds ! », « Tu manges trop, Christine ! N'avale donc pas si gloutonnement !... Tu prends de trop gros morceaux !... », etc.

Il en va de même avec la terrible mère de *Au but* de Thomas Bernhard : nous avons évoqué déjà cette veuve d'un homme ni aimé ni désiré, qui vit avec sa fille adulte, réduite à sa merci, sans cesse exposée à ses paroles destructrices car s'adressant directement à elle (contrairement à Isabelle, l'héroïne de *La Disgrâce*, qui a surpris des paroles qui, au moins, ne lui étaient pas destinées), et touchant jusqu'à son statut d'être humain :

« Tu étais une enfant laide
avec de bons yeux mais très laide
il a fallu longtemps pour que de cette chair si laide
on distingue un être humain »

Le père lui-même – ou du moins son souvenir – est mis à contribution pour enfoncer la fille :

« Père ne croyait pas en toi
elle dépérira disait-il toujours
elle ne donnera rien
elle n'a qu'absurdités en tête
elle n'est pas assez souple
elle n'a pas le don des muses de la musique
et elle n'a pas non plus le sens des affaires »

La culpabilisation s'ajoute à l'infériorisation lorsque la mère rend la fille responsable d'une solitude qu'elle-même, pourtant, a créée de toutes pièces :

« Tous se sont retirés
parce que tu as toujours tout mal fait »

Il s'agit là de ce qu'on peut appeler un « abus dénarcississant », où la souveraineté de la mère se nourrit de l'anéantissement psychique voire physique de la fille :

« C'est comme ça que je t'ai toujours aimée
à genoux devant moi
Cette attitude royale chez moi
Et tu attends que je te permette de te lever »

Dans l'« abus narcissique » évoqué en première partie, les mères « plus mères que femmes » projettent leurs désirs

169

de grandeur insatisfaits sur leur fille, quelles que soient leurs aptitudes, réelles ou fantasmées, à les combler. La mère de Thomas Bernhard est bien, elle aussi, « plus mère que femme », au sens où tout tiers est exclu de la relation avec sa fille. Mais à la différence des mères abusant narcissiquement de leurs filles en les engageant à être sans cesse plus performantes (comme dans *Bellissima* ou *La Pianiste*), dans l'abus dénarcissisant, ce sont leurs propres insuffisances que ces mères chargent leur fille d'incarner : « Elle se regardait dans mes yeux. J'étais son miroir aux déceptions », dit de sa mère la narratrice de *Ravages* de Violette Leduc (1955).

Ce n'est pas que la fille ne possède objectivement aucune qualité physique ou intellectuelle (on sait d'ailleurs combien les enfants disgraciés ou handicapés peuvent susciter de tendresse et de dévouement chez leur mère) : c'est que ces mères ne veulent distinguer chez leur fille que des insuffisances. Ainsi, l'« abus dénarcissisant » dont sont coutumières maintes mères insatisfaites – et que rien, jamais, ne peut satisfaire – s'opère, très simplement, par des critiques incessantes.

Même lorsqu'elles peuvent paraître justifiées, ces critiques perdent toute valeur éducative (si tant est qu'une critique exprimée sous forme de dénigrement puisse avoir valeur éducative) dans la mesure où elles sont systématiques, injustes, excessives, toujours dévalorisantes. Ainsi, *L'Asphyxie* de Violette Leduc (1946) montre une disproportion inquiétante entre les « bêtises » de la petite fille et la violence de la réaction de la mère . « Pieds nus sur le carrelage ! Tu veux me faire mourir de chagrin... ? » Ou encore, lorsque la fillette perd son parapluie : « Dire que je me crève pour ça. Elle nous mettra sur la paille. Un parapluie tout neuf. Le plus beau de la ville. Ça n'est pas digne de ce qu'on fait pour elle. Il y en aurait qui te foutraient ça à l'Assistance. Ça n'a rien dans le cœur et rien dans le ventre. Maboule ! Espèce de maboule. »

La mère et l'esclave

En ne reconnaissant jamais la moindre qualité – ni physique ni psychologique – à sa fille, en critiquant systématiquement ce qu'elle est ou ce qu'elle fait, la mère s'assure que dans ce couple mère-fille hautement dissymétrique, la rivalité ne pourra jamais affleurer, tant la fille est réduite à néant. Ce véritable assassinat psychique est rarement aussi abouti que dans le cas imaginé par Thomas Bernhard ; mais sous une forme atténuée, c'est un lot pour le moins commun.

Ces mères s'assurent de la sorte la supériorité absolue à laquelle elles aspirent, mais qu'elles ne peuvent réaliser que face à un être semblable à elle, et qu'à ce titre elles s'autorisent à réduire en esclavage, ne lui laissant aucune possibilité d'émancipation. C'est là la réalisation cauchemardesque du fantasme de « gynécocratie », dont le penseur suisse Johann Jacob Bachofen avait donné la version savante [1], et Thomas Bernhard la version théâtrale :

« Tu n'as jamais rien fait
que je ne t'aie permis
Tu n'aurais rien fait sans mon ordre n'est-ce pas
Ce n'est pas la peine de répondre [...]
Je t'ai mise au monde pour moi
pour moi seule
aussi longtemps que je suis là tu m'appartiens

---

1. Voir J. J. Bachofen, *Du règne de la mère au patriarcat* (1926), Paris, PUF, 1938.

171

Tu as toutes les libertés tu le sais
mais tu te dois à moi jusqu'à la fin de mes jours »

Toutefois, comme dans toute relation maître-esclave,
l'esclavage n'est pas à sens unique ; car la mère est aussi
dépendante de sa fille que celle-ci l'est ou croit l'être de sa
mère :

« Moi j'ai besoin de toi c'est clair
J'ai toujours eu besoin de toi [...]
Je me suis mortellement habituée à toi mortellement
[...]
Oui mon enfant peu à peu tu as appris
à lire dans mes yeux tous mes désirs
ou dans le plus petit geste de ma main
Tu as beaucoup appris dans ce sens-là
C'est pourquoi tous tes désirs sont exaucés »

Et lorsque la mère s'enorgueillit de la promesse qu'elle
a faite à son mari sur son lit de mort – « je serai toujours
là pour ma fille/Mon enfant n'a pas à avoir peur » –, on
ne peut pas ne pas l'entendre comme une promesse mortifère à l'égard de celle à qui, à aucun moment, elle ne
donne la vie, parce que constamment elle la lui prend. Si
la fille en effet n'a plus à avoir peur, c'est que le pire, déjà,
est arrivé.

Il ne lui manquerait plus, peut-être, que de mourir des
mains mêmes de sa mère, laquelle pousserait ainsi sa toute-
puissance jusqu'à exercer sur sa fille un droit de vie et
de mort. Dans le film de Robert Guédiguian, *La ville est
tranquille* (2001), c'est de la drogue que la fille s'est rendue
dépendante ; mais la mère reprendra le pouvoir en lui
fournissant elle-même l'héroïne, ne voulant pas comprendre autrement la supplication déchirante de sa fille :

« Maman, il m'en faut ! » La mère lui en donnera jusqu'à administrer la surdose mortelle, les délivrant l'une et l'autre de ce tiers qui les séparait : la drogue. Le meurtre physique n'est souvent que le passage à l'acte de l'assassinat psychique perpétré au long des années : les mères meurtrières de leur fille ne la délivrent-elles pas de la mortelle dépendance à laquelle elles ont réduit la vie de leur progéniture ?

En prolongeant la dépendance initiale quand elle n'a plus de fonction protectrice à l'égard de l'enfant, et en utilisant la place généalogique comme une position de pouvoir octroyant tous les droits, de telles mères abusent de la supériorité qui leur est conférée par la nature. Face à cela, que peut un enfant ? Comme le rappelle Eva dans *Sonate d'automne,* « un enfant est toujours sans défense, il ne comprend pas. Un enfant ne peut pas comprendre, il ne sait pas, personne ne dit rien, il connaît la dépendance, l'humiliation, la distance, le mur infranchissable, l'enfant crie, personne ne répond, personne ne vient, tu ne saisis pas ? »

14.

Mères inférieures

Il n'est probablement pas plus facile, pour une fille, de sentir sa mère inférieure à elle que d'en éprouver la supériorité. Mais contrairement à la « mère supérieure », la « mère inférieure » est un cas contre nature, du moins tant que la fille est jeune : il existe, nous venons de le voir, une supériorité objective du parent sur l'enfant. Il faut donc attendre que la fille soit adulte pour rencontrer des écarts de grandeur où la mère soit, si l'on peut dire, « naturellement » inférieure à sa fille : c'est le cas lorsque celle-ci se révèle évidemment plus belle que sa mère, ou lorsqu'elle a connu une ascension sociale, par le mariage ou par sa profession. Mais tant que la fille est une enfant, les « mères inférieures » relèvent, nous allons le voir, de situations forcément atypiques, littéralement extraordinaires.

Une infériorité contre nature

Nous avons déjà évoqué le roman de Fanny Hurst, *Mirage de la vie*, et sa double adaptation cinématographique, par John Stahl et par Douglas Sirk : c'était à propos de l'inceste du deuxième type, entre l'héroïne, Bea ou (selon les versions) Lora, et sa fille, Jessie ou Susie. Mais

174

il existe dans cette histoire un autre couple mère-fille, composé d'une femme noire qui s'est mise à leur service, Delilah ou Annie, et de sa petite fille, Peola ou Sarah Jane, métisse à la peau si claire et aux traits si peu négroïdes qu'on la prend pour une Blanche. En grandissant, celle-ci tente désespérément de dénier qu'elle est la fille de sa mère, qui n'a qu'un défaut à ses yeux : elle ne peut ni ne veut dissimuler qu'elle est noire, alors que toute l'identité de sa fille s'est constituée autour de ce mensonge qu'elle s'ingénie à perpétrer – passer pour blanche.

Delilah-Annie est, certes, une mère « plus mère que femme », d'autant plus qu'elle est seule ; mais son véritable défaut est ce stigmate ethnique – si disqualifiant aux États-Unis à cette époque – qui constitue pour sa fille un empêchement identificatoire majeur. Malgré toutes les qualités objectives de la mère – douce, dévouée, compréhensive, inaltérablement aimante, respectée et aimée de tout le quartier --, celle-ci est définitivement inférieure aux yeux de sa fille, comme elle l'est, objectivement, aux yeux des Blancs, en raison de la couleur de sa peau, indissociable d'un statut social subalterne.

La fille, donc, a honte de sa mère. Elle se sent, elle se veut différente d'elle (« Je suis autre, je suis blanche »), supérieure à elle et, donc, entravée par elle dans sa tentative de sortir de sa condition (« Elle ne peut pas cacher sa couleur, dit-elle. Moi, si ! »). Cette « auto-perception » comme blanche s'accompagne d'une semblable « représentation » aux yeux d'autrui ; le problème vient de la « désignation » que l'on fait d'elle, et dont dépend la cohérence de son identité : blanche, ou noire[1] ? Or le maintien de

_____

1. Sur la mise en cohérence de l'autoperception, de la représentation et de la désignation comme base de la construction identitaire, voir N. Heinich, *États de femme, op. cit.*

cette cohérence dépend de l'effacement de la mère, qui ne doit pas apparaître pour que la construction identitaire opérée par la fille fonctionne – faute de quoi celle-ci s'expose à être violemment rejetée hors de la communauté des Blancs, battue par son petit ami, chassée par son employeur. Aussi n'a-t-elle d'autre solution que de renier sa mère : « Pourquoi faut-il que tu sois ma mère ?... Tu gâches toujours tout ! Si seulement tu n'existais pas ! » Lorsque, devenue jeune fille, elle fugue pour s'autonomiser, elle rejette immédiatement sa mère venue la récupérer : « Ne dis pas "Maman" !... Si tu me veux du bien, n'essaie pas de me voir ! Fais comme si j'étais morte ou comme si je n'existais pas ! » – et la mère : « Tu ne peux pas me demander de mettre une croix sur mon enfant ! »

Delilah-Annie ne parvient pourtant pas à en vouloir à celle qui est toute sa vie : « Je t'aime tant, rien ne pourra m'en empêcher ! » (à quoi sa fille rétorque : « Je veux vivre ma vie »). Elle finit par acquiescer au reniement de sa fille, reniant ainsi sa propre dignité : « Vous êtes la nouvelle bonne ? » demande une amie de Sarah Jane en la voyant dans sa loge. « Je passais en ville, répond timidement la mère, je suis venue lui dire bonjour : j'étais sa gouvernante. – Ah, s'étonne l'amie, mademoiselle a eu une nounou ? » Mourante, littéralement tuée par cette épreuve, la mère persiste dans l'humilité et l'autoflagellation : « Je veux qu'elle me pardonne de l'avoir trop aimée ! » déclare-t-elle. Mais elle n'assistera pas au retournement de sa fille, qui se précipite à son enterrement, enfin redevenue – mais trop tard – la fille de sa mère, hurlant en larmes : « J'ai tué ma mère ! Pourtant je voulais revenir !... » Ainsi s'achève, dans la grande tradition mélodramatique, la triste histoire d'une mère noire et de sa fille qui se voulait blanche.

C'est là, évidemment, un cas exceptionnel. Mais on

peut généraliser : par-delà la contingence du contexte (les États-Unis des années trente, puis cinquante) et l'invraisemblance de la situation, l'histoire révèle une structure profonde des rapports mère-fille, lorsque la mère n'est pas en mesure d'assumer son statut d'objet d'identification, menaçant ainsi la constitution psychique de la fille. Une telle situation ne peut relever de facteurs purement objectifs : d'abord, parce qu'elle est contre nature (ici, littéralement : contre la nature génétique) ; ensuite, parce que la mère y met forcément du sien. Son comportement soumis, face au racisme autant qu'au rejet de sa fille, ne peut qu'accentuer son infériorité culturelle, transformant une réalité objective (elle a la peau noire, sa fille paraît blanche) en structure relationnelle (elle s'assume inférieure à sa fille).

Imaginons qu'elle se soit révoltée contre le racisme, cherchant à sortir de sa condition ou professant la fierté d'être noire ; ou, au moins, qu'elle ait réagi au reniement de sa fille et lui ait imposé sa loi, en l'obligeant à respecter et à assumer leur commune appartenance ethnique : sans doute aurait-elle pris le risque d'être elle-même en crise avec sa condition et, surtout, en conflit avec sa fille ; mais au moins n'aurait-elle pu faire figure de « mère inférieure », rendant humiliante, pour sa fille, toute identification avec elle.

Ce blocage identificatoire, par l'écart de grandeur entre une fille et sa mère « pas montrable », « pas sortable », est particulièrement problématique à l'adolescence : détachée du giron familial, la fille peut porter un œil un peu plus extérieur sur sa propre mère, et ressentir à sa place, sous le regard d'autrui, la honte de ce qu'elle est – ou de ce qu'elle n'est pas, à savoir une mère « présentable ». Rien n'est plus significatif à cet égard que la façon dont la mère s'habille, comme Marguerite Duras l'explicite dans *L'Amant* (1984) : « Ma mère mon amour son incroyable dégaine avec ses bas de coton reprisés par Dô, sous les Tropiques elle croit encore qu'il faut mettre des bas pour être la dame directrice de l'école, ses robes lamentables, difformes, reprisées par Dô, elle vient encore tout droit de sa ferme picarde peuplée de cousines, elle use tout jusqu'au bout, croit qu'il faut, qu'il faut mériter, ses souliers, ses souliers sont éculés, elle marche de travers, avec un mal de chien, ses cheveux sont tirés et serrés dans un chignon de Chinoise, elle nous fait honte, elle me fait honte dans la rue devant le lycée, quand elle arrive dans sa B.12 devant le lycée tout le monde regarde, elle, elle s'aperçoit de rien, jamais, elle est à enfermer, à battre, à tuer. »

Si donc une « mère extrême » (en l'occurrence, extrêmement inférieure) apparaît telle au regard de sa fille, ce n'est jamais par la force des choses, ni par le hasard des circonstances : c'est aussi qu'elle y met du sien.

Le devenir-inférieure de la mère

Considérons à présent que la fille a grandi : elle est devenue adulte, et peut-être a-t-elle eu le mérite, ou la chance, de s'élever au-dessus de la condition de ses parents. Voilà une situation classique d'ascension sociale, avec son cortège de culpabilités, de gênes et d'incompréhensions, que raconte Annie Ernaux dans *La Place* (1983) ou dans *Une femme* (1987). L'identité de la fille ne s'est pas constituée, comme précédemment, en fonction d'une mère considérée comme inférieure : l'infériorité est le devenir de la mère une fois que la fille, adulte, est sortie de sa dépendance à son égard. Le problème est évidemment moins grave, même s'il engendre bien des complications : la fille a toutes chances d'avoir un peu honte de sa mère, et préférerait ne pas trop la montrer ; quant à la mère, elle ne peut que lui en vouloir de ne pas être fière d'elle, même si elle comprend, et se soumet.

Le cinéma nous offre une situation un peu plus complexe, qui a l'intérêt d'inverser diamétralement, à plusieurs années de distance, la configuration de *Mirage de la vie* : il s'agit de *Secrets et mensonges* de Mike Leigh (1996). Le film commence là où finit le précédent : par l'enterrement d'une Noire, pleurée par sa fille ; mais celle-ci est bien noire de peau ; et la défunte n'est pas sa mère biologique mais sa mère adoptive. Jeune femme noire de la moyenne bourgeoisie, Hortense va se mettre en quête de sa mère naturelle et, grâce au service des adoptions, la retrouver. Le problème est que cette femme est blanche.

« Il y a une erreur ! s'écrie la mère lorsqu'elle rencontre pour la première fois sa fille naturelle. C'est une blague !... C'est ridicule, je ne comprends pas. Je ne peux pas être votre mère !... Je ne peux pas vous regarder !... » La mère, blanche, devrait apparaître comme socialement supérieure à la fille, noire. Mais cet écart de grandeur est annulé par la différence des milieux sociaux · la mère est une prolétaire, vivant seule avec sa fille légitime, plus ou moins brouillée avec sa famille, fauchée, désœuvrée, paumée et vaguement alcoolique. Elle-même a conscience de ce décalage : « Je dois plutôt vous décevoir ? Je vous ai rendu service », dit-elle encore lors de cette première rencontre.

Est-ce la culpabilité d'avoir abandonné ce bébé à la naissance ? Est-ce l'égalisation des conditions produite par ce mixte d'infériorité dans le statut social de la mère et d'infériorité dans le statut racial de la fille ? Toujours est-il que la relation entre les deux femmes tourne à l'idylle : après avoir eu du mal à reconnaître cette fille à la fois abandonnée et noire, mais plus instruite et mieux installée dans la vie, la mère la relance avec la timidité d'une amoureuse, puis tente – maladroitement – de l'intégrer à sa famille au cours d'un déjeuner organisé pour l'anniversaire de la fille légitime. De façon prévisible, celle-ci supporte mal la révélation du secret (« Tu as gâché ma fête ! »), d'autant que la mère en profite pour lui révéler aussi l'identité de son père (« Il est parti, mais il était gentil. – Et mon père, est-ce qu'il était gentil ? » demande la fille noire). Cette scène permet au frère et à la belle-sœur d'avouer à leur tour leur secret : ils ne peuvent pas avoir d'enfants. C'est la fin des « secrets et mensonges », et la réconciliation générale : l'apparition intempestive de l'enfant en trop permet de parler enfin de l'enfant qui manque... « C'est mieux de dire la vérité. Comme ça, personne ne souffre », conclut sagement Hortense.

L'infériorisation de la mère

L'inégalité des conditions entre une mère et sa fille adulte ne suffit pas à inférioriser la mère : le comportement de celle-ci est souvent pour beaucoup dans l'écart de grandeur, qui creuse entre les deux femmes une distance qu'aucune des deux, même si elles en souffrent, ne parviendra à combler. Balzac nous en offre un exemple avec la marquise Julie d'Aiglemont, l'héroïne de *La Femme de trente ans*, dont nous avions vu déjà qu'elle avait du mal à aimer Hélène, la fillette née de l'union avec un mari qu'elle n'aimait pas.

En revanche, elle a toujours adulé Moïna, sa fille cadette, née d'une liaison avec son amant. Moïna à présent est mariée, comtesse, et mène une vie très mondaine sinon dissolue (elle se laisse courtiser par Alfred de Vandenesse, jeune homme corrompu dont elle ignore qu'il est son demi-frère, fils de l'amant de sa mère). Sa mère, vieillie, vit avec le couple. Mais elle ne profite guère de la présence de sa fille adorée. « Tout lui prouvait qu'Alfred l'avait perdue dans le cœur de sa fille, où elle restait, elle, la mère, moins comme un plaisir que comme un devoir. Mille choses, des riens même lui attestaient la conduite détestable de la comtesse envers elle, ingratitude que la marquise regardait peut-être comme une punition. » Mais elle ne se révolte pas, ne se plaint pas, ni ne tente de détourner sur un autre objet cette passion maternelle qui ne connaît plus que rebuffades : « Elle cherchait des excuses à sa fille dans les desseins de la Providence, afin de pouvoir encore adorer la main qui la frappait. »

Deux scènes permettent à Balzac de décrire toute la cruauté de l'humiliation que la fille inflige à la mère, et de l'humilité à laquelle celle-ci s'abaisse, persuadée, probablement, que c'est sa fille, et non elle-même, qui a besoin de cet amour sans bornes : « Ainsi la marquise, étant devenue un peu sourde, n'avait jamais pu obtenir de Moïna qu'elle élevât la voix pour elle ; et, le jour où, dans la naïveté de l'être souffrant, elle pria sa fille de répéter une phrase dont elle n'avait rien saisi, la comtesse obéit, mais avec un air de mauvaise grâce qui ne permit pas à Madame d'Aiglemont de réitérer sa modeste prière. Depuis ce jour, quand Moïna racontait un événement ou parlait, la marquise avait soin de s'approcher d'elle ; mais souvent la comtesse paraissait ennuyée de l'infirmité qu'elle reprochait étourdiment à sa mère. Cet exemple, pris entre mille, ne pouvait que frapper le cœur d'une mère. »

Dans la seconde scène, ce n'est plus une infirmité corporelle qui concrétise l'infériorisation de la mère, mais une (supposée) infériorité sociale, la fille projetant sur son statut extérieur l'image qu'elle-même a de sa mère : « Ainsi, Madame d'Aiglemont ayant un jour dit à sa fille que la princesse de Cadignan était venue la voir, Moïna s'écria simplement : "Comment ! elle est venue pour vous !" L'air dont ces paroles furent dites, l'accent que la comtesse y mit, peignaient par de légères teintes un étonnement, un mépris élégant, qui feraient trouver aux cœurs toujours jeunes et tendres de la philanthropie dans la coutume en vertu de laquelle les sauvages tuent leurs vieillards quand ils ne peuvent plus se tenir à la branche d'un arbre fortement secoué. Madame d'Aiglemont se leva, sourit, et alla pleurer en secret. »

« Son amour de mère en était arrivé là : aimer sa fille, la redouter, appréhender un coup de poignard et aller au-devant », commente Balzac. Et si « un regard froid pouvait tuer la marquise », que dire alors d'une parole méprisante ? Elle mourra donc soudainement lorsque sa fille, à qui elle tente d'expliquer qu'elle doit se tenir à distance d'Alfred (son demi-frère), lui lance : « Maman, je ne te croyais jalouse que du père... »

Sensible aux souffrances de la mère, Balzac n'en met pas moins en évidence sa responsabilité dans son propre malheur : « Madame d'Aiglemont avait bâti son cachot de ses propres mains et s'y était murée elle-même **pour** y mourir en voyant se perdre la belle vie de Moïna, cette vie devenue sa gloire, son bonheur et sa consolation, une existence pour elle mille fois plus chère que la sienne. Souffrances horribles, incroyables, sans langage ! abîme sans fond ! » C'est la souffrance, et la jouissance, de tous ceux qui mettent leur bonheur dans un amour qui ne peut être partagé. Mais pourquoi, en l'occurrence, Moïna adulte ne peut-elle rendre à sa mère un tel amour ? C'est que, justement, elle est devenue adulte, et a pu échapper – probablement parce qu'elle a eu un père, et même deux – à l'inceste platonique dans lequel sa mère l'a enfermée enfant.

C'est là le sort – relativement heureux pour la fille, absolument malheureux pour la mère – de tout couple mère-fille que la fille (contrairement à l'héroïne de *La Pianiste* d'Elfriede Jelinek, ou de *Au but* de Thomas Bernhard) parvient à défaire en sortant de l'enfance. Car lorsque la fille, devenue adulte, se dégage de l'emprise de sa mère, celle-ci ne peut plus occuper qu'une place inférieure, soumise : immobilisée dans son attachement maternel, elle est entièrement dépendante de la disponibilité de sa fille qui, elle, cherche avant tout à se dégager de sa mère, à ne pas lui donner prise. La relation ne peut devenir qu'inégalitaire : à la mère toute-puissante qui avait enfermé la fillette dans un inceste platonique, succède la mère impuissante à récupérer sa fille adulte dans sa sphère d'influence. Sa dépendance se fait humilité – ce dont la fille, au minimum, s'agace, ne trouvant plus dans cette mère-paillasson ce qui avait pu nourrir l'admiration de la fillette envers sa mère toute-puissante. La fille résiste mal, parfois, à prendre sa revanche, en répondant à l'humilité maternelle par l'humiliation infligée à celle qui, autrefois toute-puissante, ne connaît plus que la soumission.

C'est un lien infernal, qui piège l'une et l'autre. Sur la fille pèse la responsabilité apparente des mille petites humiliations qui marquent l'infériorisation *de* la mère – au double sens où l'infériorisation est infligée à la mère, et produite par elle. La mère, elle, pâtit quotidiennement de ces rejets, jouissant quand même, peut-être, de la culpabilisation qu'elle exerce ainsi sur sa fille, seul lien qui lui reste. Dans un couple marié, une telle situation forme un nœud névrotique dont l'unique issue saine est le divorce. Mais une mère et une fille ne peuvent divorcer : même une rupture à l'initiative de la fille ne serait que le prolongement, radicalisé, de ce lien invivable. Quant à traiter sa mère en égale, comment la fille, malgré toute sa bonne volonté, y parviendrait-elle, puisque la mère elle-même s'infériorise en faisant de sa fille son seul objet d'amour,

183

et de ses faits et gestes sa nourriture quotidienne ? Ne reste, pour la fille, que le recours à la haine, dont nous avons vu qu'il est l'unique séparateur possible entre une fille et sa mère une fois la relation installée : séparateur efficace, certes – mais destructeur, pour l'une comme pour l'autre.

« Enfin, conclut Balzac, peut-être ne doit-on jamais prononcer qui a tort ou raison de l'enfant ou de la mère. Entre ces deux cœurs, il n'y a qu'un seul juge possible. Ce juge est Dieu ! » L'ennui, c'est que ce « Dieu » – figure de l'indispensable « tiers », seul juge capable de dire la loi et d'estimer les torts – est absent, comme toujours quand entre mère et fille il ne s'agit pas d'une relation à trois, mais à deux.

L'infériorité abusive

A l'inverse, une mère adulte – surtout si elle est vieillissante – peut jouer de son infériorité, réelle ou imaginaire, pour attacher sa fille. La culpabilité ici peut faire pleinement son œuvre, empêchant la fille d'échapper à l'emprise de sa mère : d'abord parce qu'un cadet a, par principe, un devoir d'assistance envers un aîné, de même qu'un fort envers un faible ; ensuite parce que toute personne a, du seul fait qu'elle est née, une « dette de vie » envers sa mère[1]. Entre la crainte de manquer à cette dette ou à ce devoir, et son exploitation par la mère, il n'y a que la distance d'une dépendance objective à une sujétion abusive : situation dont l'extrême banalité n'allège guère le

---

1. Voir Monique Bydlowski, *La Dette de vie. Itinéraire psychanalytique de la maternité*, Paris, PUF, 1997.

poids, pour les filles adultes transformées en esclaves – plus ou moins consentantes – de leur mère.

Pour qu'une fille en arrive à s'en plaindre devant témoins, il faut qu'elle ait surmonté sa culpabilité de ne pas pouvoir répondre à la demande de sa mère par une offre d'amour, ne parvenant plus à lui prodiguer que des soins matériels, de l'écoute et du ravitaillement – jusqu'à se résigner, parfois, à confier à des tiers le soin de veiller, moyennant finances, sur l'auteur de ses jours. Le non-dit, ici, est donc la règle. C'est pourquoi les observateurs extérieurs sont souvent mieux placés pour témoigner de ces situations d'abus d'infériorité par la mère. Ainsi, les deux personnages principaux du film *Trois couleurs : Rouge* de Krzysztof Kieslowski (1994) – le jeune mannequin (Irène Jacob) et le juge à la retraite (Jean-Louis Trintignant), branché illégalement sur la ligne téléphonique de ses voisins – espionnent ce dialogue, à la fois terrifiant et banal :

« Je me suis couchée et je n'arrivais pas à dormir, je tournais et me retournais dans mon lit, encore maintenant... Je n'ai pas fait les courses.

– Je suis désolée pour toi, maman.

– Mais je n'ai plus de lait, plus de baguette !

– Mais si, maman, je t'en ai acheté hier et je les ai mises au congélateur.

– Je les ai toutes mangées.

– Maman, arrête ! Tu n'as pas pu manger sept baguettes en quatre jours ! Je n'en peux plus de tes histoires ! »

L'homme commente, a l'attention de sa complice involontaire : « Ce n'est pas la peine d'aller faire les courses pour cette vieille dame, elle a tout ce qu'il lui faut ! Ce qu'elle veut, c'est voir sa fille, mais la fille ne veut pas. Elle est déjà venue au moins cinq fois parce que sa mère a simulé un malaise cardiaque. Quand elle mourra, je serai obligé d'appeler sa fille parce qu'elle n'aura pas voulu la croire. Elle ne la croit plus... »

La fille ne croit plus sa mère qui ne cesse de l'appeler au secours – mais pourra-t-elle, vraiment, ne plus accourir un jour ? Et si elle y parvient, de quelle culpabilité sans fin paiera-t-elle son absence à la mort de sa mère ? Le paradoxe est là : contrairement au pouvoir des hommes, fait de force et de supériorité, la toute-puissance des mères n'est jamais aussi efficace que lorsqu'elles sont faibles, dépendantes, humiliées... L'emprise des mères sur leurs enfants – et en particulier sur leurs filles, à qui est dévolu le soin matériel aux aînés – est exactement proportionnelle à leur infériorité. Ainsi se déploie la subtile dialectique du pouvoir entre les mères vieillissantes et leurs filles adultes : les unes, par leurs caprices, peuvent tenter d'affirmer encore leur pouvoir sur les autres ; celles-ci, par leur soumission, finissent par inverser le sens de l'épreuve en prouvant leur perfection, ce qui leur permet d'échapper au reproche, donc au pouvoir de la mère.

Moins subtilement, il reste encore à la fille une autre possibilité pour mettre à distance cette emprise maternelle : c'est de pousser jusqu'à son terme, fantasmatiquement, l'infériorité de la mère, en désirant intensément – mais la plupart du temps, inconsciemment – sa mort.

15.

Mères jalouses

« Savez-vous que souvent, avec Octave, quand il me disait de ces mille choses qui ne sont rien et qui sont tout et qui composent l'intimité de la vie, et que je le voyais rouler ses doigts dans les cheveux de ma fille, il fallait que je luttasse abominablement contre moi-même pour ne pas briser sa vie innocente sur le pavé. »

Alors que la jalousie des enfants à l'égard de leurs parents est un des sujets les plus familiers et les mieux étudiés dans la clinique et la théorie analytiques, il n'en va pas de même concernant la jalousie des parents à l'égard de leurs enfants. Le complexe d'Œdipe, qui formalise l'attirance de l'enfant pour le parent du sexe opposé et, corrélativement, sa jalousie à l'égard du parent du même sexe, est une des découvertes majeures de Sigmund Freud – une de celles qui a transformé notre vision de l'enfant. Avertis aujourd'hui de l'universalité de la jalousie et de son inévitable présence dans toutes les familles, les parents sont prompts à en reconnaître les signes chez l'enfant, même s'ils prennent rarement la mesure de la souffrance qu'elle peut engendrer. Leur attitude est fonction de leurs propres expériences et de leurs valeurs éducatives : tantôt ils la nomment pour faire honte à l'enfant ; tantôt ils la dénient, n'ayant jamais été amenés à reconnaître leur propre jalousie dans l'enfance ; tantôt ils sont aptes à soutenir l'enfant dans cette épreuve, sans se moquer de lui ni l'humilier. C'est ce qu'on appelle « dépasser la jalousie », et cela semble assez rare si l'on en juge par les ravages de la jalousie tout au long de la vie des adultes[1].

La jalousie de la petite fille à l'égard de sa mère peut donc être considérée comme un invariant, quoique à des degrés et sous des formes diverses. Le phénomène inverse, la jalousie des mères envers leurs filles, existe-t-il seulement ? On pourrait en douter, tant la dénégation semble de règle en la matière, y compris chez maints psychanalystes : alors que la clinique de l'enfant jaloux existe, celle du parent jaloux n'existe pas ou guère, car elle implique la reconnaissance préalable que cette forme de jalousie existe bien. Or tel n'est pas le cas. Cela revient à dire que parce qu'elle ne devrait pas exister, elle n'existe pas... Et pourtant !

Et pourtant, la fiction est là pour nous rappeler l'existence, voire la prégnance de sentiments que la civilisation nous apprend à contrôler, à intérioriser, à refouler, voire à dénier. Dans l'exemple cité plus haut (extrait de *Ce qui ne meurt pas* de Barbey d'Aurevilly), c'est dès la petite enfance – quand le père, adoré de la mère, était encore vivant – que la jalousie se manifeste chez cette femme « plus femme que mère », Yseult, envers sa petite Camille. Face à un « bien » commun – l'homme, mari de la mère et père de la fille – ressurgit parfois très tôt l'antique rivalité des femmes ; et la petite fille, même à l'âge de l'Œdipe, n'est pas la seule à désirer la mort de sa rivale... On ne peut exprimer plus clairement jusqu'où la jalousie peut aller – jusqu'à la mort de l'autre – lorsque le rapport homme-femme s'apparente à une passion fusionnelle qui, comme le dit le

---

1. Voir Danielle Dalloz, *La Jalousie*, Paris, Bayard, 1999.

psychanalyste Denis Vasse, « trouve son ressort fondamental dans un *contre* celui qui est l'autre pour chacun des deux : le tiers [1] ».

L'ambivalence des mères

Que peut désirer une mère pour sa fille lorsque celle-ci vient au monde, si ce n'est d'avoir les meilleurs atouts – beauté, santé, intelligence, richesse... ? Ce sont les vœux que forment les bonnes fées appelées autour du berceau de la « Belle au bois dormant ». Mais Carabosse, la mauvaise fée, rôde elle aussi aux alentours, jalouse de n'avoir pas été invitée à la fête ; c'est elle qui lance le maléfice : une sombre histoire de doigt piqué au fuseau d'un rouet, plus tard, quand la jeune fille sera en âge de trouver un mari ; le sang qui perle sur la chair de la vierge ; et un profond sommeil, qui pourrait durer si longtemps que plus personne ne serait là pour assister à l'éveil triomphant de sa féminité...

Bonnes fées, mauvaises fées... Bonnes mères, mauvaises mères... Dans les contes, les fées représentent ces mères absentes, ou qui ne peuvent être désignées plus directement. Le cercle des fées entourant le berceau ne figure-t-il pas les différents visages de la mère, toute éperdue d'amour et de bonnes dispositions envers cette petite fille qui vient de lui naître ? Toute, ou presque toute : car il y a peut-être, caché dans un petit coin de son grand cœur de mère, un vilain petit désir qu'une autre qu'elle – fût-elle chair de sa chair – n'ait quand même pas *plus* qu'elle-même... C'est la part de Carabosse, plus ou moins éveillée en chacune, qui fait l'ambivalence des mères envers leurs filles :

---

1. Denis Vasse, *Inceste et jalousie*, Paris, Seuil, 1995, p. 139.

lui vouloir tant de bien, à sa fille, tant et tant de bien – et quand même, peut-être, un tout petit peu de mal... ?

L'ambivalence des sentiments est, on le sait à présent, une composante fondamentale de tous les rapports humains [1]. Si l'on reconnaît volontiers que l'image de la mère est ambivalente pour la fillette [2], la réciproque est, en revanche, moins aisément admise. Il ne lui manque pourtant que d'être reconnue, nommée, assumée, pour ne pas produire de « maléfices », pour ne pas transformer en actes malfaisants des sentiments obscurs, qui ont bien le droit d'exister tant qu'ils n'affectent que celle ou celui qui les éprouve. Carabosse, après tout, peut bien souhaiter tout le mal qu'elle veut à la petite princesse, tant qu'elle ne se donne pas les moyens de réaliser ses vœux mortifères : il y a suffisamment de bonnes fées autour du berceau pour assurer l'avenir de la petite. Encore faut-il qu'on ne fasse pas comme si elle n'était pas là – comme si elle n'était pas invitée à la fête. Car c'est alors qu'elle se venge...

Mères narcissiques

Si l'on doutait de l'existence de la jalousie chez les mères, le conte de fées serait là pour nous en rappeler l'universalité : avec *Blanche-Neige*, on ne peut ignorer que les femmes narcissiques, qui n'acceptent pas le vieillissement et la dégradation de leur image, perçoivent l'existence d'une fille – forcément plus jeune – comme une menace pour cette image à laquelle elles tiennent tant,

---

1. Voir Juliette Boutonier, *La Notion d'ambivalence. Étude critique, valeur séméiologique* (1938), Toulouse, Privat, 1972.

2. Voir notamment H. Deutsch (*La Psychologie des femmes, op. cit.*, p. 12), qui suggère que cette ambivalence peut par exemple se gérer en dissociant l'amour pour la mère et l'amour pour la maîtresse d'école.

dont elles ont fait toute leur identité[1]. Et cette jalousie-là concerne spécifiquement les filles, puisqu'elles seules possèdent la promesse de féminité.

La marâtre de Blanche-Neige voue à sa belle-fille une jalousie totalement destructrice. Épousée en secondes noces par le Roi, père de Blanche-Neige, elle est la Reine, et son miroir est son premier sujet. Il la rassure régulièrement sur son absolue supériorité : « Miroir, gentil miroir, dis-moi dans le royaume qui est la femme la plus belle ? » Tout va bien tant que le miroir joue son rôle de support narcissique : « Vous êtes la plus belle du pays, Madame. »

Mais arrive la catastrophe : « Dame la Reine, ici vous êtes la plus belle, mais Blanche-Neige l'est mille fois plus que vous. » La contestation de sa supériorité déclenche chez la Reine des sentiments aussi violents qu'infantiles : « L'orgueil poussa dans son cœur, avec la jalousie, comme pousse la mauvaise herbe, ne lui laissant aucun repos ni de jour, ni de nuit. »

Or Blanche-Neige n'a que sept ans : la jalousie des mères n'attend pas la puberté des filles, mais se manifeste dès ce qu'on appelle l'« âge de raison » – cet âge auquel les filles elles-mêmes ne trouvent plus forcément que leur maman est la plus belle (ce qui fait dire à Bruno Bettelheim que c'est la voix de la petite fille que fait entendre le miroir). Pourtant, il n'y a pas d'évidence à ce que la beauté d'une fillette de sept ans mette en péril la féminité ou la séduction de sa mère. N'est-ce pas plutôt – comme dans *Ce qui ne meurt pas* – la prééminence de celle-ci auprès du père qui se trouve ainsi contestée ? Dans le conte, le Roi brille par son absence : c'est même ce qui le

---

1. « Ce sont les parents les plus narcissiques qui se sentent les plus menacés par la croissance de leur enfant », précise Bruno Bettelheim (*Psychanalyse des contes de fées*, 1976, Paris, Pluriel, 1988, p. 301).

rend si présent dans la compétition entre sa femme et sa fille. Peut-être certaines mères, dont la relation de couple reste basée sur la séduction infantile qu'elles se sont reconnue vers l'âge de sept ans, deviennent jalouses de leur fille quand celle-ci atteint l'âge de leur contester ouvertement, croient-elles, non pas leur beauté mais leur place auprès de l'homme ?

La Reine passe à l'acte. Elle appelle un chasseur : « Tu vas prendre l'enfant et l'emmener au loin dans la forêt : je ne veux plus la voir devant mes yeux. Tu la tueras et tu me rapporteras son foie et ses poumons en témoignage. » Selon Bettelheim, le chasseur est une représentation inconsciente du père ; ambivalent, il ne peut refuser d'obéir à sa Reine mais laisse la vie sauve à la fillette, tuant une biche à sa place. Mais cette ambivalence même va relancer la jalousie de la Reine : le Roi l'eût-il assurée de sa place auprès de lui, non interchangeable avec une fille, aussi belle soit-elle, que ses pulsions jalouses et meurtrières auraient sans doute pu être refoulées. Encore aurait-il fallu que le père en soit sûr, et n'entretienne pas lui-même l'ambiguïté, comme le fait le chasseur.

Blanche-Neige, on le sait, va être recueillie par une nouvelle famille, celle des sept nains. Dépourvus de sexualité mais capables de l'initier aux savoir-faire féminins, ils vont permettre à la fillette de grandir à l'abri de la vindicte maternelle. La Reine toutefois ne désarme pas, et viendra par trois fois, déguisée en « vieille colporteuse », en « vieille femme », tenter de mettre à exécution ses menaces de mort, exploitant l'attirance de Blanche-Neige, devenue adolescente, pour les attributs de la féminité : « un beau lacet tressé de soies multicolores », avec laquelle la reine tentera de l'étrangler ; un peigne empoisonné ; puis la belle pomme empoisonnée d'un seul côté, à croquer ensemble, symbole de leur commun désir d'une sexualité aboutie.

Ainsi la jalousie mortifère de la mère se déguise pernicieusement derrière l'initiation à la féminité, que souhaite légitimement la jeune fille, et qu'elle est en droit d'attendre d'une figure maternelle. Mais cette promesse d'initiation se transforme, chez la mère jalouse, en tentative de meurtre : elle se sert de ses armes pour les retourner contre sa fille, la renvoyant à la non-existence au lieu de lui permettre d'accéder à une féminité partagée. C'est ainsi que les mères narcissiques, plutôt que de projeter sur leur fille leur propre narcissisme en se réjouissant de ses succès, se débarrassent de celle qu'elles ont érigée en rivale.

Retournement : il ne s'agit pas là, suggère Bettelheim, d'une jalousie réelle de la mère à l'égard de sa fille, mais d'une projection de la propre jalousie de la fille à l'égard de sa mère : « Comme l'enfant ne peut pas se permettre d'éprouver de la jalousie envers l'un de ses parents (ce serait très menaçant pour sa sécurité), il projette ses sentiments sur lui (ou sur elle). "Je suis jalouse des avantages et des prérogatives de ma mère" devient cette pensée lourde de désir : "Ma mère est jalouse de moi." Le sentiment d'infériorité, par autodéfense, devient sentiment de supériorité[1]. » Nous voilà ramenés au schéma initial, et à la théorie œdipienne bien connue : seuls les enfants sont jaloux des parents. Exit les mères jalouses – ne restent que des filles trop imaginatives...

Il est étrange que la notion de projection telle que l'emploie le discours psychanalytique s'applique toujours aux affects enfantins – angoisses, peurs, envies, jalousies... – et jamais aux affects parentaux. Cette univocité dans l'inter-

---

1. *Ibid.*, p. 303.

prétation conduit toujours à protéger les parents, qui ne sont jamais malfaisants : ils ne peuvent être qu'imaginés comme tels par les enfants (et on comprend ainsi l'ampleur des dénégations dont a bénéficié la pédophilie). Alice Miller affirme d'ailleurs avec force qu'une bonne part de l'activité des psychanalystes a consisté, pendant longtemps, à protéger les parents de toute accusation – ou plutôt, à protéger chacun, analyste comme analysant, de la culpabilité qu'engendre inévitablement toute mise en cause de l'infaillibilité des parents. Ce n'est là d'ailleurs que la mise en forme savante d'un sens commun enraciné de longue date, s'il est vrai qu'à l'âge classique, déjà, le thème de l'ingratitude et de la méchanceté était fréquent à propos des enfants, mais quasi inexistant à propos des parents : « Il semble assuré que le courant d'affection va sans difficultés des parents aux enfants, mais que le chemin inverse est beaucoup plus aléatoire [1]. »

Même sous la plume de Bettelheim, d'ailleurs, le retournement ne tient guère plus. Concluant son analyse de *Blanche-Neige*, il affirme – sans paraître noter la contradiction avec son interprétation précédente – que « les parents qui, comme la Reine, mettent en acte leurs jalousies parentales œdipiennes, risquent de détruire leur enfant et sont assurés de se détruire eux-mêmes [2] ». Il existe donc bien, finalement, des mères jalouses...

Arrêter le temps

Pour les mères narcissiques, il existe une autre façon – moins meurtrière mais néanmoins problématique –

---

1. Élisabeth Badinter, *L'Amour en plus, op. cit.*, p. 28.
2. *Ibid.*, p. 317.

d'écarter la menace que leur fille incarnerait : elles la rajeunissent pour éviter de se vieillir par comparaison, se donnant ainsi l'illusion de ralentir ou d'arrêter magiquement l'écoulement du temps. Comme la Reine dans *Blanche-Neige*, Mme des Ormes, dans *François le Bossu* de la comtesse de Ségur, s'y prend bien avant la puberté de Christine, née un an après son mariage à l'âge de vingt-deux ans :

« Comme tu es grandie ! Je suis heureuse d'avoir une fille si grande ! Tu as l'air d'avoir dix ans !

– Et je les ai, maman, depuis huit jours.

– Quelle folie ! Toi, dix ans ! Tu en as huit à peine !

– Je suis sûre que j'ai dix ans, maman.

– Est-ce que tu peux savoir ton âge mieux que moi ? Je te dis que tu as huit ans, et je te défends de dire le contraire. Puisque j'ai à peine vingt-trois ans, tu ne peux avoir plus de huit ans. »

Cette façon de procéder peut paraître aujourd'hui démodée. Mais elle n'est pas si ancienne : des femmes d'une soixantaine d'années racontent encore avec rage comment leur mère les obligeait à porter des socquettes quand leurs camarades avaient déjà des bas, ou refusaient de leur acheter un soutien-gorge comme si elles n'avaient pas encore de poitrine, se donnant l'illusion qu'en empêchant leur fille de porter les attributs de son âge, elles arrêteraient le temps. Aujourd'hui, les femmes qui refusent de vieillir s'ingénient à brouiller les limites entre générations : soit elles habillent leurs petites filles comme des femmes, soit, quand leurs filles grandissent, elles s'habillent elles-mêmes comme d'éternelles adolescentes. En témoigne le succès de certaines marques de sous-vêtements pour enfants, ou de vêtements initialement destinés aux adolescentes, qu'ont investies des femmes beaucoup plus âgées. Déjà, dans les années soixante, Helen Deutsch stigmatisait de telles identifications déplacées[1].

De comparaison en compétition

D'autres encore posent dans les magazines féminins en compagnie de leur fille adulte, assurant la publicité de marques de vêtements non plus « uni-sexes » mais « uni-génération », dont on ne sait s'ils visent plutôt à mûrir les jeunes femmes ou à rajeunir les femmes mûres. L'important, bien sûr, est qu'on puisse s'y tromper.

Mais qui regarde, qui est le juge face à ces images de femmes également belles et jeunes, quel que soit leur âge véritable ? Est-ce le lecteur – ou plutôt la lectrice – anonyme, feuilletant distraitement le magazine ? L'enjeu, dans ce cas, est mince. Mais si c'est un vrai regard qui compare et qui pèse ? Si c'est le regard désirant d'un homme, amant réel ou potentiel de l'une, et peut-être de l'autre ? Alors la comparaison se mue en compétition, le jeu des ressemblances – ou le « narcissisme des petites différences » – devient sérieux : ce n'est plus du jeu, mais de la rivalité, à la limite de l'inceste du deuxième type. Or entre mères et filles, cette jalousie-là – « Est-elle plus belle que moi ? » – est destructrice, car elle transforme en compétition ce qui devrait être un passage de relais.

---

1. « L'identification de la mère à sa fille prend souvent une forme grotesque. Elle abandonne elle-même ses façons de vivre les plus conservatrices, pour partager l'uniformité des adolescents. Il n'est pas rare de rencontrer deux adolescentes – portant l'une et l'autre les mêmes longs cheveux blonds, les mêmes jeans, et tout l'attirail des "filles modernes" – et de découvrir qu'il s'agit tout simplement de la mère et de la fille, la première animée de sentiments de triomphe à l'égard de sa propre mère, la seconde probablement profondément blessée et furieuse contre la sienne » (H. Deutsch, *Problèmes de l'adolescence, op. cit.*, p. 115).

C'est ce qui advient entre la très belle Élise Martineau-Gouly – la mère de la pauvre Isabelle dans *La Disgrâce* – et sa fille aînée Alice, dont la beauté approche, et peut-être dépasse, celle de sa mère. La scène au cours de laquelle la beauté de la fille éclipse celle de sa mère a lieu, non par l'intermédiaire du miroir, comme dans *Blanche-Neige*, mais devant les yeux d'un témoin tout sauf neutre, puisqu'il s'agit de l'amant de la mère :

« Auprès de cette peau livrée tout entière au soleil, aux vents, aux flots et cependant trop ferme, trop tendue sur les muscles pour qu'elle puisse suggérer la moindre idée d'abandon, le hâle un peu blet d'Élise prenait des nuances automnales. La belle Mme Martineau-Gouly sentait d'un coup que sa beauté n'était plus un absolu et comme l'essence même de son existence, qu'il suffirait désormais d'un regard, celui de Vincent peut-être, pour qu'elle fût reléguée dans la catégorie des créatures simplement séduisantes, ou, pis encore, dans celle des femmes que l'on dit "encore" belles. Sur la plage de Nimeuil, à dix heures du matin, Élise Martineau-Gouly avait cessé d'être incomparable... »

Son jeune amant, en effet, se tournera vers sa fille, réalisant à l'insu de celle-ci un inceste du deuxième type. Brisée par cet abandon, ne pouvant soutenir la rivalité avec sa propre fille ni exprimer sa jalousie, la mère se suicidera avec son mari dans un pseudo-accident de voiture.

De la jalousie à l'envie

Le moment où la fille accède à son tour à la sexualité, tandis que la mère glisse vers le vieillissement, est aussi celui du retournement, où la jalousie maternelle – la peur de perdre ce qui fait sa propre supériorité – bascule en envie – la crainte que l'autre possède ce que l'on n'a pas, ou que l'on n'a plus. Une mère trop tôt privée de sexualité, ou qui n'y a pas trouvé satisfaction, risque fort d'envier toute autre femme qui, elle, paraît en pleine possession, en pleine jouissance de cet aspect-là de la vie. Et quand cette autre femme est sa propre fille, c'est une envie plus illicite, plus informulable encore que toutes les envies : parce qu'elle est sexuelle, et parce qu'elle touche à l'être le plus proche de soi, celui auquel on doit, au contraire, solidarité et assistance.

On trouve une scène d'envie maternelle face à la sexualité de la fille dans le roman d'Arundhati Roy *Le Dieu des petits riens* (1997). Certes, il ne s'agit pas à proprement parler de la civilisation occidentale, mais cette famille du Kerala est à la fois imprégnée de christianisme et de culture anglaise, par le double mariage du fils avec une Anglaise de souche, et de la fille avec un Anglais vivant en Inde. La mère, Mammachi, est une femme âgée, issue de bonne famille ; aussi ne peut-elle accepter la liaison de sa fille Ammu, divorcée et mère de famille, avec un intouchable . « Comme des animaux, pensa Mammachi, prête à vomir. Comme un chien et une chienne en chaleur. Le fait qu'elle ait toujours fermé les yeux sur les écarts de son fils et sur ses Besoins Masculins ne nourrissait que mieux la fureur incontrôlable qu'elle éprouvait à l'égard de sa fille. C'étaient des générations entières qu'elle salissait ainsi [...], toute une famille qu'elle mettait à genoux. »

Un peu plus loin, Ammu ressent « les ondes de jalousie sexuelle qui émanaient de Mammachi ». Mais on est là dans l'ordre de l'indicible. Car si la jalousie de la mère jeune envers sa fille enfant est objet de dénégation, de quel tabou alors doit être frappée l'envie de la mère vieillissante envers sa fille devenue femme ?

16.

Mères injustes

Cendrillon, comme Blanche-Neige, est victime d'une belle-mère jalouse. Mais à cette jalousie maternelle s'ajoute l'injustice d'un traitement inéquitable, qui privilégie systématiquement ses deux demi-sœurs, en dépit de leurs innombrables défauts. Probablement Cendrillon ne souffre-t-elle pas tant des misères que lui infligent ses sœurs, elles aussi jalouses de sa beauté, que de l'absence de protection de celle qui lui tient lieu de mère, et qui non seulement ne s'oppose pas à ces mauvais traitements, mais en rajoute. Partialité de la mère, écart entre ses mérites et la façon dont on la traite : pour survivre à ces multiples injustices, force lui est de s'inventer une « bonne mère », la bonne fée qui lui sert de marraine – avec les excellents résultats que l'on sait.

Inversement, il peut arriver que la mère privilégie, parmi les sœurs, celle qui est déjà avantagée par la nature. Elle risque ainsi de redoubler l'injustice objective et, peut-être, d'attirer sur sa propre partialité toute la révolte contre l'injustice que la sœur disgraciée ne peut adresser à la nature elle-même. Car la « mère nature » se montre parfois, elle aussi, d'une révoltante injustice, comme l'exemplifient les cas si dissemblables d'Isabelle et d'Alice, les deux sœurs de *La Disgrâce* · « Alice était belle et cela même l'élevait bien plus haut que les marches de pierre ; par l'effet de cette grâce unique, elle n'avait rien à dire, rien à faire, elle n'avait qu'à être, et, du bas de l'escalier, sa sœur laideronne la regardait comme on contemple une image sainte. »

Les deux sœurs

« Maman était tout pour moi. Je voulais être aussi belle qu'elle, j'essayais de rire, de parler, de marcher comme elle. J'imitais même son sourire. Elle adorait les fleurs, surtout les roses. Elle a appelé ma sœur Rose, et moi, Iris », confie la voix off de la jeune héroïne en ouverture de *Under the skin*, film de Carine Adler (1997). Ainsi est suggérée l'inégalité de traitement de l'une et l'autre sœurs par leur mère, sans que l'on puisse savoir – et c'est là un problème récurrent du sentiment d'injustice – s'il s'agit d'une inégalité subjectivement vécue comme telle par l'une des filles, ou bien d'une différence objective de traitement par la mère.

Ce dernier cas est exemplairement illustré dans la mythologie grecque par l'histoire de Clytemnestre et de ses deux filles, Iphigénie et Électre : l'une, adulée, incarnant celle qu'il faut prendre sous la protection maternelle, tandis que l'autre, haïe, est celle dont il faut se protéger parce qu'elle appartient à l'ennemi – le père. De même, dans le conte de Perrault intitulé *Les Fées*, la mère privilégie l'aînée, « qui lui ressemblait si fort et d'humeur et de visage, que qui la voyait voyait la mère », alors qu'elle a « une aversion effroyable » pour « la cadette, qui était le vrai portrait de son père pour la douceur et pour l'honnêteté », et avec cela « une des plus belles filles qu'on pût voir ». Heureusement, les fées seront là pour rétablir la justice...

La rivalité entre deux sœurs pour l'amour de la mère – ou parfois du père – est un thème récurrent dans la littérature, surtout féminine. Jane Austen excelle à la mettre en scène, elle dont les héroïnes sont toujours dédoublées, comme pour casser la caractérisation univoque des personnages – forcément purs ou impurs – typique du roman pré-moderne. C'est le cas en particulier dans *Raison et sentiments*, son premier roman, publié en 1811, dont le titre initial était *Elinor et Marianne*.

Elinor, la sœur aînée, incarne la raison : elle « était douée d'une force d'intelligence et d'une netteté de jugement qui faisaient d'elle, bien qu'âgée seulement de dix-huit ans, le conseiller habituel de sa mère et lui permettaient de tempérer fort heureusement la vivacité de Mrs. Dashwood qui l'aurait entraînée bien des fois à des imprudences. Elle avait un cœur excellent ; son tempérament était affectueux et ses sentiments profonds, mais elle savait les gouverner ». Mais elle est moins jolie que sa sœur Marianne qui, elle, est tout entière gouvernée par le sentiment : elle « était sensée et perspicace, mais passionnée en toutes choses, incapable de modérer ses chagrins ni ses joies. Elle était généreuse, aimable, intéressante, bref, tout, excepté prudente ». Marianne ressemble en cela à sa mère, qui lui accorde sa préférence, y compris dans la semblable épreuve qui affectera l'une et l'autre sœurs, abandonnées par l'homme qu'elles aimaient et qu'elles espéraient épouser.

C'est une épreuve redoutable, car elles souffrent de ce même handicap qu'est la perte de leur espérance de dot, annihilée par la mort de leur père et l'égoïsme de leur demi-frère. Confrontées à la désertion de leur prétendant, elles devront résoudre la difficile question de savoir si c'est vraiment à leur manque de fortune qu'est dû cet abandon.

Il s'avérera que le fiancé de la cadette a déserté par manque de moralité, pour épouser une fille riche, et celui de l'aînée par excès de moralité, pour ne pas manquer à une ancienne parole envers une fille pauvre, amour de jeunesse. Le chagrin leur fait perdre encore de leurs atouts, surtout pour la plus jolie, comme le remarque cyniquement leur demi-frère à l'adresse de l'aînée : « Je me demande si Marianne, maintenant, en mettant les choses au mieux, pourra épouser un homme de plus de cinq à six cents livres par an, et je serais bien étonné si vous ne faisiez pas beaucoup mieux ! »

C'est finalement Elinor qui l'emportera dans cette course au « bon choix d'objet » : elle verra revenir à elle son terne fiancé, parvenant malgré son absence de dot à se faire épouser par celui qu'elle aime. Elle amènera Marianne à adopter sa propre vision du monde en la persuadant d'être « raisonnable », c'est-à-dire d'épouser un homme riche et rangé, beaucoup plus âgé et dont elle n'est pas amoureuse. La cadette finira par se rendre à la raison de l'aînée, lui demandant pardon pour son « terrifiant égoïsme ».

Même la mère rétablit la justice, en reconnaissant la supériorité de celle de ses deux filles dont elle était la moins proche : « Il était, hélas, bien certain que l'attachement d'Elinor, considéré quelque temps par sa mère comme assez superficiel, avait bien toute la profondeur que Mrs. Dashwood lui avait tout d'abord attribuée. Elle craignait maintenant que sa mauvaise appréciation des choses l'eût rendue injuste, indifférente, oui, presque cruelle pour Elinor ; que son affection se soit portée sur Marianne, parce que son malheur était plus évident, plus immédiatement émouvant et qu'elle ait été portée à oublier qu'elle avait en Elinor une fille aussi durement frappée, et certainement avec moins de responsabilité de sa part, et plus de courage. »

Ainsi la victoire finale revient à Elinor, qui parvient a conquérir l'amour de sa mère, malgré la préférence accordée à sa sœur, en même temps qu'un mari, malgré le handicap de son absence de fortune et de son manque de beauté. Roman de formation pour jeunes filles devant se résigner à faire de nécessité vertu, c'est-à-dire de raison sentiments, *Raison et sentiments* n'est pas seulement le roman de la victoire sur l'injustice matrimoniale : il est aussi celui de la victoire sur l'injustice maternelle.

Frère et sœur

Seule la crise a permis à cette mère de s'avouer à elle-même la préférence injuste accordée à la cadette sur l'aînée. Celle-ci le lui eût-elle auparavant reproché que la mère eût sans doute farouchement nié. L'inégalité de préférence accordée aux membres d'une même fratrie est une composante probablement inévitable de toute vie familiale, autant que sa dénégation, tant les parents sont censés aimer pareillement tous leurs enfants.

Qui faut-il croire, des enfants protestant contre l'injustice, ou des parents protestant de leur équité ? Le problème n'est peut-être pas tant de donner une réponse objective à cette question que de prendre en compte la souffrance des enfants à ce sujet, sans la nier a priori en arguant qu'elle serait sans objet : une souffrance a toujours un objet, fût-il imaginaire. Et l'imaginaire trouve toujours son ancrage dans le réel. Ce peut être une inégalité de traitement effective, comme dans *L'Amant* de Marguerite Duras : « Je crois que du seul enfant aîné ma mère disait : mon enfant. Elle l'appelait quelquefois de cette façon. Des deux autres elle disait : les plus jeunes » – et la fille vouera une haine féroce à ce frère veule et sadique, mais indéfectiblement soutenu par la mère. Ce peut être aussi, plus subtilement, le comportement de certains parents qui s'ingénient à créer l'illusion de *tout* donner à chacun de leurs enfants, et d'entretenir avec lui ou elle une relation privilégiée ; de sorte que même s'ils donnent autant aux uns et aux autres, chacun se sentira de toutes façons floué de n'être pas le seul à qui quelque chose est donné.

« Oh l'amour d'une mère, amour que nul n'oublie, Pain merveilleux qu'un Dieu partage et multiplie, Table toujours servie au paternel foyer, Chacun en a sa part et tous l'ont tout entier » : la licence poétique que s'autorise Victor Hugo a probablement son charme, mais les mères qui croiraient à la possibilité d'une telle fiction ne feraient qu'enfermer leurs enfants dans l'illusion qu'il serait normal de l'avoir « tout entier », cet amour qu'il faut bien pourtant, en réalité, partager. C'est la condition pour qu'il ne soit pas destructeur, et non pas l'indice de son insuffisance. Faire croire à un enfant qu'on peut – ou même qu'on voudrait – lui donner « tout », c'est le condamner à s'imaginer, sa vie durant, qu'il n'a rien – ou qu'il n'est rien.

Reste qu'il existe bien des enfants qui, sans avoir tout ni rien, ont moins : moins que leur frère ou sœur. La fille est particulièrement exposée à l'humiliation de se voir traitée par sa mère comme un être de moindre valeur que son frère, tant perdure dans bien des familles l'inégalité face au sexe [1] ; et l'humiliation est plus dure encore si la fille est l'aînée, voyant ainsi comptée pour rien sa supério-

---

1. Cette inégalité de traitement entre garçons et filles, concernant la petite enfance, a fait l'objet de l'enquête précédemment citée d'E. Gianini-Belotti, *Du côté des petites filles*.

rité en âge. Mais les parents sont sans doute les plus mal placés pour le voir, et les enfants pour le dire : aussi est-ce souvent à un observateur extérieur que revient de percevoir ces inégalités de traitement. C'est ce qu'explicite Balzac, toujours dans *La Femme de trente ans*, à propos de la petite Hélène, fille légitime de Julie d'Aiglemont, et de son frère cadet, fils de l'amant.

Tant qu'Hélène était enfant unique, la mère ne pouvait que constater l'insuffisance d'un amour maternel que ne soutenait pas l'amour pour le père : car si « la voix puissante de la maternité » l'attache malgré tout à la fillette, cela ne suffit pas, comme elle l'avoue à un prêtre : « Ma pauvre petite Hélène est l'enfant de son père, l'enfant du devoir et du hasard ; elle ne rencontre en moi que l'instinct de la femme, la loi qui nous pousse irrésistiblement à protéger la créature née dans nos flancs. Je suis irréprochable, socialement parlant. Ne lui ai-je pas sacrifié ma vie et mon bonheur ? Ses cris émeuvent mes entrailles : si elle tombait à l'eau, je m'y précipiterais pour l'aller reprendre. Mais elle n'est pas dans mon cœur. Ah ! l'amour m'a fait rêver une maternité plus grande, plus complète [...]. Oui, quand Hélène me parle, je lui voudrais une autre voix ; quand elle me regarde, je lui voudrais d'autres yeux. Elle est là pour m'attester tout ce qui devrait être et tout ce qui n'est pas. Elle m'est insupportable ! Aussi mon enfant ne s'y trompe-t-elle pas. Il existe des regards, une voix, des gestes de mère dont la force pétrit l'âme des enfants ; et ma pauvre petite ne sent pas mon bras frémir, ma voix trembler, mes yeux s'amollir quand je la regarde, quand je lui parle ou quand je la prends. [...] Fasse le ciel que la haine ne se mette pas un jour entre nous ! »

Seul le prêtre avait pu « sonder l'abîme qui se trouve entre la maternité de la chair et la maternité du cœur ». Cet abîme sera comblé avec le petit garçon né de sa liaison avec son amant, et qui, lui, sera adoré par son père et sa mère. Notons qu'il s'agit là d'une situation inversée par rapport à *Anna Karénine* de Tolstoï (1877), où l'héroïne adore le garçon qu'elle a eu du mari qu'elle n'aime pas, et délaisse la fille qu'elle a eue de l'amant adoré : comme si l'amour maternel ne pouvait être associé dans son esprit qu'à un homme en position de père, alors qu'un homme en position d'amant ne pouvait engendrer un enfant réellement digne d'amour. Mais dans les deux romans, c'est la fille qui est dédaignée...

Chez Balzac, l'observateur lit sur le visage et dans l'attitude de la petite fille (elle qui « est tout son père », selon les mots mêmes de la marquise) une jalousie terrible, que la mère, non contente d'attiser, ignore : « L'aînée pouvait avoir sept à huit ans, l'autre quatre à peine. Ils étaient habillés de la même manière. Cependant, en les regardant avec attention, je remarquai dans les collerettes de leurs chemises une différence assez frivole, mais qui plus tard me révéla tout un roman dans le passé, tout un drame dans l'avenir. Et c'était bien peu de chose. Un simple ourlet bordait la collerette de la petite fille brune, tandis que de jolies broderies ornaient celle du cadet, et trahissaient un secret de cœur, une prédilection tacite que les enfants lisent dans l'âme de leurs mères, comme si l'esprit de Dieu était en eux. »

Quelques secondes plus tard, l'observateur verra de loin la fillette pousser son petit frère dans la rivière, où il mourra sous les yeux de ses parents, noyé : « Hélène, commente-t-il, avait peut-être vengé son père. » Restée seule avec le secret de son crime, Hélène jeune fille s'enfuira avec un pirate, au plus loin d'une maisonnée où elle vit dans la culpabilité nouée avec la jalousie envers les autres cadets, trop aimés de la mère parce que nés de l'amour. Et c'est à Moïna, la petite dernière adorée, qu'il

reviendra, devenue adulte, d'être ce « tribunal » que redou-
tait la marquise face à la petite Hélène (« Parfois, je trem-
ble de trouver en elle un tribunal où je serai condamnée
sans être entendue »), en punissant, comme nous l'avons
vu à propos des « mères inférieures », cette mère trop
aimante pour l'une et pas assez pour l'autre...

L'enfant accusateur

La scène terrible où la petite Hélène pousse son cadet
dans la rivière est le passage à l'acte du fantasme de mort
qu'engendre la jalousie entre frères et sœurs. Que cette
jalousie provienne ou pas d'une situation objective, il
revient aux parents de la transformer soit en un sentiment
relativement vivable, lorsqu'il est reconnu, parlé, accompagné ; soit, lorsqu'il est méconnu ou dénié, en une souffrance muette et solitaire qui, faute de mots, faute même
d'une reconnaissance de ce qui fait souffrir, risque de basculer dans le passage à l'acte – de la taquinerie incessante
aux bousculades, des bousculades aux coups et, peut-être,
aux berceaux renversés ou aux bébés ébouillantés...
L'épreuve du sentiment d'injustice est précisément ce
qui permet d'éviter le terrible passage à l'acte : l'enfant
capable de dire « C'est pas juste ! », d'en appeler à une loi
extérieure à la loi familiale, de se révolter contre l'arbitraire
parental, est un enfant qui échappe au silence coupable, à
la souffrance muette, au désarroi et à l'humiliation de se
sentir seul avec sa haine, qui sont le lot des « enfants
méchants ». L'enfant accusateur, lui, est sauvé du pire, s'il
n'est pas encore délivré de ce qui le hante. Face à l'injustice
des affects familiaux, le sentiment d'injustice, c'est-à-dire
l'appel à une justice transcendante à la famille, équivaut à
un recours au monde extérieur, à la société des humains

et non plus au cercle des apparentés. C'est précisément parce que « la société n'est pas une famille[1] » que le sentiment d'injustice – plutôt que la résignation ou l'auto-humiliation – sauve l'enfant accusateur de l'enfermement familial, de la dépendance inconditionnelle à l'égard des parents, et de l'aveuglement des mères trop promptes à voir la réalité familiale à travers le filtre de leurs idéaux.

---

1. Gérard Mendel, *La société n'est pas une famille. De la psychanalyse à la sociopsychanalyse*, Paris, La Découverte, 1992.

17.

Mères défaillantes

Le mythe de la « mère parfaite » entretient l'illusion que certaines pourraient, et que d'autres devraient, n'être jamais défaillantes. C'est loin, bien sûr, d'être le cas. Toutes les mères pourraient, à un moment ou à un autre, entrer dans la catégorie des mères défaillantes : manière de dire que la défaillance est le propre des humains, en tout cas des adultes, et qu'elle n'est pas évitable.

En quoi consiste la défaillance humaine ? Objectivement, à ne plus assurer, de manière permanente ou transitoire, les devoirs de la position que l'on est censé occuper, telle, ici, la position maternelle : devoir de présence, de protection, d'éducation, de surveillance, de transmission. Subjectivement, la défaillance porte sur l'inconditionnalité de l'amour, cette exigence exorbitante des enfants à l'égard de leurs parents : exigence à la mesure de leur propre amour et de leur dépendance initiale.

Défaillance objective, défaillance subjective

Qu'elle soit objective ou subjective, la défaillance est toujours subie par la fille, quelle que soit sa capacité à la repérer. Ce repérage pourtant est souhaitable, même s'il

209

s'agit autant de fantasmer des défauts chez sa mère que d'observer ses insuffisances dans la réalité : c'est le signe en effet que la toute-puissance accordée par la fille à sa mère est en train de se fissurer. On peut ainsi comprendre cette remarque du psychanalyste Jean-Bertrand Pontalis : « Votre mère est sans doute le seul être au monde qui ne soit pas interchangeable, alors on s'obstine, la vie durant, les filles surtout, à vouloir le changer[1]. » La mère n'est pas interchangeable, certes ; mais ce que la fille s'efforce de changer, à juste titre, c'est la toute-puissance inconditionnelle qu'elle lui a accordée, et dont il importe qu'elle se dégage, ne serait-ce qu'en lui trouvant des défauts.

C'est pourquoi l'inévitable perception de la défaillance, réelle ou supposée, de la mère, entraîne chez la fille un sentiment de culpabilité, qui lui fait supposer qu'elle en est responsable alors qu'elle n'est responsable que de ne plus aduler sa mère, et de voir ses défauts – lesquels ne vont pas toujours jusqu'à la défaillance. Poussée à sa limite extrême, la contestation par la fille de la toute-puissance maternelle peut aller jusqu'au matricide : soit fantasmé soit, exceptionnellement, réalisé, comme dans le film américain *Créatures célestes* (*Heavenly Creatures*, 1994) de Peter Jackson, tiré d'un fait divers, où deux adolescentes tuent la mère de l'une d'elles, perçue comme un obstacle à leur amitié exclusive.

Comment faire la part entre le manquement à des attentes potentiellement infinies, tel qu'il est subjectivement vécu par la fille, et le manquement objectif de la mère à ses devoirs ? Comment distinguer entre les défauts que la fille discerne chez sa mère pour mieux se dégager de son emprise, et les défaillances réelles de celle-ci ? Dans le second cas, la défaillance est repérable par un tiers, sous

---

1. J.-B. Pontalis, « Des fils qui se font entendre », *Lire*, mars 1998.

la forme d'un manque dans le comportement de la mère (alors que, nous l'avons vu, la défaillance par excès est moins repérable, comme dans le cas de l'inceste platonique, manifesté par un amour sans bornes socialement valorisé). La fiction va être ce tiers, nous permettant de repérer et répertorier ces formes de défaillances objectives.

L'objectivité de la défaillance sera d'autant plus avérée qu'elle englobe l'ensemble de la personnalité de la mère, excédant le cadre de la relation mère-fille. On est alors certain d'avoir affaire à des « mères extrêmes », et non pas à des mères « ayant des problèmes avec leur fille » – catégorie dont chacun connaît la banalité. On ne peut toutefois établir de relation proportionnelle entre la gravité de la défaillance objective de la mère et l'intensité de l'atteinte sur le vécu subjectif de la fille, qui va la subir en fonction de son propre état psychique. Si le repérage des défaillances maternelles – qui peuvent paraître minimes à un observateur extérieur ou, au contraire, très graves – permet de nommer ce que la fille estime avoir subi, il laisse ouverte la façon dont la fille s'est elle-même engagée face à cette réalité pour trouver des solutions, par exemple en imputant à une autre la responsabilité des maux dont elle souffre.

Instables

« Ma mère ne m'a jamais donné la main... », écrit Violette Leduc au début de *L'Asphyxie* (1946) : belle et poignante image, éminemment symbolique de ces mères à la fois très présentes et incapables de donner un sentiment de sécurité suffisant pour que leur fille puisse, en temps voulu, devenir autonome, sans se sentir lâchée.

L'insécurité de la fille peut aussi venir d'une instabilité

de la mère. Une mère instable est défaillante en ceci qu'elle est incapable d'offrir à ses proches – et notamment à ceux qui dépendent étroitement d'elle – des réactions suffisamment prévisibles pour faire fonction de référence, de repère, d'appui. Un bon exemple en est donné dans le film de Wayne Wang, *Ma mère, moi et ma mère* (1999), interprété par Susan Sarandon, où la relation mère-fille est racontée – de façon très hollywoodienne – du point de vue de l'adolescente de quatorze ans.

Quittée par le père quand la fille avait trois ans, la mère s'est remariée avec un professeur de patinage qui plaisait beaucoup à la fille, mais qu'elle quitte car il ne la satisfait pas. Cette mère est décidément pleine de défauts, qui ne cessent d'irriter la fille : depuis le moindre détail (elle mange des chips en faisant du bruit) jusqu'à sa façon d'intervenir dans sa vie (elle l'emmène avec elle à Beverly Hills, la séparant de sa famille, de son cousin, de sa meilleure amie) sans autre raison que son bon plaisir. Les conflits et les engueulades sont quasi permanents, quoique avec une tendresse réciproque.

Mais la mère ne se contente pas d'exaspérer sa fille par ses défauts : elle trahit aussi d'évidentes défaillances. Excentrique, fofolle, infantile, elle oscille entre une position maternelle rassurante (« Tu auras toujours un toit sur la tête et de quoi manger tant que tu seras avec moi »), une position de « copine » complice, et une position de petite fille irresponsable (elle ne paye pas les factures, l'électricité est coupée...), qui oblige sa fille à assumer ses responsabilités à sa place. Déménagements incessants, pas d'argent et pas de sommier mais un dîner impromptu dans un grand restaurant : la vie est chaotique et extravagante. Toutes les relations que la mère tente de nouer avec les hommes sont des échecs. Elle fait largement participer sa fille à ses émois, la réveillant à cinq heures du matin pour lui raconter une nuit d'amour, puis l'emmenant regarder le lever du soleil.

Ayant cherché en vain à renouer avec son père, la fille fait tout pour se séparer de sa mère : une scolarité brillante lui permettra d'obtenir une bourse dans un autre État, pour l'université de ses rêves, éloignée de sa mère. « C'est trop lourd, lui expliquera-t-elle. Je veux vivre de mon côté et que toi, tu sois de ton côté. Je sais que tu as la trouille de vivre sans moi, mais c'est trop lourd à porter. Je me sens mal de te dire ça mais j'en ai marre de ce rôle, je ne veux plus, laisse-moi vivre ma propre vie ! » La mère n'en vendra pas moins sa voiture pour compléter la bourse insuffisante, et permettre à sa fille de partir. Celle-ci, quittant sa mère, conclut l'histoire par ces mots : « Même si on ne la supporte pas, même si elle vous pourrit la vie, elle a quelque chose ma mère, un charme, un pouvoir... et quand elle sera morte, le monde sera fade, trop réglo, trop raisonnable... » Élevée dans l'instabilité, la fille a fini par aimer – tout en le détestant – ce dont elle a souffert.

Ce type d'inversion, où c'est la mère qui se comporte comme une adolescente, a trouvé des formes d'expression burlesques : c'est le cas avec la série télévisée anglaise *Absolutely Fabulous* de Jennifer Saunders (2000), qui présente une mère *fashion victim* surveillée par sa fille « monstrueusement correcte [1] », ou encore avec certains épisodes d'*Agrippine*, la bande dessinée de Claire Brétecher, où c'est la fille qui fait la leçon à sa mère. On n'est plus ici seulement dans la défaillance maternelle par instabilité, mais dans une inversion des rôles entre mère et fille – inversion

---

1. L'absence de fictions télévisuelles dans notre corpus ne tient pas à une décision de principe, mais au constat que les rapports mères-filles y sont extrêmement peu présents. Voir notamment Sabine Chalvon-Demersay, *Mille scénarios. Une enquête sur l'imagination en temps de crise*, Paris, Métailié, 1994.

beaucoup plus problématique pour la fille, nous allons le voir, que ne le suggèrent ces mises en forme comiques.

Filles de leur fille

Il est des femmes dont l'amour ne peut s'exprimer qu'en creux, sous forme d'une éternelle demande, ou dont le vide dépressif se manifeste par l'absence, toujours vécue par un enfant comme absence d'amour. Dans un couple, un homme peut y trouver son compte, ou s'en lasser. Mais il n'en est pas de même pour un enfant et, surtout, pour une fille. Quand une mère est empêchée de donner l'amour dont sa fille a besoin, quelles qu'en soient les raisons, quelles que soient l'intensité et la durée des manifestations de ce qui ne peut être vécu que comme un désamour, la fille, même si ce n'est encore qu'un nourrisson, va tenter – avec les moyens dont elle dispose compte tenu de son âge physique et psychique – de prendre en charge sa mère.

Elle devient ainsi, consciemment ou non, consentante ou non, la mère de sa mère, afin de combler les « trous psychiques » que laisse ce qu'André Green appelle « un désinvestissement massif, radical et temporaire[1] ». Du point de vue tant de la société que de sa mère, identifiée à elle ou, à travers elle, à la petite fille qu'elle a été, l'identité sexuelle la prédispose plus que le garçon à occuper cette place de « mère de sa mère » : place qui nous paraît extrême lorsque la fille est jeune, alors qu'elle semble naturelle entre une fille adulte et sa vieille mère.

« Je crois que je voulais que tu t'occupes de moi, je

---

1. A. Green, *Narcissisme de vie, narcissisme de mort* (1980), Minuit, 1983, p. 226.

voulais que tu me prennes dans tes bras et que tu me consoles », dit une mère âgée à sa fille adulte, laquelle répond : « Mais j'étais une enfant ! » Et la mère : « Est-ce que ça avait de l'importance ? » Cette mère, c'est la Charlotte de *Sonate d'automne*, avec qui sa fille Eva règle ses comptes : ainsi, l'incapacité d'une mère « plus femme que mère » à occuper sa place auprès de sa fille peut prendre la forme non seulement, nous l'avons vu, de l'absence ou de l'exclusion, mais de cette inversion des rôles, par où la mère met sa fille à la place de sa propre mère, attendant sans doute de celle qu'elle a engendrée l'amour qu'elle n'a jamais pu obtenir de celle qui l'a engendrée. En vertu de quoi elle n'aura eu ni fille, ni mère, pas plus qu'elle n'aura réussi à être elle-même une mère, en dépit de ses dénégations.

La vérité perce, lors d'un de ces rares moments de sincérité où Charlotte oublie de jouer un rôle, oublie qu'elle a « toujours été profondément convaincue que je vous aimais, Helena et toi » : « J'ai toujours eu peur de toi [...]. J'avais peur de ce que tu exigeais de moi. Je croyais que tu exigeais et que je ne pouvais pas répondre à tes exigences [...]. Je ne voulais pas être ta mère, je voulais que tu saches que je n'avais pas plus de défense que toi, mais que j'étais encore plus démunie et que j'avais encore plus peur. » Ces paroles l'ont traversée comme malgré elle, sans qu'elle ait eu le temps d'exercer la moindre censure : « Est-ce que je mens, est-ce que je joue la comédie, est-ce que je dis la vérité ? Je ne sais pas. » Elle ne sait plus, et c'est là que pointe la vérité, loin des vieilles certitudes : la supériorité de cette femme qui a tant manqué à sa fille masquait en fait une défaillance, une impossibilité à donner ce qu'elle-même n'avait jamais reçu, en même temps qu'une impossibilité à recevoir la demande de sa fille, vécue comme une persécution, une mise au jour violente de ses propres impuissances.

Les filles de ces mères qui prennent leur fille pour leur propre mère, ou l'amènent à jouer ce rôle, n'auront jamais eu d'enfance, sauf si elles ont eu la chance de grandir auprès d'un homme, ou d'un grand-parent, qui sache les traiter en enfants et non en petites femmes, « si mûres », « si débrouillardes », « si courageuses », si gentilles avec leur maman. Alice Miller évoque ainsi le cas – si fréquent – de la fille aînée qui s'occupe des cadets à la place de sa mère absente ou débordée, faisant figure dans la famille de « perle de la couronne[1] ». Lorsque la fille est seule avec sa mère, l'inversion des rôles joue à plein, sans l'atténuation que permet le maintien d'autres liens, avec le père, les grands-parents, les autres membres de la famille. Ainsi, dans *Marya*, de Joyce Carol Oates (1988), la mère, tour à tour absente ou présente de façon littéralement étouffante, se positionne en enfant tyrannique, obligeant sa fille à être une mère nourricière autant pour le bébé dont elle ne peut s'occuper que pour elle-même : enfant mère de sa mère, amante et thérapeute, consolatrice ou persécutrice, alter ego (« Elle s'appelle Marya, dit la mère, elle me ressemble – elle sait tout ce que je sais »), enfant seule, terriblement seule – surtout en présence de sa mère.

De même Rosetta, la jeune héroïne du film éponyme de Jean-Luc et Jean-Pierre Dardenne (2000), survit dans une roulotte en compagnie de sa mère, qui s'abîme dans l'alcool. Les relations entre mère et fille sont réduites au minimum : c'est dans une solitude absolue que Rosetta se débat quotidiennement, muette et déterminée, pour sortir de cette sombre misère, trouver à tout prix du travail, sans formation, sans appui familial ou relationnel, sans amis,

---

1. A. Miller, *L'Avenir du drame de l'enfant doué*, op. cit.

216

sans même l'expérience de ce qu'est un lien social ou amical. Et lorsqu'elle rentre, le soir, dans le terrain vague qui leur sert de camping, c'est pour aller récupérer sa mère dans une roulotte où elle se prostitue en échange d'un peu de bière. Rosetta traite sa mère comme, probablement, elle-même a été traitée dans son enfance, avec brusquerie, sans la moindre tendresse : « Tu sens la bière ! », « Tu penses qu'à boire et à baiser ! », « Arrange tes cheveux ! » C'est la fille qui décide d'emmener sa mère en cure de désintoxication, et la mère qui refuse de réintégrer le monde « normal » auquel sa fille aspire de toutes ses forces : « Je ne veux pas m'en sortir ! » hurlera la mère en jetant sa fille dans l'étang au bord duquel elles se battent, s'en allant ensuite au risque qu'elle se noie, sans lui porter secours.

« Maman ! » hurle Rosetta en se débattant dans l'eau, toute seule, comme elle se débat dans la vie. Mais de maman, elle n'en a sans doute jamais eu, puisque c'est elle qui est la maman de sa mère : quoi d'étonnant si elle est aussi seule, toujours, désespérément ? Et quel miracle faudra-t-il pour qu'ainsi livrée à elle-même, elle ne se noie pas à son tour ?

Dépressives

L'alcoolisme de la mère n'est qu'une des manifestations les plus visibles – et stigmatisées – de la dépression. L'incapacité d'agir, d'effectuer les gestes routiniers de la vie quotidienne, en est une autre, moins aisément repérable.

C'est le cas, manifestement, de la mère de Marya dans le roman de Joyce Carol Oates cité plus haut : « Quelquefois, quand le père de Marya était absent pour plusieurs jours, sa mère restait couchée toute la matinée, et même l'après-midi, sans prendre la peine de s'habiller. Elle demandait à sa fille de lui apporter un chandail. Elle n'était pas saoule – simplement elle n'avait pas envie de se lever – elle était un peu grippée – sa tête la faisait terriblement souffrir – elle avalait une gorgée de sirop à même le flacon – elle devait recouvrer ses forces. Si le bébé pleurait, Marya n'avait qu'à s'en occuper, elle-même était trop faible pour quitter son lit. "Sortez d'ici, laissez-moi seule", ordonnait-elle, et les enfants obéissaient. D'autres fois, paresseusement étalée dans les draps, s'appuyant sur les oreillers en désordre, elle voulait que Marya repose avec elle ; rien que toutes les deux ; elle la serrait dans ses bras à l'en étouffer, comme si quelqu'un voulait la lui arracher ; Marya respirait son haleine forte, brûlante – "Tu sais ce qui se passe, tu es exactement comme moi, nous le savons à l'avance, n'est-ce pas ?" La petite fille se tenait très immobile, sinon sa mère se mettait en colère et durcissait son étreinte, ou la repoussait avec une gifle. "Tu ne m'aimes pas ? Pourquoi ne m'aimes-tu pas ? demandait-elle en la secouant, la fixant droit dans les yeux. Tu m'aimes – tu es comme moi... je te connais !" »

De même, dans *L'Amant* de Marguerite Duras, la mère est coutumière de ces absences dépressives, parfaitement repérées par sa fille : « Mais c'est à la façon dont nous sommes habillés, nous, ses enfants, comme des malheureux, que je retrouve un certain état dans lequel ma mère tombait parfois et dont déjà, à l'âge que nous avons sur la photo, nous connaissions les signes avant-coureurs, cette façon, justement, qu'elle avait, tout à coup, de ne plus pouvoir nous laver, de ne plus nous habiller, et parfois même de ne plus nous nourrir. Ce grand découragement à vivre, ma mère le traversait chaque jour. Parfois, il durait, parfois il disparaissait avec la nuit. J'ai eu cette chance d'avoir une mère désespérée d'un désespoir si pur que même le bonheur de la vie, si vif soit-il, quelquefois, n'arrivait pas à l'en distraire tout à fait. Ce que j'ignorerai toujours c'est le genre de faits concrets qui la faisaient chaque jour nous quitter de la sorte. »

A quinze ans, elle a conscience du malheur de sa mère mais pas de sa folie, dont elle n'a eu longtemps que des sensations : « Qu'elle soit la mère écorchée vive de la misère ou qu'elle soit celle dans tous ses états qui parle dans le désert, qu'elle soit celle qui cherche la nourriture ou celle qui interminablement raconte ce qui est arrivé à elle, Marie Legrand de Roubaix, elle parle de son inno-cence, de ses économies, de son espoir. » Cette folie, elle ne la réalisera qu'à la fin de la vie de sa mère : « C'est là, dans la dernière maison, celle de la Loire, quand elle aura terminé avec son va-et-vient incessant, à la fin des choses de cette famille, c'est là que je vois clairement la folie pour la première fois. Je vois que Dô et mon frère ont toujours eu accès à cette folie. Que moi, non, je ne l'avais jamais encore vue. Que je n'avais jamais vu ma mère dans le cas d'être folle. Elle l'était. De naissance. Dans le sang. Elle n'était pas malade de cette folie, elle la vivait comme la santé. »

Cette situation extrême de mère alcoolique, solitaire, dépressive, à la limite de la folie, existe dans tous les milieux. Ces mères sont souvent elles-mêmes filles de mères défaillantes, qu'elles ont dû déjà prendre en charge. Aussi ne conçoivent-elles la position maternelle qu'inver-sée : c'est à leur fille de les materner, comme elles ont eu à le faire pour leur mère. On pourrait penser que n'ayant elles-mêmes jamais connu l'insouciance et l'irresponsabi-lité dont on crédite l'état d'enfance, ces femmes auraient à cœur d'épargner à leur fille la prise de responsabilité trop précoce, qui inverse le sens des générations. Mais c'est le plus souvent impossible, car l'identification à la mère défaillante reste toute-puissante, et la perte subie au niveau du narcissisme, irréversible.

Folles

La défaillance maternelle liée à une maladie mentale plus ou moins évidente est traitée par la très prolixe romancière américaine Joyce Carol Oates, non seulement dans *Marya*, mais aussi dans *Blonde* (2000), biographie fictive de Marilyn Monroe assumée par l'auteur comme « fiction », et qui nous fait entendre le point de vue de Marilyn tel que l'imagine l'auteur.

Une grande partie de ce roman, écrit à la première personne, nous parle de sa mère, Gladys, une employée des studios de Hollywood qui rêva un temps d'être actrice. Elle a déjà eu deux filles, emmenées par leur père dont elle est sans nouvelles, lorsqu'elle met au monde Norma Jeane – la future Marilyn Monroe. Ses troubles psychiques sont évidents dès l'accouchement, et bien mieux décrits que dans un livre de psychiatrie : « Lorsque je suis née, le 1er juin 1926, dans la salle commune de l'hôpital du comté de Los Angeles, ma mère n'était pas là. Où elle était, personne ne le savait ! Plus tard des gens l'ont trouvée qui se cachait et, choqués et désapprobateurs, ils ont dit : Vous avez un beau bébé, madame Mortenson, est-ce que vous ne voulez pas prendre votre beau bébé dans vos bras ? C'est une petite fille, il est temps de l'allaiter. Mais ma mère a tourné son visage vers le mur. De ses seins gouttait un lait comme du pus, mais pas pour moi. »

Absente à sa fille comme elle l'est à elle-même, Gladys ne pourra même pas lui apporter un sentiment d'existence. La question du regard est, ici, fondamentale : « Au studio où Gladys Mortenson travaillait depuis l'âge de dix-neuf ans, il y avait le monde-que-l'on-voit-avec-ses-yeux et le monde-vu-par-la-caméra. Le premier n'était rien, l'autre était tout. Alors, avec le temps, Mère apprit à me voir dans le miroir. Et même à me sourire (pas les yeux dans les yeux ! Jamais). Dans le miroir, c'est comme l'œil d'une caméra, on peut presque aimer. [...] Nous avons appris à regarder-dans-le-miroir. [...] Cela avait quelque chose de pur. Je n'ai jamais connu mon visage ni mon corps de l'intérieur (où il y avait un engourdissement comme le sommeil), seulement par l'entremise du miroir, où il y avait netteté et clarté. De cette façon, j'arrivais à me voir. »

Pas plus que le sentiment d'existence, prodigué par son regard, la mère n'assure à sa fille un sentiment de stabilité, car sa présence même à ses côtés est sans cesse remise en question : « Gladys riait. Bon Dieu, cette gosse est loin d'être moche, hein ? Je crois que je vais la garder. C'était une décision journalière. Elle n'était pas définitive. » Ou bien, à d'autres moments : « Tu es à moi. Tu me ressembles. On ne te volera pas à moi comme mes autres filles, Norma Jeane. » La petite sera confiée à sa grand-mère maternelle, alors même que celle-ci a une piètre opinion de sa fille. Norma Jeane a six ans lorsqu'elle décède ; sa mère la reprend, jusqu'à son internement définitif en hôpital psychiatrique, deux ans plus tard. Norma Jeane sera placée dans un orphelinat après avoir été momentanément recueillie par des amis de sa mère.

« Schizophrénie paranoïaque aiguë avec détérioration neurologique probablement alcoolique et médicamenteuse » : tel est le verdict des psychiatres. L'alternance de périodes d'abattement et d'agitation laisse penser que Gladys est atteinte d'une psychose maniaco-dépressive. La petite fille ressent la phase d'excitation maniaque comme anormale (« Lorsque Gladys n'était pas elle-même, ou se glissait dans cet état-là, elle se mettait à parler vite, des fragments de

mots incapables de suivre la course de son esprit en ébulli-
tion »), et la phase dépressive comme l'état le plus normal
de sa mère : « Lorsque Gladys était elle-même, le plus
véritablement elle-même, elle parlait d'une voix terne,
atone, dont toute émotion et tout plaisir avaient été expri-
més, comme un gant tordu avec force pour en tirer la
dernière goutte d'humidité ; dans ces moments-là, elle ne
vous regardait pas dans les yeux ; elle avait le pouvoir de
regarder à travers vous, comme une machine à calculer
regarderait si elle avait des yeux. »

Le passage d'un état à l'autre, vite repéré par la petite
fille, n'en est pas pour autant prévisible, pas plus que le
moment de quasi-délire où sa mère, voulant la « purifier »,
l'ébouillante : « Soulevant alors Norma Jeane dans ses bras,
ses bras minces aux muscles vigoureux, la soulevant avec
un grognement, déposant dans l'eau fumante l'enfant
effrayée qui gigotait et se débattait. Norma Jeane geignit,
Norma Jeane n'osait pas hurler, l'eau était si chaude ! Brûlante ! Coulait bouillante du robinet que Gladys avait
oublié de fermer, elle avait oublié de fermer les deux robi-
nets, comme elle avait oublié de vérifier la température de
l'eau. Norma Jeane tenta de sortir de la baignoire, mais
Gladys la repoussa... [...] Norma Jeane, poussée par le
genou de sa mère, s'enfonça sous l'eau, commença à
s'étrangler et à tousser, et Gladys la tira vite par les cheveux
en la grondant... [...] De nouveau Norma Jeane geignit
que l'eau était trop chaude, s'il te plaît Mère l'eau était
trop chaude, si chaude que sa peau y était presque insensi-
ble, et Gladys dit avec sévérité : "Oui, il faut qu'elle soit
chaude, il y a tant de saleté. A l'extérieur, et en nous." »

Norma Jeane apprend à l'âge de six ans, lorsque sa mère
lui montre une photo de son supposé géniteur, qu'elle a
un père : « Elle murmura : "Pa-pa !" La première fois ! Le
jour de son sixième anniversaire. La première fois qu'elle

prononçait le mot : Pa-pa ! » A huit ans, elle apprend que, selon sa mère, c'est à cause d'elle qu'il l'a abandonnée : « Toi ? C'est à cause de toi. Il est parti. Il ne voulait pas de toi... – ces mots prononcés presque avec calme, jetés à l'enfant terrifiée comme une poignée de cailloux cinglants. »

Mère délirante, séparée par force de sa fille, jamais Gladys ne signera l'acte l'abandon qui aurait permis à la petite fille de dix ans de réaliser son souhait de sortir de l'orphelinat pour être adoptée : « Elle ne voulait pas être ma mère, mais elle ne voulait pas non plus me laisser avoir une vraie mère. Elle ne voulait pas me laisser avoir une mère, un père, une famille, un vrai foyer. »

Norma Jeane pensera toute sa vie à sa mère mais ne la reverra que dix ans plus tard, à l'hôpital psychiatrique, alors qu'elle-même est devenue cover-girl : « Qui était cette vieille femme revêche et souffreteuse qui jouait le rôle de la mère de Norma Jeane ? Après toutes sortes de tentatives de séduction infructueuses pour intéresser sa mère et la sortir de sa léthargie, elle finit par lui parler de son père, ce qui fit effectivement réagir Gladys. [...] La voix de Gladys grinça comme un gond de porte rouillé. "Où est ma fille ? On m'a dit que ma fille venait. Je ne vous connais pas. Qui êtes-vous ?" Norma Jeane cacha son visage bouleversé. Elle n'en avait aucune idée. »

Abandonnantes

La Marya de Joyce Carol Oates a huit ans lorsque la situation bascule irréversiblement : « Marya venait de manquer la classe pendant douze jours d'affilée quand l'inspecteur d'académie vint les voir ; Vera était déjà partie depuis trois ou quatre jours. Marya ne savait plus, Davy n'en avait, bien sûr, aucune idée, ils avaient pleuré à s'en rendre malades, ils avaient mangé toute la nourriture dans le réfrigérateur, sauf celle qui était pourrie. » Cette situation, que l'on appelle « carence de soins », a aujourd'hui pour conséquence le placement des enfants par une instance extérieure ; mais dans le roman il faudra attendre, pour en arriver à la séparation, que le père soit tué dans une rixe, la mère laissant alors ses trois enfants chez l'oncle paternel et sa femme, sans plus jamais donner de nouvelles.

C'est au moment de la séparation, dont elle ne sait pas encore qu'il s'agit d'un abandon, que Marya ressent tout le poids de la culpabilité, comme si c'était elle la fautive : « Ne commence pas à pleurer, la prévint la mère. Tu ne pourras plus t'arrêter. [...] En prenant le bébé dans ses bras elle poussa un grognement et faillit perdre l'équilibre. Marya pensa : elle va le laisser tomber et ce sera ma faute. » Mère de sa mère, la petite fille abandonnée continue à prendre sur elle les agissements de sa mère, même lorsqu'ils se retournent contre elle.

Une mère qui abandonne son enfant est-elle encore une mère ? L'opprobre social qui la frappe pourrait en faire douter. Pendant l'enfance, Marya se trouvera confrontée au problème que rencontrent les enfants placés (et la plupart des enfants adoptés jusqu'à une période récente, dans les meilleurs des cas), à savoir le dénigrement de la mère par le couple qui fait fonction de parents : « "Cette pute" – comme l'appelait son beau-frère Everard – dont personne n'avait eu de nouvelles depuis sept ans. [...] Une fois sa tante a dit en riant avec colère qu'elle ne serait pas surprise que Vera ait passé toutes ces années à Powhatassie – c'est-à-dire dans la prison pour femmes de l'État... » Le dénigrement de ces mères par les familles de remplacement à qui l'enfant est censé faire confiance est sans commune mesure avec celui des pères... Et il touche plus particulièrement les filles, qui rencontrent une difficulté supplémentaire à se situer dans leurs deux filiations, biologique et adoptive, lorsque la mère biologique est présentée comme fautive et coupable, et la mère adoptante ou la famille d'accueil comme rédemptrice. A l'inverse, comme on le voit de nos jours, l'idéalisation de la mère biologique dont on veut présenter l'abandon comme un « geste d'amour » n'est pas toujours plus réaliste. Seule la fille pourra se faire une opinion – si tant est qu'on lui accorde cette possibilité en l'informant, et non en la déformant.

Si la maladie mentale ou les difficultés existentielles peuvent donner sens aux incohérences de la relation mère-fille, à la maltraitance et même à l'abandon, il est des situations où celui-ci est imprévisible, inexplicable, rendant toute élaboration difficile car l'enfant, pas plus que la mère, ne possède aucun élément. C'est l'histoire étrange que raconte Nancy Huston dans *La Virevolte* (1994) : Lin est chorégraphe, danseuse, mère de deux filles et épouse aimante et aimée d'un professeur d'université. Elle passe, harmonieusement semble-t-il, d'une fonction à l'autre avec authenticité, sans tension extrême, même lorsque ses grossesses l'empêchent momentanément de danser. Sa vie sexuelle, affective et sociale paraît plus que satisfaisante, comme sa vie professionnelle. Rien ne permet donc de prévoir que, partant pour diriger une compagnie de danse à Mexico, elle abandonnera sèchement mari et enfants, sans aucune explication ni aucune nécessité apparente, pour se consacrer à sa vie professionnelle. Ses chorégraphies la rendront mondialement célèbre, tandis que ses fonctions de mère et d'amante n'auront plus aucune existence pour elle. Elle ne reverra ses filles qu'épisodiquement, des années plus tard, et y pensera à peine : pas de culpabilité, sinon fugitive, pas de regrets, pas d'explication psychologique – juste une destinée finalement mystérieuse et, d'une certaine façon, émouvante. La fille aînée suivra les traces de sa mère en devenant comédienne ; la cadette, elle, s'identifiera à sa belle-mère juive (seconde femme de son père) et à son passé tragique, devenant une universitaire de haut rang spécialiste de la Shoah – néanmoins anorexique comme sa mère et sa belle-mère au même âge...

La difficulté, pour la fille, de comprendre – et plus seulement d'accepter – que sa mère a pu l'abandonner peut se muer en désir de la retrouver, lorsqu'elle-même est en âge d'en prendre l'initiative. Ce désir peut être simplement passif, « abandonné » aux « circonstances », semblables à celles qui, aux yeux de l'enfant à qui rien n'a été dit, présidèrent à son sort : « Les circonstances avaient fait qu'entre nous il n'y avait pas eu ce qui s'appelle le lait de la tendresse humaine », remarque, fataliste, la « Petite Bijou » de Patrick Modiano (2001). C'est donc une « circonstance » fortuite – une rencontre dans le métro – qui la mettra sur les traces de celle qui, peut-être, est sa mère, ou plutôt le fut, avant de l'abandonner sur un quai de gare après une enfance tumultueuse.

Mais ce désir d'« en savoir plus » sur la mère abandonnante peut également se vivre de façon plus active, par une recherche systématique – nous l'avons vu avec *Secrets et mensonges*. Marya, abandonnée par sa mère à huit ans, attendra vingt années avant de chercher à la retrouver, après avoir mené de brillantes études où elle s'investira avec acharnement, au mépris de son corps et de ses relations sociales et amoureuses, pour le moins problématiques. Repensant à sa mère, qu'elle avait cru avoir oubliée, elle entreprend de la rechercher, d'abord en menant une enquête sur les enfants abandonnés et adoptés, puis en passant une annonce, enfin en écrivant à sa mère dont sa tante, avertie de ses recherches, lui donne l'adresse. Peu après, elle recevra une réponse qui marque aussi la fin du livre : l'enveloppe ne contient qu'une photo, enveloppée dans une feuille blanche. « L'instantané montrait une femme aux cheveux gris et raides, aux yeux sombres, des pommettes larges, une expression crispée, soupçonneuse. [...] Marya s'approcha de la fenêtre, tenant la photographie à la lumière, elle la regarda fixement, attendant que le visage se précise. »

Cette fin est aussi émouvante que juste. En effet, la clinique des personnes « en quête de leur origine » nous apprend que les filles à la recherche de leurs parents biologiques demandent fréquemment une photo, et parfois rien de plus. Le travail de recherche de sens, abouti ou non, est indispensable pour vivre non amputé ; mais il ne faut pas le confondre avec la recherche dans la réalité de la personne « manquante », à tous les sens du terme. La mère de Marya, dépressive, marginale, maltraitante, abandonnante, qui n'a jamais revu ses enfants ni donné le moindre signe de vie, a eu cette intuition sublime d'envoyer sa photo – cette intuition dont on crédite plus volontiers les « bonnes mères ».

Mortes

La mort d'une mère, irréversible, a toujours la dimension d'un abandon. Ainsi tout porte à lui en faire grief, bien qu'elle en soit la première victime et qu'elle n'en soit pas – sauf cas de suicide – responsable. Est-il possible de faire vraiment ce deuil qu'est l'acceptation de l'irréversible, lorsque l'absence n'a plus de fin ?

Si les processus de deuil sont identiques chez l'enfant et chez l'adulte, le décès d'une mère n'a pas exactement les mêmes conséquences selon que l'on a quatre ou quarante ans, même si les émotions, l'irréalité et le sentiment d'abandon qui en résultent peuvent être tout aussi forts. C'est l'épreuve que doit surmonter, à l'âge de quatre ans, *Ponette*, l'héroïne du film de Jacques Doillon (1996), dont la mère vient de mourir dans un accident de voiture. Le film raconte avec justesse la réalisation du processus de deuil, où le père joue évidemment un rôle essentiel.

Juste après l'accident et l'annonce de la mort de sa femme, il manifeste sa fureur contre sa « conne de mère » qui les a finalement laissé tomber tous les deux (c'est elle qui conduisait). Ponette, elle, est toute indulgence pour sa mère (« Elle a pas fait exprès. C'est pas de sa faute. C'est pas une conne »), manifestant d'emblée ce que la psychanalyste Guite Guérin pointe comme « la nécessité de maintenir le support identificatoire hors d'atteinte de son agressivité », ajoutant que l'enfant « s'identifiera désormais à une image idéale[1] » – ce qui sera amplement démontré dans ce film.

Le père apparaît comme plus démuni que la petite fille, qu'il place avec une sincérité assez touchante mais pour le moins inquiétante en position de consolatrice : « Tu crois que je vais réussir à me démerder avec toi tout seul ? – Je vais nous consoler nous deux », répond Ponette. Cette défaillance, même momentanée, dans la position paternelle, confirme l'idée que lorsqu'un jeune enfant perd un parent, il perd les deux, au sens où le parent survivant n'est plus le même qu'avant le décès de l'autre parent.

Lorsque le père dit à sa fille : « Ta maman, elle est morte. Tu sais ce que ça veut dire ? », elle répond : « Oui », et on peut la croire. Ponette ne nie pas la mort de sa mère ; simplement, elle ne peut croire à son aspect irrémé-

---

1. Guite Guérin, « Être en deuil », *in* Ginette Raimbault, *L'Enfant et la Mort* (1975), Paris, Privat, 1990, p. 211.

diable. Toute sa quête consistera à faire revenir sa mère, à la rendre vivante tout en sachant qu'elle est morte, à rester en contact avec elle mais dans ses rêves, en l'attendant, en s'initiant à la religion catholique véhiculée par les adultes qui l'entourent, ou en passant par des « épreuves », conseillée par ses petits copains. Jusqu'à ce que la mère tant aimée et idéalisée apparaisse enfin au cimetière, et engage à nouveau sa petite fille vers la vie.

« Je suis venue pour que tu arrêtes de t'inquiéter, alors je suis venue dans ma peau et mes os pour ne pas te faire peur, mais c'est bien moi », lui dit la belle Marie Trintignant, qui incarne sa mère : en la faisant revivre sous la forme la plus réelle qui soit, Ponette pourra se tourner à nouveau vers la vie, alors qu'elle se sentait plutôt tournée vers la mort, dans le désir de rejoindre sa mère tant aimée, et dont elle se sentait aimée – tant il est vrai que la nature du deuil est toujours conditionnée par le type de relations qui lui préexistaient.

« Je t'ai cherchée avec Dieu », répond Ponette le plus naturellement du monde. La suite de cette scène, extrêmement vivante et poétique, va rassurer Ponette sur des plans essentiels, notamment la permanence de sa mère à l'intérieur d'elle-même, donc la possibilité de la faire revenir en pensée. « Un esprit supérieurement joyeux comme ta mère, ça ne meurt pas ! » lui dit sa mère de façon assez drôle ; et surtout : « Cette nuit, je jouerai avec toi si tu veux. – Pour de vrai ? – Pour de vrai dans tes rêves. – C'est pas pour de vrai ! » rétorque Ponette, qui témoigne ainsi qu'elle a parfaitement compris ce qu'est la mort. La mère va aussi lui témoigner – probablement parce qu'elle l'avait déjà fait avant sa mort – du désir de vie qu'elle a pour sa fille, et surtout du fait que ce désir de vie est sans condition : « Pourquoi t'es vivante ? Pour avoir envie de tout. C'est sûrement pour ça que je suis revenue. Parce que je veux que tu me fasses une promesse. Je veux plus que tu pleures, que tu te plaignes tout le temps. Je veux pas d'une enfant triste. T'as peur de la vie, ma fille ? – Non ! – Oh non, la vie c'est pas trop fort pour ma fille. On n'aime pas les enfants négligents. C'est quoi un enfant négligent ? – C'est un enfant qui a oublié de rire. – Exactement. C'est un enfant qui a oublié de rire. On peut mourir mais il faut mourir vivant, très vivant. Mais avant, tout est à toi. Il faut que tu goûtes à tout et à tous. Et après tu peux mourir. – Oui, je veux goûter à tout ! A tout. – On peut se moquer de la vie ? – Ben non. »

Mais c'est dans une scène extraordinaire, initiée par Ponette, que sa mère va lui redonner vie au sens d'une seconde naissance, en la confiant à son père : « Tu vas rester avec moi ? – Non, je suis morte, moi. – Plus maintenant. – Si, je suis quand même un petit peu morte. [...] Il faut que tu partes maintenant, ton papa vient te chercher. Il faut que tu sois gaie avec lui. Moi je suis pas triste quand je sais que tu es drôle avec lui. N'oublie pas que je t'aime. T'oublies pas hein ? Maintenant il faut que tu partes, retourne-toi ! – Tu me manques pour de vrai ! – Oh oui, je t'aime ! Allez file, cours voir papa ! » Ponette s'en va, puis se retourne : sa mère a disparu.

Cette scène rappelle certains rêves que rapportent des patients après un deuil, témoignant des relations nouvelles à la vie : « Le mort y apparaît et appelle le rêveur, lui demande de le voir, de le regarder, de lui parler, de rester près de lui. Le rêveur hésite à reconnaître le mort, à répondre à ses sollicitations. Il hésite à continuer ses nouvelles activités, sa nouvelle vie. Ces rêves sont angoissants et le réveil les interrompt. Grâce au rêve, le vivant a retrouvé le mort. Mais malgré la culpabilité soulevée, il choisit de l'abandonner au profit de la vie et de ses nouveaux investissements [1]. »

---

1. *Ibid.*, p. 217.

Curieusement, parmi cette galerie de mères « défaillantes », le cas le plus extrême qu'est la mort d'une mère pour une jeune enfant est illustré par un film qui, s'il émeut puissamment en raison de son sujet, n'en présente pas moins une sorte de situation idéale : le sentiment de catastrophe y est présent, mais toutes les solutions existent pour que cette catastrophe ne soit pas irréparable. Dans la réalité, il est plutôt rare que les conditions d'un deuil acceptable soient réunies, et qu'un enfant reprenne le chemin de la vie sans culpabilité.

Tout se passe comme si les adultes concevaient qu'une telle situation soit catastrophique pour un enfant, mais ne pouvaient en supporter les conséquences ni même en repérer les signes cliniques. Voilà pourquoi, pendant si longtemps, les adultes ont cru sincèrement protéger les enfants en ne leur disant pas la vérité, alors qu'ils se protégeaient eux-mêmes en empêchant toute manifestation du deuil chez l'enfant. Ce fut le cas, par exemple, pour la petite Berthe Bovary. Bien qu'ayant vu sa mère agonisante, Berthe n'a pas assisté à l'enterrement et n'a jamais été avisée du décès de sa mère. « Charles, le lendemain [de l'enterrement], fit revenir la petite. Elle demanda sa maman. On lui répondit qu'elle était absente, qu'elle lui rapporterait des joujoux. Berthe en reparla plusieurs fois ; puis, à la longue, elle n'y pensa plus. La gaieté de cette enfant navrait Bovary. » Impossible dans ces conditions d'être en deuil, ce que son père paraît lui reprocher, alors qu'il ne lui a donné aucun moyen d'être associée à sa peine, et qu'il n'aurait probablement pas supporté davantage les manifestations du deuil de sa petite fille.

Lorsqu'un enfant perd sa mère en venant au monde, les adultes s'estiment dispensés de parler au nourrisson, dont ils pensent qu'« il ne comprendrait pas ». Pourtant la détresse est bien là. La romancière Alice Ferney a su décrire, dans *L'Élégance des veuves* (1995), le comportement et les symptômes physiques d'un nouveau-né privé de ses repères maternels, et à qui aucune parole n'est adressée pour mettre des mots sur ce qu'il éprouve[1] : « La petite fille qui avait découvert le monde en effaçant la vie de sa mère restait désormais seule. Elle avait perdu l'odeur et le bercement qu'elle connaissait. Elle pleurait sans se lasser, refusait de téter, et sa peau était couverte de plaques rouges qui se déplaçaient du corps au visage, du visage au corps, comme une écriture qui disait les rythmes de sa douleur. C'était pitié de la voir à peine née et déjà souffrante. »

On mesure ainsi à quel point, sur des sujets aussi sensibles, il est encore difficile d'admettre que la violence des émotions n'attend pas le nombre des années, et que les enfants souffrent davantage de ce qui est tu que de ce qui est dit.

---

1 Voir Caroline Eliacheff, *A corps et à cris. Être psychanalyste avec les tout-petits* (1993), Paris, Odile Jacob, 2000.

18.

L'inceste du premier type

Reste à observer une autre défaillance, moins visible que l'abandon ou la mort, mais aux conséquences au moins aussi extrêmes · c'est la forme que prend l'absence de la mère lorsque sa présence au foyer ne garantit pas qu'elle joue son rôle entre son mari et sa fille.

Lorsque la place de la fille dans la famille n'est plus définie en fonction de la mère, autrement dit lorsque celle-ci est exclue ou s'exclut, advient la possibilité d'un inceste père/fille : inceste « classique », « princeps », appelé ici « inceste du premier type » pour le distinguer de l'« inceste du deuxième type » défini par Françoise Héritier. Quant à l'inceste platonique entre mère et fille, nous avons vu qu'il advient lorsque c'est en fonction du père que la place de la fille n'est pas définie. Pour ce qui est, enfin, de l'inceste mère/fille sous la forme du passage à l'acte sexuel, il est rare, semble-t-il, en tout cas peu répertorié – nous ne l'avons rencontré dans la fiction qu'avec *La Pianiste*.

Si l'inceste père/fille intervient ici au titre des « mères extrêmes », et à la suite des « mères défaillantes », c'est que la mère y a bien un rôle à jouer : plus précisément, il y a alors un rôle qu'elle est incapable de jouer, à savoir le sien en tant que « tiers » dans la relation père-fille. En ce sens, l'absence non plus physique (abandon, mort) mais symbo-

233

lique de la mère est *la* condition de l'inceste – quel que soit le degré de conscience ou de responsabilité de la mère dans cette absence. On a alors affaire à une forme extrême de défaillance maternelle en même temps que de maltraitance paternelle.

C'est donc du rôle de la mère dans l'inceste père/fille que nous allons traiter ici, et non des ressorts de la pulsion incestueuse chez le père, ni des effets de cette situation chez la fille.

La Porte du fond

Dans *La Porte du fond* de Christiane Rochefort (1988), l'inceste commence à l'âge de huit ans et durera quasiment jusqu'à la majorité, doublé à l'adolescence d'un inceste « choisi » avec l'oncle paternel – le tout accompagné d'un court passage chez le psychanalyste. L'inceste oncle/nièce sera connu et dénoncé, la fille en sera punie car mise en pension mais, du même coup, protégée – un peu tard – de son père. Un inceste pouvant en cacher un autre, l'inceste père/fille restera, lui, dans l'ombre.

Le père avait été renvoyé de la famille quand la mère s'était trouvée enceinte (ils avaient tous les deux dix-neuf ans) ; il revient quand la fille a sept ans. « Jusque-là, il avait été très discret. Ce n'est qu'ensuite, de l'autre côté, qu'il se laissa aller. » Il n'use pas de violence physique mais lui parle d'une « relation privilégiée », c'est-à-dire une relation qui exclut la mère : « C'est une relation merveilleuse que nous avons toi et moi. Une relation privilégiée. Tu devrais apprécier ta chance ». De façon très habituelle, il use de la menace pour conserver le secret : menace sur la vie de la mère (« ... parce que si ta mère le sait, elle se jettera par la fenêtre »), ou sur la crédibilité de la fille (« Ils

234

ne te croiront pas ils voudront des preuves que tu n'as pas.
Ils se foutront de ta gueule et encore de la veine s'ils ne te
sautent pas dessus »).

Il use en outre du doute sur la paternité, censé minimi-
ser l'inceste : « Après tout est-ce que je suis ton vrai père ?
On n'est jamais sûr de ça. [...] Son idée qu'il n'était pas
mon vrai père avait fait mouche : il ne l'était pas, voilà.
Et ma mère à la réflexion était plus à portée avec un peu
moins de vertu ». Ou encore, il projette la culpabilité sur
la victime, pour qu'elle se sente en faute :
« Ce qui est fait est fait on ne revient pas en arrière...
Puisqu'il le dit.
– Ou alors il n'aurait pas fallu que tu commences du
tout.
Que "je" commence. »
Et la mère ?
La mère ne joue pas son rôle de protectrice face au père,
d'abord parce qu'elle ne joue pas son rôle de femme auprès
de son mari, comme le père en informe crûment sa fille :
« Dis donc, pour les migraines qui durent la semaine j'ai
assez avec ta mère. Ce gentleman m'avait voici longtemps
informée qu'elle "n'aimait pas ça" Bien forcé donc le malheureux n'est-ce pas qu'il aille chercher ailleurs, "un
homme c'est faible". Comme il se disait chez Babet entre
femmes trompées, "ça a des besoins ça ne peut pas résister,
faut comprendre" Et me voilà roue de secours, posée en
rivale de ma mère. Promue favorite si je donne satisfaction, divisez pour régner. »

N'occupant pas sa place de femme auprès de son mari,
elle ne peut davantage occuper sa place de mère auprès de
sa fille : elle ne s'est jamais aperçue de rien. La protection
de la mère par la fille joue à plein, et ce jusqu'au départ
du père, où la fille quittera sa mère sans explication et
pour longtemps, au terme d'un itinéraire à la limite de la

délinquance (vols, prostitution). Les alertes n'ont cependant pas manqué – notamment la chute des résultats scolaires – mais la mère n'a pas su ou pas voulu les décrypter : « Quelque chose ne va pas ? Je hoche la tête misérablement oui. Quelqu'un ne dis-je pas. – Quoi dit-elle. Je me tais. » Il y a aussi les vomissements : « Je vomissais. Je fus menée au docteur. Il prescrivit des remèdes. Je lus les notices. Mon cas n'y était pas mentionné. Je recrachais les machins dans les chiottes à la cadence voulue : en famille, soigner la vraisemblance jusqu'au dernier détail. On est surveillé. Des médicaments contre mon père. Marrant. »

À l'adolescence, c'est entre filles violées qu'on se parle. Elle se confie à une copine : « "Il paraît que c'est un classique lui dis-je, moi le mien c'était le matin pendant que ma mère était au boulot", "la mienne avait un sommeil de plomb", dit-elle. » Et leurs mères ? « Elle ma copine c'est à cause de sa mère, qu'elle ne peut pas dire. – Ah oui. Les mères. C'est notre croix. [...] Si elles savent elles se jettent par la fenêtre tu comprends. C'est ce qu'il m'avait dit. Et va risquer ça ! Tu peux jamais être sûre avant qu'elle soit arrivée en bas ». Mais les victimes de l'inceste ne peuvent parler que si elles sentent en face d'elles une écoute possible, une personne prête à les entendre, et à les croire : « Si je la revoyais, je lui dirais tout : qu'y avait-il encore qu'elle pût craindre ? Et tout ce temps passé entre. Mais ni je ne le pus, ni elle ne le voulut. » Faute de cela, les mots ne viennent pas, y compris au commissariat : « J'entre, et je dis : je dis quoi ? Comment on dit ça en officiel ? Toujours ce problème de vocabulaire. »

La fin du roman n'en est pas moins revigorante, à l'image de tout le livre, dénué d'apitoiement ou de pathos : le récit est soutenu par son style, tout en humour et dérision, de même que, semble-t-il, la fille est soutenue par sa lucidité, ses ruses (mentir au menteur, trahir le traître) et ses fantasmes de vengeance (comment le tuer) ou de dénonciation (à l'école, au commissariat, au curé, aux copines). Il s'agit de se tenir à l'opposé de la position de la victime, celle à qui on doit toujours quelque chose au nom de la souffrance passée, et qui ne peut donc jamais en sortir car il y aurait trop à perdre :

« Perdez l'illusion bonnes gens, assis dans la croyance que les malheurs passés doivent labourer la mémoire la vie durant, comme si c'était un devoir d'encore et encore les payer,

Perdez l'illusion morale, si joliment plantée dans vos âmes coupables, que le souvenir des sales moments ne peut être qu'un renouveau sans fin de l'enfer des jeunes années.

Je ne sais pas pourquoi mais je n'y arrive pas. [...]

Souffrir d'avoir souffert, non. »

Viol

Viol de Danièle Sallenave (1997) est constitué de « six entretiens, quelques lettres et une conversation finale » entre une enquêtrice et une femme du peuple, épouse d'un homme incarcéré pour viol sur sa fille et sur sa belle-fille – la fille de son épouse. C'est sous cette forme apparemment documentaire que s'élabore progressivement l'intrigue, comme si le genre romanesque, pour une fois, se prêtait mal à la représentation de situations aussi traumatiques.

Ainsi se constitue peu à peu le difficile aveu, par la femme, de la double culpabilité de son mari, puis de sa propre responsabilité. Car après l'avoir présenté comme sinon innocent, du moins victime de malveillances (une accusation infondée de la fille), ou comme auteur d'actes à peine répréhensibles, elle finit par admettre qu'il a abusé de sa belle-fille dès l'enfance (et non plus seulement à

l'adolescence), puis de sa propre fille. Et après avoir présenté leur couple comme irréprochablement heureux et
uni, elle avoue leur mésentente, la fin précoce (dès le
mariage) des rapports sexuels, et finalement sa découverte
de l'inceste, qu'elle n'a ni interdit ni dénoncé, engageant
au contraire sa fille à céder au beau-père pour le garder à
la maison : « Tu vois ce que tu fais à ton père ? Tu vois
comment qu'il est fatigué ? Tu veux qu'il tombe malade,
ou quoi ? [...] Mauvaise fille ! » La mère a donc encouragé
tacitement, voire explicitement, le viol de sa propre fille
par celui qui est son beau-père, le mari de sa mère – c'est-
à-dire un inceste « symbolique » du premier type, doublé
d'un inceste « réel » du deuxième type [1].

Elle s'est ainsi assurée de garder son mari au foyer, donc
de rester une « première », une femme mariée : pour
conserver sa place, elle a permis que soit infligé à sa fille
ce déplacement majeur qu'est l'abus sexuel commis par le
beau-père, et elle a laissé commettre l'inceste du premier
type sur la fille de son mari. Et finalement, à la grande
surprise du lecteur, elle avouera que c'est elle, la mère, qui
a dénoncé anonymement son mari à la police le jour où
il s'apprêtait à partir...

La peau de l'âne ou la place de la mère

Dans le conte de Perrault, Peau d'âne est orpheline de
mère : l'absence radicale de celle-ci l'expose aux avances

---

1. « Symbolique » et « réel » sont utilisés ici dans l'acception ordinaire,
et non au sens lacanien : l'inceste du premier type – copulation entre apparentés – est « symbolique » au sens où celui qui occupe la place du « père »
n'est pas le géniteur, de sorte que les liens ne sont pas de sang mais de place
généalogique ; l'inceste du deuxième type – copulation d'apparentés avec
un tiers – est réel puisque mère et fille se partagent le même partenaire.

de son père – avances également radicales, puisqu'il la demande carrément en mariage. De quelle protection peut donc bénéficier la jeune fille face à ce père trop entreprenant ? Il y a bien sa « bonne mère », la fée-marraine, qui lui suggère une solution : demander à son père un cadeau de mariage impossible, en forme de robes « couleur du temps », « couleur de lune » ou « couleur de soleil » – mais à un homme amoureux, et roi de surcroît, quoi d'impossible ? Une fois les robes offertes, et le mariage annoncé, la dernière protection consiste à demander au père indigne la peau de l'âne qui lui est si cher, car ses excréments sont des écus d'or. Mais là encore, le désir du père vaut tous les sacrifices : telle Salomé exigeant la tête de saint Jean Baptiste, la jeune fille obtient l'« effroyable » peau d'âne, laide et malodorante, avec laquelle elle se déguise aussitôt, « le visage couvert d'une vilaine crasse », pour s'enfuir loin du foyer paternel, et se retrouver obscure fille de ferme, en butte aux moqueries et aux mauvais traitements. La morale est claire : pour une jeune fille, tout vaut mieux que de céder aux avances incestueuses – car le pire, c'est l'inceste.

La peau de l'âne fait également penser aux oripeaux dont s'affublent souvent les anorexiques mentales. Or on sait aujourd'hui quel rôle peut jouer dans l'anorexie l'attitude séductrice voire incestueuse du père à l'adolescence. Dans le cas de *Peau d'âne* se trouvent réunies certaines des conditions très fréquemment présentes dans l'histoire des anorexiques[1] : un deuil non fait – ici celui de la mère –, une identification à la « morte » qu'il faut maintenir toujours en vie, une nécessité de se protéger des assauts paternels – réels ou imaginaires –, de s'en « purifier » par une

---

1. Voir Ginette Raimbault, Caroline Eliacheff, *Les Indomptables. Figures de l'anorexie* (1989), Odile Jacob, 1996.

ascèse alimentaire sans faille, la maigreur masquant ou retardant l'apparition des signes de féminité. Le conte ne nous dit pas si Peau d'âne était anorexique, mais il le suggère : en confectionnant un gâteau pour le prince, elle y laissa tomber un anneau si petit qu'aucune autre fille du pays ne put prétendre posséder un doigt aussi maigre.

C'est dire que la peau d'âne occupe la fonction qui devrait être celle de la mère, pour peu que celle-ci fût en mesure d'occuper sa propre place : la fonction de protection face aux désirs incestueux du père. Cette fonction est bien explicitée dans *Salomé* d'Oscar Wilde (1893), où Hérodias, la mère, ne cesse de répéter à son mari Hérode : « Il ne faut pas la regarder. Vous la regardez toujours » ; et plus loin : « Vous regardez encore ma fille, il ne faut pas la regarder. Je vous ai déjà dit cela » ; « Vous ne dites que cela », répond Hérode ; « Je le redis », réplique Hérodias. Elle met également en garde Salomé : « Ne dansez pas, ma fille ». Celle-ci échappera de justesse à l'inceste, au prix du meurtre de Iokanaan, dont elle se fait offrir la tête. On trouve des formes plus récentes de ce cas de figure, où une mère sait protéger sa fille, fût-ce au prix de sa propre sexualité et de sa sécurité matérielle : ainsi, dans le film de Sandrine Veysset *Y aura-t-il de la neige à Noël ?* (1996), la mère se sépare du père de ses enfants lorsque celui-ci a un comportement ambigu avec sa fille aînée, devenue adolescente, à laquelle il fait des avances.

L'inceste est bien ce qui se produit lorsqu'une mère trop absente laisse se réduire la relation à trois à une relation à deux – une fille, et son père trop présent. La relation sexuelle avec le père se double d'un rapport d'autorité de l'homme sur la fille, et ne peut se dénoncer sans impliquer la famille tout entière, condamnant presque toujours la victime au silence. A qui, d'ailleurs, dénoncer, sinon à celle dont on est devenue, de ce fait, la rivale, à savoir la mère ?

Et qui est souvent aussi, nous l'avons vu, complice, au moins par passivité.

Certes, il arrive que ce soit le père qui exclue la mère, par force, de sa relation avec la fille. Ainsi, dans *La Ballade et la Source* de Rosamond Lehmannn (1944), la mère a quitté son mari pour partir avec un autre homme, dans l'intention de revenir chercher sa fille ; blessé à mort dans son orgueil (« Sa position aux yeux du monde était son unique souci. La mesure que je prenais détruisait son prestige, son prestige de propriétaire »), le père fera de sa fille l'otage de sa vengeance. Il ne laissera jamais sa femme reprendre leur fille, qu'elle ne reverra que deux ou trois fois, très brièvement, après une tentative de kidnapping avortée. Le père cloîtrera sa fille puis, devenu quasiment fou et mystique, aura une relation incestueuse avec elle à l'adolescence. L'inceste, ici, est une vengeance contre la mère, qui s'est d'abord exclue de la relation en partant avec son amant, puis que le père a définitivement exclue de la relation avec sa fille.

Dans les témoignages des filles séduites par leur père, l'absence fréquente de toute référence à la mère est l'indice de l'« étrange » absence de celle-ci à la double place qu'elle se doit d'occuper – d'épouse, et de mère [1]. D'absence en complicité, se pose alors la question de ce que la mère a à y gagner, à ne pas voir que son mari couche avec sa fille – hormis l'évitement d'un conflit majeur au cas où l'affaire

---

1. « Les nombreux témoignages écrits par des femmes qui ont eu à subir la mainmise sexuelle de leur père sont discrets, sinon quasiment muets sur le rôle que joue, dans l'histoire incestueuse, la mère. Cette dernière semble en effet étrangement absente physiquement et même psychiquement. On est donc en droit de s'interroger sur les enjeux psychiques levés par la relation de séduction entre un père et sa fille, la mère en étant le témoin, la complice, parfois même l'instigatrice plus ou moins consciente » (F. Couchard, *Emprise et violence maternelles, op. cit.*, p. 76).

éclaterait. La situation décrite par Danièle Sallenave, où la mère encourage un inceste pour garder prise sur son mari, renvoie bien à l'économie de l'emprise telle que l'a étudiée Françoise Couchard : « Pour bien des mères dont les maris ont été incestueux avec leur fille, le refus de voir les manœuvres douteuses du père trahit, à l'évidence, derrière un désir de préserver la paix du ménage, une volonté d'*emprise sur la sexualité de la fille en même temps que sur celle du mari*. La mère ne se considérera pas comme "trompée", puisque le mari reproduit avec celle qui lui ressemble le plus ce qu'il a fait si longtemps avec elle [1]. » Quoi de plus économique en effet qu'un inceste, pour garder la famille au foyer ?

Quand les mères parlent, il n'est pas rare que l'on découvre un autre secret qui précisément expose la fille, à son insu, à l'inceste ou au viol : la mère elle-même a été violée ou a subi l'inceste, souvent au même âge. Cela ne signifie pas que la répétition soit inéluctable, mais les conditions en sont réunies lorsque le viol ou l'inceste subis par la mère n'ont été ni dénoncés ni punis. L'inceste que subit la fille vient révéler, par le passage à l'acte, un autre passage à l'acte qui, à la génération précédente, avait été gardé secret.

C'est de cette façon que Sonia, l'héroïne de *Mère et fille* de Francesca Sanvitale (1993), comprendra l'aveuglement de sa mère Marianna quand, adolescente, elle se trouvera exposée, par les avances du frère de sa mère, à un inceste oncle/nièce : « Marianna ne s'aperçut de rien. En y repensant de nombreuses années plus tard, Sonia en éprouva de la rancœur et de la suspicion. De la rancœur, parce qu'une absence aussi criante prouvait que la mère n'avait aucune attention, et donc aucun amour pour elle. De la suspicion,

---

1. *Ibid.*, p. 79.

parce qu'il s'était insinué un doute en elle : sa mère avait peut-être compris la passion de son frère, mais un lien plus profond que celui qui l'attachait à sa petite fille l'avait contrainte, peut-être, à une complicité tacite aussi lâche, presque à un respect détaché. » L'indifférence complice de la mère renvoie ici, quasi explicitement, à un inceste frère/sœur resté lui aussi secret.

De l'inceste

En explorant les relations mère-fille, nous avons rencontré successivement non plus un inceste, comme dans la théorie classique, ni deux, comme dans la théorie de Françoise Héritier, mais trois : un inceste entre apparentés sans passage à l'acte (l'inceste platonique : mère/fille) ; un inceste avec passage à l'acte où deux apparentés se partagent simultanément ou successivement un même partenaire sexuel (inceste du deuxième type . amant de la mère/amant de la fille) ; et un inceste entre apparentés avec passage à l'acte sexuel (inceste du premier type . père/fille). La question qu'il nous faut à présent résoudre est la suivante : est-il justifié de parler, dans tous ces cas, d'inceste ? Et si oui, quel est leur point commun ?

Avant d'en venir à l'inceste du premier type, nous avions fait intervenir deux paramètres différents : l'exclusion du tiers, et la mise en rivalité sexuelle de deux personnes apparentées. Le premier paramètre est propre à l'inceste platonique, où le tiers (en l'occurrence le père) est exclu par l'instauration d'un secret, sans que le passage à l'acte sexuel soit nécessaire. Le second paramètre est propre à l'inceste du deuxième type, où la mise en rivalité sexuelle de deux personnes apparentées (en l'occurrence mère et fille) n'exclut pas les tiers (par définition, puisque c'est l'irruption d'un tiers amant qui fait l'inceste) mais instaure une confusion des places entre mère amante et fille amante : confusion suffisamment ravageuse pour que l'interdit de la rivalité sexuelle entre consanguins soit aussi universel que l'interdit du rapport sexuel entre consanguins.

L'inceste du premier type fait intervenir un troisième paramètre : la copulation entre apparentés. Il réunit en outre les deux premiers, puisque l'exclusion du tiers, en la personne de la mère, par l'instauration d'un secret, fait de la fille la rivale de sa mère. Rien d'étonnant dès lors si cet inceste-là a longtemps focalisé l'attention, apparaissant comme l'inceste par excellence, objet d'une prohibition quasi universelle, attirant non seulement la réprobation mais des poursuites pénales – sans être cependant nommé comme tel par le droit. Toutefois, l'extension de notre modèle permet de n'y voir qu'un cas particulier – et particulièrement critique – d'une situation plus générale : par la copulation entre apparentés, l'inceste du premier type noue l'exclusion du tiers, propre à l'inceste platonique, avec la mise en rivalité sexuelle à l'intérieur de la famille, propre à l'inceste du deuxième type.

Le point commun à ces trois « incestes » apparaît alors plus clairement : ce n'est ni la copulation entre apparentés, comme dans la théorie standard ; ni le « mélange des humeurs » (instaurant en fait une rivalité sexuelle entre apparentés), comme dans la théorie de Françoise Héritier ; mais c'est l'exclusion du tiers. Dans l'inceste du premier type, ce tiers est la mère. Dans l'inceste platonique, c'est le père. Et dans l'inceste du deuxième type, ce n'est pas une personne qui est exclue, mais une place : si la fille couche avec l'amant de sa mère, elle n'est plus « en tiers » dans une relation sexuelle à deux, mais impliquée dans une relation à trois ; si la mère couche avec le fiancé de sa fille, elle n'est plus « en tiers » dans la formation du jeune couple, mais devient partie prenante d'une relation dont justement elle devrait s'exclure pour ne pas être en rivalité avec sa fille. Il y a toujours trois personnes, mais seulement deux places : partenaire masculin, partenaire féminine – et deux femmes, la mère et la fille, à cette place-là.

Dans tous les cas, l'inceste – ou l'exclusion du tiers – fabrique du binaire à partir du ternaire : soit en faisant un couple (mère/fille ou père/fille) là où il devrait y avoir trois personnes ; soit en fusionnant deux places (mère et fille) en une seule (amante), réduisant à du binaire (amant/mère-fille) ce qui devrait être du ternaire (amant/mère-fille). La question ne se pose toutefois que dans les rapports familiaux, c'est-à-dire lorsqu'il y a filiation : une relation binaire est parfaitement licite entre amoureux non apparentés, ou entre amis[1]. Mais tout lien instauré dans le cadre familial, c'est-à-dire entre générations différentes, doit prendre nécessairement une forme ternaire – du type père-mère-enfant – sous peine de créer une situation incestueuse, avec son cortège de malheurs – rivalités invivables, identités impossibles.

Certes, l'interdit de l'inceste – c'est-à-dire, pour nous résumer, de la binarisation du ternaire – a aussi des fonctions sociales, économiques, anthropologiques, puisqu'il permet, comme l'a montré Claude Lévi-Strauss, l'institution du social par l'échange des femmes[2]. Mais de même

---

1. Nous nous situons là sur le plan normatif, et non sur le plan descriptif de ce qui se passe réellement dans une relation amoureuse, où le tiers peut être présent au titre de « médiateur » du « désir mimétique », selon la théorie girardienne (René Girard, *Mensonge romantique, vérité romanesque*, 1961, Paris, Livre de poche, 1978).
2. Rappelons que pour Lévi-Strauss, la prohibition de l'inceste garantit l'exogamie, dont la finalité est d'« assurer, par l'interdiction du mariage dans les degrés prohibés, la circulation, totale et continue, de ces biens du groupe par excellence que sont ses femmes et ses filles » (*Les Structures élémentaires de la parenté*, 1947, Paris, Mouton, 1967, p. 549).

que sa définition est plus large que l'interdit de la copulation entre apparentés, sa fonction aussi est plus générale : il est au fondement même de la constitution psychique, en tant que garant de l'identité du sujet. En effet, à partir de cette « mêlée incestueuse » qu'est fantasmatiquement, selon Pierre Legendre, toute famille, il y a nécessité d'une instance de « différenciation » qui opère « la séparation d'avec la mère à laquelle *doit* faire face tout enfant, lorsqu'il s'extrait de l'opacité, c'est-à-dire sort de l'indifférencié. Le point de passage, par ce vide abyssal, les systèmes normatifs qui se partagent le gouvernement de l'espèce l'organisent comme seconde naissance, et la tradition ouest-européenne l'a désigné longtemps d'une formule saisissante : *être né du père*[1]. » Cette « catégorie du Père » est ce que Legendre nomme le « Tiers », dont la « fonction séparatrice » a directement à voir avec le maintien de l'identité[2]. Cette « fonction tierce », « parade contre la menace de folie », est occupée par le droit, « garantie première du sujet[3] ».

Dire cela n'est pas – contrairement à ce que peuvent suggérer certaines formulations ambiguës de Legendre, ou certaines interprétations de sa pensée – en appeler à la

---

1. P. Legendre, *Le Crime du caporal Lortie, op. cit.*, p. 207.
2. « La reproduction généalogique pose la question de *ce qui, dans la dialectique père-fils, doit se perdre*, faute de quoi père et fils seraient le double l'un de l'autre et l'un pour l'autre. L'impératif de différenciation serait dès lors radicalement mis en échec, ce qui n'est pas sans poser à nouveau, sous un nouveau jour, le problème de la folie » (*ibid.*, p. 84).
3. *Ibid.*, p. 70. Le tiers intervient également chez Legendre dans son analyse de la situation d'aveu, lequel « n'est pas une situation duelle, car dans l'aveu il faut être trois (...) : le *confessus, celui qui recueille les aveux*, et l'*élément tiers* que je désignerai comme *l'instance absolue de la vérité* » (P. Legendre, « *De confessis*. Remarques sur le statut de la parole dans la Première Scolastique », 1986, in *Sur la question dogmatique en Occident*, Paris, Fayard, 1999, p. 275).

restauration de l'autorité paternelle telle qu'on l'a connue dans le passé : c'est simplement affirmer qu'entre ce Charybde que fut longtemps l'obéissance aveugle à un père tout-puissant, et ce Scylla qu'est devenue la toute-puissance des mères en l'absence d'un tiers, il y a place pour quelque chose qui assure à la fois la survie psychique du sujet et la survie collective des sociétés, face aux régressions vers la violence et les processus de « dé-civilisation ». Cette place, c'est celle du tiers, ce nécessaire troisième terme dans la relation parent-enfant, qui fait barrage au risque incestueux.

C'est de ce tiers que le manque aujourd'hui se fait sentir si visiblement aux garçons, et si inexprimablement aux filles. Ce n'est donc pas un hasard si ce sont les relations mère-fille – si vulnérables à ces deux incestes « non canoniques » que sont l'inceste du deuxième type et l'inceste platonique – qui nous ont conduits à redéfinir l'inceste comme tout ce qui, dans une famille, fait du deux là où il devrait y avoir du trois.

Cinquième partie

DE L'ÊTRE-FILLE
AU DEVENIR-FEMME

La peau de l'âne, ou la protection de la mère, est donc ce qui protège la fille de la sexualité abusive. Mais dans le même temps, elle est ce dont la fille doit se défaire pour séduire le prince charmant : dans le conte, c'est en voyant Peau d'âne enfin dépouillée de l'horrible défroque faisant office de mère, et revêtue en secret des beaux atours offerts par sa marraine, que le prince, fou d'amour, décide de l'épouser, c'est-à-dire de la faire passer de l'état de fille à l'état de femme. Est-ce à dire que pour devenir femme, une fille doit se débarrasser de sa mère ? Voilà qui ne va de soi ni pour l'une, ni pour l'autre.

Cela va même si peu de soi que certaines y renoncent. Certes, le célibat féminin a de multiples causes : insuffisance (réelle ou imaginaire) de ressources matrimoniales, choix (fût-il pure rationalisation) de l'autonomie au sacrifice de la vie amoureuse, idéalisation extrême du père qu'aucun autre homme ne serait susceptible d'égaler [1]... Mais le refus, ou l'incapacité, d'abandonner sa mère pour se donner (à) un homme, ou encore l'intériorisation de

---

1. Voir notamment Arlette Farge, Christiane Klapisch-Zuber, *Itinéraires de la solitude féminine, XVIIIe-XXe siècle*, Paris, Montalba, 1984.

l'interdit maternel portant sur la sexualité, y jouent probablement leur rôle – et non des moindres.

Or en même temps, ce sont les mères qui, le plus souvent, organisent ce passage de la fille à la femme – on le voit bien avec la marraine de Peau d'âne. Cette ambivalence des mères, qui tout à la fois font obstacle et incitent au devenir-femme de leur fille, fait écho à l'ambivalence des filles, désireuses autant que rétives à l'idée de passer de l'état de fille à l'état de femme. C'est précisément de cela que nous parlent tant et tant de romans.

19.

Mères-chaperons

Dès lors que la fille est nubile, la fonction première de la mère est d'avoir l'œil sur sa sexualité. « Avoir l'œil » peut s'entendre de deux façons, qui soulignent la différence entre les mœurs traditionnelles et celles de la génération actuelle, marquée par la libéralisation de la sexualité et le déclin du mariage au profit du concubinage, voire du partenariat multiple. C'est une différence fondamentale pour ce qui va nous occuper ici – le devenir-femme de la fille –, alors que, jusqu'à présent, les rapports mère-fille ne nous ont paru que marginalement marqués par l'historicité.

Dans les sociétés traditionnelles, « avoir l'œil » sur une fille signifie la surveillance, le contrôle, l'interdit, lui-même associé au non-dit : rôle, typiquement, du « chaperon » – la mère ou un substitut – qui ne quittait pas les jeunes filles pour éviter toute situation compromettante. A l'époque contemporaine, « avoir l'œil » signifie plutôt observer, s'immiscer, bien voir ce qui se passe et, autant que possible, en parler : c'est, plus subtilement, l'attitude de la mère intrusive, qui joue de la permissivité pour mieux assurer son emprise sur sa fille. Nous allons voir qu'en dépit de cette opposition apparemment radicale entre les deux attitudes, il s'agit bien, pour les mères modernes comme pour les anciennes, d'une même fonction.

Pas de secret pour la mère

Dans *Secrets et mensonges* de Mike Leigh – l'histoire
d'une fille noire abandonnée par sa mère blanche, déjà
évoquée à propos des « mères inférieures » –, cette mère
célibataire vit avec sa fille légitime, âgée d'une vingtaine
d'années. Elles entretiennent des rapports électriques, que
ne contribuent pas à faciliter les questions de la mère à
propos du petit ami de sa fille : elle lui demande de le
lui présenter, veut savoir si elle prend un contraceptif, lui
conseille successivement la pilule, le stérilet, les capotes, et
va même jusqu'à lui proposer son propre diaphragme...
« Tu me débectes ! » s'écrie la fille, qui la repousse en la
traitant de « connasse », avant de claquer la porte.

Voilà, certes, une façon bien moderne d'assurer le chaperonnage de sa fille : non plus en lui interdisant la sexualité, mais en l'organisant, de façon à ce que rien de
l'intimité de sa fille n'échappe à la mère. Lui « offrir »,
dans ces conditions, son propre diaphragme, ne constitue
pas un don (à moins qu'il ne s'agisse de la contrepartie
cachée de tout don) : c'est la prédation suprême, celle qui
consiste à pénétrer et à s'approprier ce que l'autre a de
plus secret. L'infraction aux règles d'hygiène peut paraître,
ici, énorme (c'est le « mélange des humeurs » dont Françoise Héritier fait le tabou suprême, que transgresse l'inceste du deuxième type) ; mais plus monstrueuse encore
est l'infraction aux règles de la salubrité psychique. Celle-
ci en effet exige le maintien d'un minimum de distance
entre les êtres, surtout lorsqu'ils sont apparentés, et plus
encore lorsque le lien de parenté est celui qui unit une
mère et une fille : là, le respect du maximum de distance,
en matière de sexualité, est probablement la condition sine
qua non d'une relation viable. Ainsi Hortense, l'autre fille

(adoptée par une famille noire), explique sagement à une amie : « Je ne veux rien savoir de ce que fait ma mère avec son amant. Je ne veux pas qu'elle sache ce que je fais avec les miens, ni qu'elle me voie ivre. »

La fille qui est victime de cette intrusion maternelle massive en sent bien toute la violence. Aussi essaie-t-elle – maladroitement – de rendre coup pour coup, en faisant à sa mère, à son tour, la leçon, sous la forme la plus intrusive et la plus humiliante : « J'espère que tu fais attention ! Ne va pas te faire mettre le ballon – à ton âge ! » lui lance-t-elle au moment où sa mère s'apprête à sortir sans lui dire où elle va. La réplique fait écho à un précédent dialogue : « A cause de toi, s'était plaint la mère, je n'ai pas trouvé de mec. Tu as été ma ruine ! – J'ai pas demandé à naître ! avait rétorqué la fille. – J'ai pas demandé à t'avoir ! – Fallait y penser avant d'ôter ton slip ! »

Nous voilà fort loin des bonnes mœurs victoriennes, où la fonction protectrice de la mère chaperon à l'égard de la sexualité allait jusqu'à ne pas même avertir la fille de ce qui l'attendait durant la nuit de noces – sinon à lui conseiller : « Ferme les yeux et pense à l'Angleterre ! ». Mais si les choses ont, en apparence, bien changé en quelques générations, le fond est resté le même : la mère continue d'assurer son emprise sur la sexualité de sa fille, en « ayant l'œil » sur elle – intrusivement, par la permissivité, et non plus autoritairement, par l'interdit[1].

---

1. Voir F. Couchard, *Emprise et violence maternelles, op. cit.*, notamment p. 75.

Le fiancé fantôme

Le chaperonnage de la fille par la mère a longtemps pris la forme beaucoup plus classique de la surveillance et de l'interdit. La littérature romanesque abonde en scènes de mères, matrones ou gouvernantes transformées en cerbères, auprès d'adolescentes plus ou moins innocentes, à l'affût sinon d'une intrigue, au moins d'un regard masculin[1]. Tournons-nous donc plutôt vers les ressources du fantastique pour voir, de façon moins convenue, comment s'exerce le chaperonnage fort ambivalent d'une mère, lors même qu'elle semble disposée à tout faire pour trouver un fiancé à sa fille.

Dans une nouvelle intitulée *Sir Edmund Orme* (1891), Henry James met en scène Mrs. Marden, une veuve sur le point de marier sa fille Charlotte. Dans le couple formé par la vierge et la veuve, l'identification entre mère et fille est visible même à un observateur extérieur : « J'avais déjà été frappé, chez ces deux femmes, par la ressemblance entre la mère et la fille, surprenante même pour une ressemblance de ce genre », note le narrateur ; réciproque est la fascination quasi amoureuse de la mère pour la fille, laquelle « avait un culte pour l'aspect physique de sa mère » ; l'une et l'autre enfin ont un même penchant pour la coquetterie, responsable de la malédiction qui enchaîne la mère à son propre passé (« J'ai été une vilaine fille moi-même »), tout en y enchaînant l'avenir de sa fille. Victime en son temps d'un projet de mariage arrangé par sa famille avec un certain Sir Edmund Orme, mais amoureuse de

---

1. Voir Pierre Fauchery, *La Destinée féminine dans le roman européen du dix-huitième siècle, 1713-1807. Essai de gynécomythie romanesque*, Thèse de l'université de Lille, 1972.

celui qui allait devenir son mari, elle avait été amenée à délaisser ce premier fiancé. De désespoir, il s'était tué, ce qui vaut à la mère remords et culpabilité, en même temps que l'étrange faculté de voir apparaître cet ancien fiancé dès l'instant où un homme s'éprend de sa fille. Pire : cet être fantomatique apparaît également au prétendant pour peu qu'il soit vraiment amoureux.

C'est là, certes, un bon test, pour cette mère exemplaire, quant à la sincérité du fiancé potentiel. Mais c'est aussi sa « malédiction », car l'apparition du fantôme se fait malgré elle, et sans que sa fille en sache rien. L'« horreur » de cette absence qui revient à la mère sous forme d'un fantôme joue ici un rôle équivalent à l'horreur de la sexualité qu'elle voit s'approcher de sa fille : « Tout ce que je voyais, tandis que Charlotte était assise là, innocente et charmante, c'était qu'elle côtoyait une horreur – sans doute l'eût-elle jugée ainsi – une horreur qui se trouvait lui être dissimulée mais pouvait d'un instant à l'autre lui apparaître. » Le fiancé en devient hautement indésirable : non seulement celui, suicidé, de la mère – le trop fidèle Edmund Orme – mais aussi celui, en puissance, de la fille. Car comment pourrait-elle désirer la présence d'un homme qui, non content de rappeler à la veuve le fantôme de ce qu'elle a perdu, lui enlèvera l'amour exclusif de sa fille ?

Mais il faut bien, pourtant, la marier. La mère en prend donc son parti, puisque cet homme-là est sincère, comme l'atteste le retour de l'homme refoulé, le fiancé fantôme. Elle va « arranger » le projet de mariage, ne faisant ainsi que répéter l'arrangement de son propre mariage tenté par ses parents, pour le malheur du premier fiancé et sa propre malédiction : l'absence d'autonomie des filles engendre, décidément, les mauvais choix d'objets, avec leur cortège de fantomatisations du rapport sexuel non consommé, poursuivies de génération en génération.

Seule la révolte de la fille lui permettra d'échapper, in extremis, à la reproduction du malheur. « Je pense que nos mains n'appartiennent pas à nos mères », déclare-t-elle, sur les traces de Nanine, l'héroïne de la pièce éponyme de Voltaire (1749), qui proclamait : « Ma mère m'a crue digne de penser de moi-même, et de choisir un époux moi-même. » Lorsque enfin elle découvrira le spectre des amours maternelles qui vient hanter sa propre idylle, elle y perdra sa mère, sacrifiée dans la mort – mais y gagnera, bien sûr, un époux... La morale de l'histoire est claire : la fille ne peut nouer un lien sexuel avec l'homme de son choix qu'en sacrifiant cette omniprésente duègne – son adorable mère.

20.

Mères-loi

Par rapport à la vie amoureuse de sa fille, la mère tient un double rôle : préventif, par la surveillance, et incitatif, par la canalisation vers un « bon objet » – celui qui satisfera les intérêts patrimoniaux de la famille tout entière, dans la version traditionnelle, ou les intérêts affectifs de la jeune femme, dans la version moderne. La « mère-chaperon » – celle qui a sa fille à l'œil – se double d'une « mère-loi », chargée d'imposer à sa fille la loi familiale incarnée par le père. L'une et l'autre se trouvent bien sûr réunies en une même personne, dont la fonction varie au gré des circonstances.

Faute d'une « mère-loi », la jeune fille risque de connaître une vie amoureuse erratique, la condamnant au statut de « seconde » – concubine, maîtresse, fille de mauvaise vie. C'est ce qui arrive à l'héroïne de *Back Street* de Fanny Hurst (1931), orpheline de mère, qui sait séduire mais pas se faire épouser : à mère absente, loi défaillante, et on finit en ex-femme entretenue, dans la misère. A l'inverse, la loi maternelle, trop durement appliquée, produit parfois des catastrophes : dans *Les Souffrances du jeune Werther* de Goethe (1774), le serment que fit Charlotte à sa mère agonisante d'épouser Albert rend impossible l'union tant désirée avec Werther, conduisant celui-ci au suicide et

Charlotte au désespoir. La loi de la mère peut même s'appliquer après le mariage, pour préserver l'honneur familial : dans *Effi Briest* de Theodor Fontane (1895), l'épouse adultère se voit répudiée non seulement par son mari, qui la sépare de sa fille, mais aussi par ses parents qui, à l'initiative de la mère, la condamnent à la privation de toute vie sociale : « Tu vivras en solitaire et si tu ne le veux pas, tu devras sans doute descendre en dessous de ton niveau social. Le monde qui fut le tien te sera fermé. »

La Mère confidente

L'incarnation maternelle de la loi matrimoniale peut prendre, certes, des aspects plus humains. Mais ils risquent alors d'être d'autant plus cruels pour la fille : c'est ce que nous conte exemplairement Marivaux dans une courte pièce, *La Mère confidente* (1735).

La jeune Angélique est tombée amoureuse de Dorante, un garçon de son âge, en cachette de sa mère, Mme Argante. Mais il n'est pas riche, alors qu'elle-même l'est, ce qui rend peu probable l'accord de la mère à leur projet de mariage, comme l'expose Lisette, la suivante, à Dorante : « Vraiment, Angélique vous épouserait volontiers, mais nous avons une mère qui ne sera pas tentée de votre légitime, et votre amour ne nous donnerait que du chagrin. »

La mère, pourtant, ne veut que le bien de sa fille, comme celle-ci le reconnaît volontiers : « Il n'y a plus que ma mère qui m'inquiète, cette mère qui m'idolâtre, qui ne m'a jamais fait sentir que son amour, qui ne veut jamais que ce que je veux. » Ce qu'Angélique ne sait pas encore, c'est que sa mère, désireuse de bien conduire la destinée matrimoniale de sa fille, projette de la donner à Ergaste – un homme « si sombre, si sérieux », « glacé, taciturne, mélancolique, rêveur et triste » – qui se trouve être, sans que les protagonistes le sachent, l'oncle et protecteur de Dorante.

Face au peu d'enthousiasme de sa fille à l'égard de ce projet de mariage, qui lui fait deviner quelque intrigue, Mme Argante décide de ruser : plutôt que de faire acte d'autorité, en imposant de force la loi maternelle, elle propose à Angélique de la traiter comme sa confidente et non pas comme sa mère. Le dialogue décrit subtilement ce dédoublement de la mère-loi en mère complice, qui va piéger la trop confiante jeune fille :

Mère : « Es-tu bien persuadée que je t'aime ?

Fille : – Il n'y a point de jour qui ne m'en donne des preuves.

M : – Et toi, ma fille, m'aimes-tu autant ?

F : – Je me flatte que vous n'en doutez pas, assurément.

M : – Non, mais pour m'en rendre encore plus sûre, il faut que tu m'accordes une grâce.

F : – Une grâce, ma mère ! Voilà un mot qui ne me convient point, ordonnez, et je vous obéirai. »

Mais la mère préfère jouer d'un autre registre que celui de la loi et de l'obéissance ; le chantage à l'amour va lui permettre d'obtenir par la ruse ce qu'elle craint de ne pas obtenir par la contrainte :

M : « Oh ! si tu le prends sur ce ton-là, tu ne m'aimes pas tant que je croyais. Je n'ai point d'ordre à vous donner, ma fille ; je suis votre amie, et vous êtes la mienne, et si vous me traitez autrement, je n'ai plus rien à vous dire.

F : – Allons, ma mère, je me rends, vous me charmez, j'en pleure de tendresse, voyons, quelle est cette grâce que vous me demandez ? Je vous l'accorde d'avance.

M : – Viens donc que je t'embrasse : te voici dans un âge raisonnable, mais où tu auras besoin de mes conseils et de mon expérience ; te rappelles-tu l'entretien que nous

261

eûmes l'autre jour, et cette douceur que nous nous figurions toutes deux à vivre ensemble dans la plus intime confiance, sans avoir de secrets l'une pour l'autre ; t'en souviens-tu ? Nous fûmes interrompues, mais cette idée-là te réjouit beaucoup, exécutons-la, parle-moi à cœur ouvert ; fais-moi ta confidente.

F : – Vous, la confidente de votre fille ? »

Il lui faut, pour convertir sa fille à cette transparence de leur relation, bannir les termes mêmes qui marquent leur parenté et, partant, son autorité :

M : « Oh ! votre fille ; eh ! qui te parle d'elle ? Ce n'est point ta mère qui veut être ta confidente, c'est ton amie, encore une fois. »

La fille n'est pas dupe de ce pseudo-changement d'identité, mais finit pourtant par céder face à cette entreprise de culpabilisation :

F : « D'accord, mais mon amie redira tout à ma mère, l'une est inséparable de l'autre.

M : – Eh bien ! je les sépare, moi, je t'en fais serment ; oui, mets-toi dans l'esprit que ce que tu me confieras sur ce pied-là, c'est comme si ta mère ne l'entendait pas ; eh ! mais cela se doit, il y aurait même de la mauvaise foi à faire autrement.

F : – Il est difficile d'espérer ce que vous dites là.

M : – Ah ! que tu m'affliges ; je ne mérite pas ta résistance.

F : – Eh bien ! soit, vous l'exigez de trop bonne grâce, j'y consens, je vous dis tout.

M : – Si tu veux, ne m'appelle pas ta mère, donne-moi un autre nom.

F : – Oh ! ce n'est pas la peine, ce nom-là m'est cher, quand je le changerais, il n'en serait ni plus ni moins, ce ne serait qu'une finesse inutile, laissez-le-moi, il ne m'effraye plus.

M : – Comme tu voudras, ma chère Angélique. Ah ça !
je suis donc ta confidente, n'as-tu rien à me confier dès à
présent ?

F : – Non, que je sache, mais ce sera pour l'avenir.

M : – Comment va ton cœur ? Personne ne l'a-t-il atta-
qué jusqu'ici ? »

Angélique ne résistera pas longtemps à tomber dans la
confidence, comme on tombe dans un piège : oui, elle est
amoureuse. Découvrant que ses soupçons se vérifient, sa
mère a du mal à ne pas reprendre son rôle de « mère loi »,
soucieuse de la réputation de sa fille : « Puisque cela est si
sérieux, peu s'en faut que je ne verse des larmes sur le
danger où je te vois, de perdre l'estime qu'on a pour toi
dans le monde. » Elle réussit à convaincre Angélique de
renoncer à Dorante, d'autant que celui-ci, pour vaincre
l'obstacle maternel, lui propose de l'enlever, ce qui ruine-
rait à jamais son honneur, et donc ses chances de faire un
bon mariage. Mais le désespoir de Dorante face à la froideur d'Angélique retourne à nouveau celle-ci, qui ne sait
plus qui satisfaire, de son amoureux passionné ou de sa
mère si avisée. Celle-ci revient donc à la charge, n'hésitant
pas sur les moyens, y compris le chantage à sa propre
mort :

M : « Tu le défends d'une manière qui m'alarme. Que
penses-tu donc de cet enlèvement, dis-moi ? tu es la fran-
chise même, ne serais-tu point en danger d'y consentir ?

F : – Ah ! je ne crois pas, ma mère.

M : – Ta mère ! Ah ! le ciel la préserve de savoir seulement qu'on te le propose ! ne te sers plus de ce nom, elle
ne saurait le soutenir dans cette occasion-ci. Mais pourrais-
tu la fuir, te sentirais-tu la force de l'affliger jusque-là, de
lui donner la mort, de lui porter le poignard dans le sein ?

F : – J'aimerais mieux mourir moi-même.

M : – Survivrait-elle à l'affrontement que tu te ferais ?

Souffre à ton tour que mon amitié te parle pour elle ; lequel aimes-tu le mieux, ou de cette mère qui t'a inspiré mille vertus, ou d'un amant qui veut te les ôter toutes ?

F : – Vous m'accablez. Dites-lui qu'elle ne craigne rien de sa fille, dites-lui que rien ne m'est plus cher qu'elle, et que je ne verrai plus Dorante, si elle me condamne à le perdre.

M : – Eh ! que perdras-tu dans un inconnu qui n'a rien ? »

Le dénouement interviendra lorsque la mère, déguisée, décidera de poursuivre la supercherie devant un tiers, proposant à Angélique de lui faire rencontrer Dorante : « Eh bien ! laisse-moi le voir, je lui parlerai sous le nom d'une tante à qui tu auras tout confié, et qui veut te servir ; viens, ma fille, et laisse à mon cœur le soin de conduire le tien. » Angélique fait à Dorante un portrait enflammé d'une mère si libérale : « Elle a été ma confidente, mon amie, elle n'a jamais gardé que le droit de me conseiller, elle ne s'est reposée de ma conduite que sur ma tendresse pour elle, et m'a laissée la maîtresse de tout, il n'a tenu qu'à moi de vous suivre, d'être une ingrate envers elle, de l'affliger impunément, parce qu'elle avait promis que je serais libre ».

Impressionné, le jeune homme cède le pas devant la vertu maternelle : « Quel respectable portrait me faites-vous d'elle ! Tout amant que je suis, vous me mettez dans ses intérêts même, je me range de son parti, et me regarderais comme le plus indigne des hommes si j'avais pu détruire une aussi belle, aussi vertueuse union que la vôtre. [...] Oui, belle Angélique, vous avez raison. Abandonnez-vous toujours à ces mêmes bontés qui m'étonnent, et que j'admire ; continuez de les mériter, je vous y exhorte, que mon amour y perde ou non, vous le devez, je serais au désespoir si je l'avais emporté sur elle. »

Conquise et convaincue de la sincérité du jeune homme, Mme Argante donne enfin son accord : « Ma fille, je vous permets d'aimer Dorante ! » Quant à Ergaste, découvrant que son heureux rival n'est autre que son propre neveu, il décide non seulement de renoncer à la main d'Angélique mais aussi de doter Dorante : tout est donc bien qui finit bien...

Permissivité et intériorisation

Dans une pièce un peu antérieure, *L'École des mères* (1732), Marivaux avait mis en scène, plus classiquement, une mère entièrement « loi », n'agissant que par la contrainte, et une fille qui n'avait d'espoir de lui échapper qu'en s'en remettant à un mari : à sa mère lui rappelant que « vous n'avez jamais eu de volonté avec moi, vous ne connaissez que l'obéissance », la jeune fille répondait : « Oui, mais mon mari ne sera pas ma mère. » Trois ans plus tard, et sur un canevas similaire, *La Mère confidente* constitue une version radicalement différente, et infiniment plus moderne.

En effet, le dédoublement de la mère, entre celle qui fait la loi et celle à qui l'on se confie, entraîne l'intériorisation par la fille de la loi maternelle, plutôt que la révolte ou la soumission : la fille prend sur elle, littéralement, l'interdiction de convoler avec celui qu'elle aime. Et si celui-ci n'avait pas fait la preuve de sa soumission à sa future belle-mère, l'épreuve aurait mal fini : non seulement Angélique aurait dû renoncer à l'amour, et épouser un homme contre son gré, mais elle aurait dû renoncer aussi à assumer sa volonté propre et à vivre ses sentiments, sans même pouvoir haïr sa mère d'avoir fait son malheur. Il lui aurait fallu être elle-même en même temps que sa mère, la victime autant que le bourreau, exactement comme sa mère s'est instituée confidente en même temps que parente ayant autorité sur elle, complice de la transgression autant qu'incarnation de la loi.

Dans une configuration apparemment bien traditionnelle, où les filles en âge de se marier se devaient d'obéir à la loi parentale, cette « mère confidente » exemplifie ainsi le passage à la modernité, où les filles conquièrent l'autonomie mais se voient du même coup dans l'obligation de choisir, d'assumer leurs ambivalences sans pouvoir les imputer à une instance extérieure à elles. C'est la contrepartie du processus de civilisation par l'intériorisation des contraintes tel que l'a analysé Norbert Elias[1] : ce que nous gagnons en liberté par rapport aux impositions extérieures, nous le payons en tensions intérieures.

La jeune Angélique oscille, sans pouvoir se fixer, entre la loi de la mère et la loi de l'amour, obligée de composer avec l'une et l'autre, parce que sa mère a entrepris de substituer la permissivité à l'autorité, de façon à gagner la soumission de sa fille sans perdre son amour. Le désarroi et l'affolement de celle-ci sont la poignante illustration de la situation moderne : les filles, certes, ne sont plus forcées au mariage par leur mère ; mais elles doivent désormais aller vers leur destin de femme en transportant leur mère – la loi – à l'intérieur d'elles-mêmes.

---

1. N. Elias, *La Civilisation des mœurs* (1969), Paris, Calmann-Lévy, 1973.

21.

Mères marieuses

Vis-à-vis de la fille en âge de se marier, la mère n'est pas seulement celle qui interdit ou oblige : elle est aussi celle qui incite, organise, décide. C'est le rôle, classique, de la mère marieuse – une coutume très largement répandue, dans de nombreuses sociétés[1].

Mais pourquoi cet acharnement de tant de mères à *marier* leurs filles, non seulement au sens passif – voir leurs filles mariées – mais au sens actif – être celle par qui le mariage arrive ? Il y a plusieurs raisons à cela. Objectivement, il existe un intérêt collectif de la famille aux stratégies matrimoniales bien menées, qui assureront, avec le « bon mariage » des filles, la position sociale ou matérielle de l'ensemble des apparentés, présents et à venir : la mère n'est en cela que le représentant le mieux placé – à la fois proche de sa fille et ayant autorité sur elle – du collectif familial. C'est ce qu'a bien compris la jeune héroïne du *Mariage de Chiffon* de Gyp (1894) : « Elle a si peur que je ne fasse pas un beau mariage !... pas pour que je sois heureuse, mais c'est par vanité. »

---

1. Voir Robert Briffault, *The Mothers. A Study of the Origins of Sentiments and Institutions* (1927), Londres, Johnson Reprint Corporation, 1969, III, p. 545-546.

Subjectivement, la mère qui voit sa fille en passe d'échapper à son influence peut préférer avoir au moins un rôle à jouer dans cet éloignement inévitable, plutôt que de se le voir imposé en étant exclue du choix de l'heureux élu. Corrélativement, elle peut vivre ainsi par procuration les émois amoureux auxquels elle n'a peut-être plus guère accès pour son propre compte, s'identifiant à la jeune fille, partageant avec elle l'excitation des fiançailles, et revivant sans doute, à travers elle, le souvenir de son propre mariage. Comment comprendre autrement l'acharnement de bien des mères à jouer les marieuses, pour leurs propres filles ou, le cas échéant, celles des autres ?

L'Age difficile

Là encore, la littérature n'est pas avare en intrigues matrimoniales menées par des mères qui y déploient toutes leurs énergies. Plutôt que de multiplier les exemples, concentrons-nous sur un cas d'intrication particulièrement complexe entre des intérêts différents, sinon contradictoires : sentiments de la fille, vanité de la mère, position matérielle et mondaine de la famille. Il s'agit de *L'Age difficile* de Henry James (1899), dont l'auteur lui-même précise dans la préface que le thème central en est « la différence occasionnée dans certaines familles et pour certaines mères florissantes par l'apparition au premier plan, parfois redoutée, souvent retardée, mais jamais totalement empêchée, de quelqu'une de leurs filles » ; car on ne peut que « ressentir comme une crise l'accès au salon, à partir d'une date donnée, de la jeune fille impitoyable préalablement cloîtrée dans sa chambre ». Pour peu que la mère se pique de plaire, et d'avoir un salon à la conversation relativement libre, la présence de sa fille parmi les adultes

– présence nécessaire dès lors qu'elle atteint cet « âge difficile » où il va falloir lui trouver un mari – devient en soi un problème, contrevenant aux intérêts, à la fois personnels et familiaux, de la mère. Et pourtant, il est dans l'intérêt de tous – de la famille comme de la fille – que celle-ci fasse son « entrée dans le monde ».

L'intrigue ici se complique du fait qu'il n'y a pas seulement une, mais deux jeunes filles à marier, dont les sorts respectifs illustreront deux stratégies de « marieuses » bien différentes, dans l'aristocratie anglaise de la fin du XIXe siècle : il s'agit de Nanda, fille de Mr. et Mrs. Brookenham, et d'Aggie, nièce d'une duchesse italienne désargentée qui lui tient lieu de mère. L'une et l'autre sont peu ou mal dotées ; Aggie est belle (« de beaucoup la plus jolie des deux ») mais élevée de façon conventionnelle, et pas très intelligente ; Nanda ne brille pas par sa beauté, mais se distingue par son intelligence et sa relative liberté de parole.

Cette question des ressources matrimoniales est, bien sûr, au centre des stratégies des marieuses. Ainsi, la duchesse tente de compenser le mutisme de sa nièce en vantant son innocence ; quant à Mrs. Brookenham, on l'entend rarement « admettre » la beauté de sa fille, aux dires d'un des prétendants, qui dresse de Nanda un portrait peu rassurant quant à cette ressource essentielle : « Elle n'a pas de traits. Non, pas un seul, à moins bien sûr que vous ne disiez qu'elle en a trois ou quatre de trop. Ce que j'allais dire, c'est qu'il y a dans son expression tout le charme de sa nature. Mais la beauté, à Londres, [...] éclatante, brillante, évidente, frappante, la beauté, aussi visible qu'un panneau sur un mur, une affiche de savon ou de whisky, quelque chose qui parle aux foules et passe la rampe, atteint un tel prix sur le marché que son absence, pour une femme qui a une fille à marier, inspire une terreur sans fin et constitue pour le pauvre couple – je ne parle que de la mère et de la fille – une sorte de banqueroute sociale. [...] Aussi est-ce plutôt, voyez-vous, un sombre problème pour la pauvre Nanda, un problème qui en quelque sorte occupe toute l'avant-scène de la sérieuse petite vie de sa mère. De quoi aura-t-elle l'air, que pensera-t-on d'elle, et que sera-t-elle capable de faire pour elle-même ? Elle est à l'âge où toute l'affaire – je parle de son apparence et de sa part possible de beauté – est encore pour ainsi dire dans le brouillard. Mais tout en dépend. »

Mrs. Brookenham rechigne à introduire sa fille dans son salon, d'abord parce que cela contraindrait la conversation, ensuite parce que cela pourrait lui porter ombrage, étant elle-même plus ou moins amoureuse (ou amante ?) de Vanderbank, jeune homme séduisant mais pauvre, que Nanda espère, de son côté, épouser. Quant à la duchesse, elle met toute son énergie à assurer son propre avenir et celui de sa nièce en montrant Aggie autant qu'elle le peut, mais en la préservant de toute conversation trop libre, qui entamerait l'innocence convenant à une vierge. Cette tante marieuse a une liaison discrète avec un aristocrate désargenté vivant aux crochets de son ami Mitchy, jeune homme d'origine très modeste, laid mais sympathique, intelligent et, surtout, riche.

Les deux marieuses rêvent de Mitchy pour leurs filles : la duchesse parce qu'il a de la fortune, et Mrs. Brookenham parce que – comme l'explique élégamment son amie et rivale – « elle veut "le vieux Van" pour elle-même ». C'est de Nanda que Mitchy est amoureux, mais il finit par épouser Aggie, à la demande de Nanda elle-même, qui s'assure ainsi le champ libre, espérant être demandée en mariage par Vanderbank. Elle n'ignore pas en cela – bien que rien ne soit explicité – qu'elle se pose en rivale de sa mère (laquelle n'a guère d'illusions sur ses sentiments à son égard : « Ah ! dit calmement Mrs. Brook, elle me hait assez pour faire n'importe quoi »). L'autre obstacle est que Vanderbank est aussi peu riche qu'elle – or on ne marie pas une fille peu dotée à un homme sans fortune.

Nanda, guère aidée par sa mère, serait en bien mauvaise posture si n'était survenu dans leur petit cercle Mr. Longdon, un homme âgé qui aima la grand-mère de Nanda, et prend sa petite-fille sous sa protection : il propose de donner de l'argent à Vanderbank si celui-ci consent à épouser la jeune fille. Vanderbank finit par se dérober, et renonce au mariage, laissant Nanda célibataire – mais adoptée par Longdon, qui pourvoira à son entretien. Vivant désormais hors du foyer parental, elle pourra cesser d'encombrer le salon maternel...

Ce dénouement laissera-t-il le champ libre à Mrs. Brookenham dans ses amours avec celui qui devait épouser sa fille ? C'est ce à quoi celle-ci semble les encourager, lorsqu'elle parle à Vanderbank de sa mère : « Je suppose que ce *serait* impudique si je venais à dire que je la crois vraiment amoureuse de vous ? [...] Quand je pense à elle, là, en bas, ces jours-ci, si souvent pratiquement seule, il me semble que je ne peux pas le supporter. Elle est si effroyablement jeune. » Voilà donc la jeune fille, ayant raté son propre mariage, jouer les marieuses pour sa mère, en encourageant l'homme qu'elle aime à prendre celle-ci pour maîtresse...

L'« âge difficile », ainsi, n'apparaît pas seulement comme celui des filles jouets des stratégies contradictoires de leurs mères . il est aussi celui des mères encore jeunes, qui doivent s'effacer pour marier leurs filles. Rien d'étonnant dans ces conditions si certaines n'ont de cesse de « caser », à n'importe quel prix, celle qui risque de lui faire de l'ombre ; ou, pire, d'incarner un vivant reproche, telle la fille de Clytemnestre, dans l'*Électre* de Giraudoux, lançant à sa mère qui veut la marier : « Tu as voulu que je sois femme. [...] Tu as voulu que je sois dans ton camp. Tu as voulu ne pas avoir perpétuellement devant toi le visage de celle qui est ta pire ennemie. – Celui de ma fille ? – Celui de la chasteté. »

Mères maquerelles

Pousser sa fille dans les bras d'un homme ne signifie pas forcément l'inciter à se marier, d'autant plus à l'époque actuelle où l'épreuve initiatique du passage de la fille à la femme n'est plus le mariage institué, mais sa dimension interindividuelle qu'est la première relation sexuelle. Celle-ci peut être non plus proscrite, comme dans la tradition des « mères-chaperons », mais encouragée par la mère : soit comme prélude à un possible mariage, dans l'ordre traditionnel des « états de femme », qui privilégiait l'accès à l'état de « première », épouse et mère ; soit comme installation dans l'état de « seconde », lorsque le destin envisagé par la mère pour sa fille est celui de prostituée ou, au mieux, de femme entretenue ; soit encore, hors de toute stratégie précise, par inconscience ou ambivalence de la mère envers la sexualité de sa fille, qu'elle ne sait pas guider dans sa carrière de femme.

Lorsque la jeune Tess d'Urberville, l'héroïne du roman éponyme de Thomas Hardy (1891), se rend chez un riche voisin parce que ses parents, des paysans pauvres, se sont mis en tête que leurs familles respectives étaient apparentées, elle en revient violée, et brisée. Encore ne sait-elle pas que, engrossée, elle y perdra sa dignité, ses chances d'être aimée, et jusqu'à sa vie : « Elle avait tout à coup senti pour lui mépris et répugnance, et elle s'était enfuie. C'était tout.

Elle ne pouvait complètement le haïr ; mais il n'était pour elle que poussière et que cendres ; et c'est à peine même si elle désirait l'épouser pour sauver sa réputation. »

C'est là pourtant la solution qu'espérait sa mère lorsqu'elle l'avait encouragée à solliciter leur supposé cousin, sans l'avertir qu'il pouvait y avoir un danger : « Tu aurais bien dû être plus prudente, si tu n'avais pas l'intention de te faire épouser ! » gronde-t-elle en apprenant la situation de sa fille. Tess, dans sa défense, révèle l'étendue de l'ignorance en laquelle l'a laissée sa mère : « Oh ! maman, maman, s'écria la jeune fille à la torture, se tournant avec passion vers sa mère comme si son pauvre cœur allait se briser... Comment pouvait-on s'attendre à ce que je sache ? J'étais une enfant quand j'ai quitté cette maison, voilà quatre mois. Pourquoi ne m'as-tu pas dit qu'il y avait du danger avec les hommes ? Pourquoi ne m'as-tu pas avertie ? Les dames savent contre quoi se défendre parce qu'elles lisent des romans qui leur parlent de ces tours-là ! Mais je n'ai jamais eu l'occasion d'apprendre de cette façon et tu ne m'as jamais aidée ! »

La réponse de la mère montre qu'en n'informant pas sa fille des réalités sexuelles, elle ne faisait pas seulement preuve de naïveté, d'inconscience, ou simplement de l'inculture qui fait l'une des nombreuses différences entre les « dames » et les filles du peuple : « Je croyais que si je te parlais de ses tendres sentiments et à quoi ils pourraient mener, tu serais désagréable avec lui et que tu laisserais échapper la chance ! » répond-elle crûment. Autant dire qu'elle a elle-même organisé la séduction de sa fille, dans l'espoir d'une ascension sociale de la famille par un éventuel mariage réparateur – lequel apparaît bien ici comme une forme légale et légitime de prostitution.

Incapable d'épouser un homme dans ces conditions, Tess n'en devient pas pour autant une prostituée, ni même une femme entretenue, comme le lui proposera plus tard son séducteur. Probablement sa mère – désirant par-dessus tout que sa fille échappe, à sa place, au statut de paysanne – n'aurait-elle guère trouvé à redire à cette dernière solution, intermédiaire entre le mariage en bonne et due forme et la simple prostitution.

Dans *Futures vedettes* de Vicki Baum (1931), situé dans la Vienne de l'entre-deux-guerres, une mère, elle-même danseuse, fait à ses filles cette leçon de morale, incompréhensible pour nous aujourd'hui, qui plaçons l'opprobre sur la sexualité dans la vénalité et non plus, comme naguère, dans le plaisir : « Quand une fille *n'y arrive pas* avec ses gages et qu'elle prend un amant *pour l'argent*, elle est excusable, mais quand elle *n'en a pas besoin* et qu'elle se donne simplement par amour, c'est une salope ! »... Mais un cran supplémentaire peut être franchi passant de la campagne à la grande ville, de la fin du XIXᵉ siècle au milieu du XXᵉ, et des milieux artistes au prolétariat urbain, on trouve dans la fiction des mères littéralement maquerelles, comme dans *La Belle Romaine* d'Alberto Moravia (1947), dont l'héroïne est une jeune fille que sa mère pousse à la prostitution.

A peu près impensable au siècle précédent, du moins sous cette forme non moralisatrice, le thème est traité avec un certain irréalisme dans la description des passages de frontières entre « états ». Ainsi, quand l'héroïne, déçue dans ses espoirs de devenir une épouse, se décide à faire le pas, c'est sans émotion particulière qu'elle prend son premier client, sans colère ni désir de vengeance à l'égard de l'ex-fiancé qui lui a caché qu'il était déjà marié, et sans ressentiment à l'égard de sa mère qui attend d'elle qu'elle monnaie sa beauté. De même que son dépucelage s'était déroulé, à son initiative à elle, sans aucune appréhension et avec du plaisir, elle ne semble éprouver ni désarroi ni trouble particulier à coucher avec un inconnu pour de l'argent. Cet irénisme est assez improbable, s'agissant de ces deux crises majeures dans la vie d'une femme que sont l'entrée dans le monde sexuel, puis le basculement dans la prostitution. On pourrait y voir l'effet de l'absence de conflit avec une mère encourageant sa fille à monnayer son corps – mais plus probablement trahit-il un point de vue masculin, peu empathique avec la sensibilité du personnage féminin.

Plus ambigu est le cas de *L'Amant* de Marguerite Duras, dont nous avons déjà évoqué la mère, à propos des « mères extrêmes », comme étant à la fois inférieure par son apparence négligée, injuste par l'amour immodéré qu'elle porte à son fils aîné, et défaillante parce que dépressive, à la limite de la folie. Mais défaillante, elle l'est aussi en ne posant pas clairement l'interdit concernant les rapports sexuels hors mariage alors que sa fille est à peine adolescente, dans un contexte social et colonial – le Saïgon des années trente - encore très conventionnel. La jeune fille, belle, jeune et blanche, mais pauvre, se donne à « l'amant », un riche héritier chinois. La liaison, sans avenir en raison de la différence de races et de classes sociales, possède un statut ambigu : il est amoureux d'elle, mais elle ne l'aime pas ; ce qu'elle aime, c'est leur relation, qui lui fait découvrir la faiblesse de l'homme, un plaisir partagé – et l'argent que l'amant lui donne.

« Je me demande comment j'ai eu la force d'aller à l'encontre de l'interdit posé par ma mère. Avec ce calme, cette détermination. Comment je suis arrivée à aller "jusqu'au bout de l'idée" » : ainsi la mère, veuve et institutrice, avait bien posé l'interdit – elle qui, selon sa fille, n'avait pas connu la jouissance. Elle réaffirmera d'ailleurs avec violence sa position de mère-chaperon dès qu'elle se doutera de quelque chose : « A cette époque-là, de Cholen, de l'image, de l'amant, ma mère a un sursaut de folie. Elle ne sait rien de ce qui est arrivé à Cholen. Mais je vois qu'elle m'observe, qu'elle se doute de quelque chose. Elle connaît sa fille, cette enfant, il flotte autour de cette enfant, depuis quelque temps, un air d'étrangeté, une réserve, dirait-on, récente, qui retient l'attention, sa parole est plus lente encore que d'habitude, et elle si curieuse de tout elle est distraite, son regard a changé, elle est devenue spectatrice de sa mère même, du malheur de sa mère, on dirait qu'elle assiste à son événement. L'épouvante soudain dans la vie de ma mère. Sa fille court le plus grand danger, celui de ne jamais se marier, de ne jamais s'établir dans la société, d'être démunie devant celle-ci, perdue, solitaire. Dans des crises ma mère se jette sur moi, elle m'enferme dans la chambre, elle me bat à coups de poing, elle me gifle, elle me déshabille, elle s'approche de moi, elle sent mon corps, mon linge, elle dit qu'elle trouve le parfum de l'homme chinois, elle va plus avant, elle regarde s'il y a des taches suspectes sur le linge et elle hurle, la ville va l'entendre, que sa fille est une prostituée, qu'elle va la jeter dehors, qu'elle désire la voir crever et que personne ne voudra plus d'elle, qu'elle est déshonorée, une chienne vaut davantage. »

Une seconde scène montre la mère toute différente : aimante, sincère, lucide, pas culpabilisante, respectueuse même. « Elle a attendu longtemps avant de me parler encore, puis elle l'a fait, avec beaucoup d'amour : tu sais que c'est fini ? Que tu ne pourras jamais te marier ici à la colonie ? Je hausse les épaules, je ris. Je dis : je peux me marier partout, quand je veux. Ma mère fait signe que non. Non. Elle dit : ici tout se sait, ici tu ne pourras plus. Elle me regarde et elle dit les choses inoubliables : tu leur plais ? Je réponds : c'est ça, je leur plais quand même. C'est là qu'elle dit : tu leur plais aussi à cause de ce que tu es toi. Elle me demande encore : c'est seulement à cause de l'argent que tu le vois ? J'hésite et puis je dis que c'est seulement pour l'argent. Elle me regarde encore long-temps, elle ne me croit pas. Elle dit : je ne te ressemblais pas, j'ai eu plus de mal que toi pour les études et moi j'étais très sérieuse, je l'ai été trop longtemps, trop tard, j'ai perdu le goût de mon plaisir. »

Peut-être cette mère, constatant l'échec de sa position de chaperon, préfère-t-elle traiter sa fille comme une femme, et respecter ses choix ? Ce serait une hypothèse plausible si elle n'avait aussi clairement conscience que sa fille se prostitue : « La mère parle, parle. Elle parle de la prostitution éclatante et elle rit, du scandale, de cette pitre-rie, de ce chapeau déplacé, de cette élégance sublime de l'enfant, de la traversée du fleuve, et elle rit de cette chose irrésistible ici dans les colonies françaises, je parle, dit-elle, de cette peau de Blanche, de cette jeune enfant qui était jusque-là cachée dans les postes de brousse et qui tout à coup arrive au grand jour et se commet dans la ville au su et à la vue de tous, avec la grande racaille milliardaire chinoise, diamant au doigt comme une jeune banquière, et elle pleure. »

De la mère-chaperon ou de la mère-loi qu'elle a vaine-ment tenté d'incarner, voire de la mère marieuse qu'elle renonce à jamais devenir, elle se mue directement en mère maquerelle. Convoquée par la directrice du pensionnat où se trouve sa fille, parce que celle-ci a découché, « elle lui demandera de me laisser libre le soir, de ne pas contrôler les heures auxquelles je rentre, de ne pas me forcer non plus à aller en promenade le dimanche avec les pensionnai-res. Elle dit : c'est une enfant qui a toujours été libre, sans ça elle se sauverait, moi-même, sa mère, je ne peux rien contre ça, si je veux la garder je dois la laisser libre ».

Faut-il prendre la mère au mot, et considérer que pour la garder elle est prête à renoncer à tous ses principes éducatifs ? Ou bien, comme le pense l'entourage, que « la mère n'a aucun sens de rien, ni celui de la façon d'élever une petite fille » ? Ce qui est clair en tout cas, c'est l'incohérence des positions de la mère, qui semble essayer successivement toutes les possibilités offertes face à la sexualité naissante d'une fille : chaperon et loi, marieuse et maquerelle, et même la mère « moderne », compréhensive sans être trop intrusive. Mais cette dernière option, qui pourrait plaider en faveur de la mère, est elle-même incohérente avec le contexte : l'époque et le lieu étaient loin d'être encore aussi permissifs, de sorte que la fille, étant donné son âge, se trouvait exposée à un évident danger de relégation. Si elle fut sauvée de la prostitution, ce fut peut-être par l'écriture – mais assurément pas par sa mère.

22.

Partir, revenir

Du foyer parental au foyer conjugal : ce saut est probablement le plus brutal qu'un individu puisse connaître dans sa vie. Il marque une fille dans son corps, par la défloration ; dans son statut, par le passage à l'état de « première », de femme mariée ; dans sa vie affective, avec l'apprentissage d'un rapport amoureux vécu au quotidien ; dans sa vie relationnelle, avec l'apport de nouveaux liens – belle-famille, amis du mari – et la perte ou l'éloignement des anciens ; dans sa condition matérielle, avec l'investissement d'un autre décor ; dans ses perspectives d'avenir, avec la promesse de maternité.

Rien d'étonnant, dans ces conditions, si la promise est hésitante, ambivalente face à la perspective du mariage, et parfois face à sa réalité. Symétriquement, sa mère aussi peut désirer pour sa fille le sort qu'elle-même a connu, en même temps que craindre son départ – voire souhaiter son retour.

Quitter la maison

Nous avons vu les mères marieuses faire ce qu'il faut – et parfois ce qu'il ne faut pas – pour que leur fille quitte

279

la maison. La fille aussi peut en venir à désirer plus que tout sauter ce pas, soit par le mariage (version traditionnelle), soit par la sortie hors du foyer parental (version moderne). Ce désir naît souvent du besoin d'échapper à l'étouffement par la mère, surtout lorsque celle-ci joue à fond son rôle de chaperon.

A l'époque contemporaine, cet envol de la fille hors du nid parental n'est plus obligatoirement associé à la prise en charge matrimoniale par un mari : elle peut passer par l'une ou l'autre de ces deux dimensions du mariage que sont l'initiation sexuelle et la vie dans un autre foyer. Dans le premier cas, l'autonomie demeure essentiellement symbolique, la sexualité jouant le rôle de marqueur du nouveau statut de femme, ne devant plus obéissance aux parents ; dans le second cas, elle est clairement matérielle, puisque les parents ne sont plus présents auprès de la fille.

Dans l'entre-deux-guerres, ce dernier cas de figure trouve une illustration avec *Le Cercle de famille* d'André Maurois (1932) – une histoire d'adultère sur quatre générations – où Denise, la narratrice, veut quitter le foyer familial pour vivre sa vie d'étudiante : « La présence de maman m'est plus douloureuse que je ne puis dire. Elle n'arrive pas à comprendre que je suis maintenant une femme, comme elle, elle me traite comme une enfant. Je ne la supporte pas. » En obtenant d'aller habiter chez sa grand-mère, elle expérimente ce qu'est une identité autonome, où l'on existe en tant que personne à part entière et non plus en tant qu'occupante d'une place prédéfinie dans une configuration familiale : « Ici, rue d'Amiette, je suis Denise Herpain ; je ne suis pas un objet qu'on place et qu'on écarte à son gré ; je ne suis pas là pour recevoir des observations. On frappe à ma porte et on attend avant d'entrer. Je sais que personne n'ouvrira jamais mes tiroirs derrière mon dos, que personne ne décachettera mes lettres, qu'on ne trouvera pas nécessaire que je mette une blouse verte quand j'en aurai mis une rose. T'ai-je dit qu'à la maison, chaque fois que l'on entrait chez moi comme dans un moulin, cela me donnait un coup au cœur ? »

En d'autres termes, c'est le droit au respect que conquiert la jeune femme moderne, qui ne se reconnaît plus dans l'identité de « fille » – au double sens d'enfant et de célibataire, donc doublement subordonnée aux parents. Mais cela, elle ne peut l'obtenir en restant auprès de ses parents : il lui faut partir, par tous les moyens. Le mariage en est un. Mais le remède peut s'avérer pire que le mal.

Retourner chez sa mère

« Je rentre chez ma mère ! » : c'est le cri du cœur des épouses mal mariées, ces « filles mal prises » qui n'ont d'autre solution que de repasser des bras du mari à ceux de leur mère lorsque les choses vont trop mal. Ainsi, dans *Serge Panine* de Georges Ohnet (1881), Jeanne de Cernay, qui a épousé par simple dépit un homme qu'elle n'aime pas, lui demande, le soir des noces, de ne pas l'obliger à le suivre, et de l'autoriser à rentrer chez sa mère : « Vous, vous viendriez nous voir chaque jour, et, dès demain, par exemple... » Mais fort de son droit, il est intraitable : « Non, non ! Vous êtes ma femme : la femme doit suivre son mari : c'est la loi qui le dit ! » Il en était ainsi du moins dans les sociétés traditionnelles, où l'ordre des « états de femme » ne permettait pas qu'une femme soit « non liée », c'est-à-dire dotée d'une vie matérielle autonome et d'une vie sexuelle sans pour autant être stigmatisée. Aujourd'hui, le divorce est là pour offrir à celles qui ne veulent plus de leur mariage une niche, à la fois matérielle et identitaire, qui ne soit pas une régression à l'état de « fille ».

« Rendez-moi ma fille ! » : c'est le cri du cœur des mères qui ont du mal à voir leur fille se détacher d'elles, à les imaginer dans les bras d'un mari – surtout lorsqu'elles devinent, ou fantasment, que la jeune épouse s'y trouve contre son gré. Ainsi, dans la mythologie, Déméter obtint de Zeus, père de sa fille Perséphone, que celle-ci ne reste que trois mois de l'année avec Hadès, son ravisseur, et passe le reste de l'année en compagnie de sa mère. L'histoire ne dit pas si ce choix était aussi celui de la fille, dont l'ambivalence aurait ainsi trouvé une solution matérielle, ou bien s'il ne procédait que de la possessivité de la mère.

Ce dernier cas est illustré dans *Serge Panine*, non plus avec Jeanne, la fille adoptive, mais avec Micheline, la fille biologique de Mme Desvarennes. Celle-ci est une femme d'action ayant construit une gigantesque fortune, et qui, devenue veuve d'un mari sur lequel elle avait pris le pouvoir (« Michel ne fit pas, hélas, un grand vide dans la maison. On porta son deuil. Mais c'est à peine si on remarqua qu'il était absent. Sa vie entière avait été une absence »), investit tout son amour sur cette fille qu'elle a eue sur le tard. On a là le portrait d'une « plus femme que mère » basculée en « plus mère que femme » : « Mme Desvarennes, c'est triste à dire, se sentit plus maîtresse de sa fille quand elle fut veuve. Elle était jalouse de toutes les affections de Micheline, et chacun des baisers que l'enfant donnait à son père paraissait à la mère lui avoir été volé à elle. A cette farouche et exclusive tendresse, il fallait la solitude autour de l'être chéri. » Aussi vivra-t-elle le mariage de sa fille avec le prince Panine comme un arrachement. Quelques mois après les noces, elle lui fait une véritable scène :

« M'habituer à vivre sans toi, après avoir, pendant vingt ans, subordonné mon existence à la tienne ? Supporter sans me plaindre qu'on m'ait pris tout mon bonheur ?

– Voyons, maman ! tu ne pourras donc jamais te faire à ton rôle ? Tu seras donc toujours jalouse ? Tu sais bien cependant que toutes les femmes quittent leur mère pour suivre leur mari. C'est la loi de la nature.

– Tu as été couvée, adorée, pendant vingt ans. Et il a suffi, ingrate, d'un homme que tu connaissais à peine il y a six mois, pour te faire tout oublier.

– Je n'ai rien oublié, dit Micheline, émue par cette chaleur passionnée, et dans mon cœur tu as toujours la même place.

La patronne regarda la jeune femme, puis, avec mélancolie :

– Ce n'est plus la première ! »

Habitée par une jalousie d'amant abandonné, elle va chercher à séparer les époux : « Le mari désertant le foyer, c'était son salut, à elle. La porte par laquelle Serge allait sortir lui servirait, à elle, pour rentrer [...] En ouvrant largement sa caisse au prince, elle favoriserait son vice. Et immanquablement elle arriverait à séparer Serge de Micheline. » Mais n'y parvenant pas, elle finira par supprimer son gendre pour reconquérir l'amour de sa fille...

Retourner chez sa mère : outre qu'il s'agit d'un constat d'échec du mariage, c'est là un mouvement contre nature, qui oblige la fille à rebrousser son destin, à repasser de l'état de femme à l'état de fille. Cette transgression de l'« ordre » – l'ordre matrimonial autant que l'ordre des états de femme – se joue à plusieurs niveaux, du plus individuel au plus collectif, et du plus matériel au plus symbolique. C'est cette superposition des transgressions, intéressant la psychanalyse autant que l'anthropologie, que décrit exemplairement un roman d'Ismaïl Kadaré, *Qui a ramené Doruntine ?* (1980), dont la jeune héroïne, ramenée à sa mère en vertu de la promesse faite par son frère lors de son mariage, meurt au début du récit.

Dans le village d'Albanie auquel appartient cette famille, une tradition immémoriale privilégie les mariages proches (endogamiques), à l'intérieur du clan ; mais les partisans de l'innovation – dont le frère de Doruntine, Constantin, est le principal représentant – militent en faveur des unions exogamiques, au-delà des frontières. Cet éloignement est considéré comme facteur d'espoir ou marque de grandeur, ce pour quoi Constantin insiste pour marier sa sœur en pays lointain. En compensation de cette transgression de la coutume, il donne à sa mère sa promesse de la lui ramener, « quand elle en exprimerait le désir » : cette promesse permettant de maintenir le lien entre le proche et le lointain, la tradition et l'innovation, la petitesse du clan et la grandeur d'un espace transnational.

Le récit s'ouvre sur le retour de Doruntine, plus de trois ans après son départ. Mais c'est un retour tragique, puisqu'il est marqué par la mort de la fille, et de la mère. Cette double mort se complique d'un mystère : qui a ramené Doruntine à sa mère ? La fille, avant de mourir, prétendit que c'est son frère Constantin qui l'avait ramenée sur son cheval – le problème étant qu'il était mort depuis longtemps. Serait-ce donc un mort qui est sorti de sa tombe pour tenir la promesse faite à la mère, transgressant ainsi la frontière entre morts et vivants, de même qu'il transgressa les frontières claniques et géographiques en imposant l'exil ? Mais si ce n'est pas Constantin, qui donc a accompli sa promesse, qui a maintenu le lien entre la fille et la mère, entre la tradition du mariage proche et l'innovation du mariage lointain ?

Certains parlent d'une autre transgression : l'adultère. Doruntine serait revenue en compagnie de son amant, qu'elle aurait voulu faire passer pour son frère. D'autres suggèrent une transgression plus grave encore : l'inceste. L'amour coupable entre le frère et la sœur aurait incité celui-ci, pour éloigner la tentation, à exiler sa bien-aimée par un mariage à l'étranger, mais le même coupable désir l'aurait poussé à la triple transgression des frontières : sexuelles, en aimant sa sœur, spatiales, en la ramenant au pays, et humaines, en revenant du royaume des morts pour se mêler au monde des vivants. La transgression exogamique se paierait-elle de cette transgression fondamentale qu'est la frontière entre les vivants et les morts ? Ou bien le sacrifice du frère serait-il le prix de cette « promesse » exécutée par-delà toutes frontières, permettant à la tradition communautaire de se maintenir malgré les transgressions individuelles ?

Toujours est-il que Doruntine, après trois ans de mariage, est rentrée chez sa mère. Et que l'une et l'autre en sont mortes.

Le choix d'objet

Partir, revenir... L'ambivalence de la promise ou de la jeune épouse, partagée entre l'accès au statut de femme, auprès de son mari, et le maintien du statut de fille, auprès de sa mère, peut aussi se gérer sur le plan intrapsychique, par le choix de l'objet d'amour – pour autant du moins qu'elle soit à même de choisir son compagnon. Car quoi de mieux, pour concilier les deux, que de former un couple avec un homme qui occupe une position maternelle ? C'est un cas dont la fréquence n'a probablement rien à envier à celui du mari faisant office de père – cas beaucoup plus souvent évoqué car conforme au paradigme œdipien [1]. Il n'exclut évidemment pas l'éventualité que

---

1. Répertoriant les références inconscientes présidant au choix d'un conjoint, J.-G. Lemaire ne distingue pas entre homme et femme, mais prend implicitement celle-ci pour objet, privilégiant le modèle œdipien : les « références aux images parentales » peuvent être « références positives (un

l'homme idéal puisse incarner *à la fois* le père et la mère, comme le suggère avec pertinence la psychanalyste américaine Jessica Benjamin [1].

Écoutons le jardinier qu'on veut marier à Électre, dans la pièce de Giraudoux : « Elle se cherche une mère, Électre. Elle se ferait une mère du premier être venu. Elle m'épousait parce qu'elle sentait que j'étais le seul homme, absolument le seul, qui pouvait être une sorte de mère. Et d'ailleurs, je ne suis pas le seul. Il y a des hommes qui seraient enchantés de porter neuf mois, s'il le fallait, pour avoir des filles. Tous les hommes. » Or Électre, nous l'avons vu, est fille d'une mère « plus femme que mère » : de sorte que pour elle, un homme maternel est le contraire de sa mère – son anti-mère, pourrait-on dire, comme on parle d'antidote. Il en va de même pour Eva dans *Sonate d'automne*, mariée à un homme qui l'aime quoi qu'elle fasse, et la protège : un homme qu'elle-même ne peut pas vraiment aimer, car elle ne retrouve rien en lui des traçages

---

mari comme le père) ou négatives (surtout pas comme le père) qui masquent leur caractère ambivalent, références à chacun des parents ("un mari tendre, nourricier et protecteur comme ma mère", ou "surtout pas comme elle") ou encore références latentes, partielles aux figures fraternelles ou grand-parentales, ou à des figures de l'environnement social plus ou moins chargées de fonctions parentales, etc. » (J.-G. Lemaire, *Famille, amour, folie. Lecture et traitement psychanalytique des liens familiaux*, Paris, Centurion, 1989, p. 133).

1. « Dans les fantasmes les plus classiques de l'amour idéal, celui qu'on trouve le plus souvent dans les romans de gare, une femme ne peut libérer son désir que dans les bras d'un homme qu'elle imagine plus puissant qu'elle et qui ne dépend pas d'elle pour être fort. Un tel homme, qui la désire mais n'a pas besoin d'elle, satisfait en la femme ce qui lui a manqué *à la fois* de la part de son père *et* de sa mère : la faculté de survivre à l'attaque et d'être encore là. En ce sens, l'amant idéal apporte en fait deux éléments, le soutien *et* l'excitation, l'environnement qui soutient *et* le chemin vers la liberté – il est la figure conjuguée de l'idéal du père *et* de la mère » (J. Benjamin, *Les Liens de l'amour*, 1988, Paris, Métailié, 1993, p 124-125).

émotionnels familiers – mais au moins sait-elle qu'il ne lui fera pas de mal.

Si à l'inverse elle cherchait, par une sorte de compulsion de répétition, à retrouver avec un homme le même type de relation qu'elle eut avec sa mère, alors elle choisirait probablement un « homme-étoile », ou un « homme-amant » : mari totalement absorbé par son métier, ou volage. Ce serait un homme en tout cas qui, loin de la materner, la maintiendrait dans la position bien connue de celle qui quémande, et n'obtient en retour que distance, et distance encore – jusqu'à ce que l'homme s'éloigne défi-nitivement, ou que la femme parvienne à rompre sa dépendance, en divorçant.

Quant aux filles de mères « plus mères que femmes », sans doute connaissent-elles une semblable alternative entre des choix extrêmes. Cherchent-elles leur mère chez un homme ? Alors elles trouveront celui avec lequel repro-duire le couple fusionnel, noué par une dépendance réci-proque, qui ne laissera aucune place à des tiers, et ne se maintiendra qu'au prix de l'autoconfinement de chacun dans la niche initiale. Cherchent-elles, à l'inverse, leur anti-mère ? Alors elles seront candidates aux liaisons impossibles – hommes mariés, voyageurs, compagnons à distance, amants éphémères ou amoureux de leur indépen-dance –, qui les laisseront probablement insatisfaites mais qui, au moins, ne risqueront pas de les enfermer dans la coquille maternelle, seule expérience qui leur aura été léguée en matière de lien affectif.

Faute de fictions mettant en scène et le lien filial entre une mère et sa fille, et le lien conjugal entre la fille et son partenaire, nous en sommes réduits aux hypothèses et aux observations. Mais il est bien dans la logique des choses que les mères ayant noué des relations impossibles avec leur fille, à une extrémité ou à l'autre du spectre, produisent des filles mal équipées pour s'engager dans leur destin de femme : qu'elles tentent, inconsciemment, de retrouver leur mère ou, à l'opposé, de la fuir à tout prix, elles auront toutes chances d'entretenir à leur tour des relations impossibles – soit mutilantes, soit vouées à l'échec – avec les hommes.

23.

Le complexe de la seconde

Nous venons de voir combien il peut être difficile, pour une fille en âge de se marier, de remplacer sa mère *par* un homme. Mais il n'est pas non plus facile de remplacer la mère *auprès* d'un homme, c'est-à-dire de prendre la place de l'épouse, qui a toujours été incarnée, aux yeux de la jeune fille comme à ceux du jeune homme, par la mère. Pour cela, il faut que la mère laisse la place à ce tiers qu'est, dans sa relation avec sa fille, l'homme aimé par celle-ci ; et il faut que la fille accepte d'exclure sa mère du couple qu'elle s'apprête à former avec son partenaire.

C'est en cela que le mariage est un moment pivot, faisant la différence avec le temps de l'enfance, lorsque la fille n'était encore que l'enfant de son père et de sa mère : la relation à trois – intergénérationnelle – n'excluant ni le père (comme avec les « plus mères que femmes »), ni la fille (comme avec les « plus femmes que mères »), ni la mère (comme dans l'inceste du premier type), doit laisser la place à une relation à deux – intragénérationnelle – entre la fille et son promis. Car un couple ne peut se constituer, et produire à son tour un tiers, en enfantant, qu'à condition qu'on y soit deux, et non pas trois, ou quatre. C'est en cette impossibilité de sauter le pas – de chasser la mère – que consiste, pour la fille qui se marie, le « complexe de la seconde [1] ».

Lilith-Rebecca

Dans la Kabbale, Ève n'est que la seconde épouse d'Adam : avant elle, il y eut Lilith, la première épouse, qu'Adam demanda à Dieu d'éliminer pour la remplacer par Ève. Esprit nocturne, « démon femelle », elle figure dans les mythologies orientales le mauvais ange de la luxure ; en astrologie, elle est la lune noire, associée à la fois à l'activité sexuelle libertine et à l'activité spirituelle maléfique – la magie noire.

Lilith semble s'être réincarnée, dans la littérature occidentale, sous les traits de Rebecca, l'invisible héroïne – ou plutôt anti-héroïne – du célèbre roman de Daphné Du Maurier (1938) : l'une et l'autre étant dotées d'une longue chevelure brune, d'une propension à la débauche et de pouvoirs maléfiques. Rebecca est aussi une première épouse : celle de Max, le beau et riche châtelain de Manderley, qui épouse en secondes noces la jeune et timide narratrice, après la tragique disparition en mer de la belle, la souveraine, la célèbre Rebecca.

Le roman décrit, avec une précision quasi clinique (dépression, obsession, paranoïa, schizophrénie, pulsion suicidaire), le progressif effacement de la seconde épouse devant le souvenir grandiose de la première, à laquelle elle ne parvient pas à se mesurer, au point d'y perdre son identité et, presque, sa raison, voire sa vie ; puis la révélation de la véritable nature de ce monstre sacré, qui ne fut en

---

1. Pour un exposé plus détaillé, voir N. Heinich, *États de femme, op. cit.*, troisième partie.

réalité qu'une horrible perverse, haïe par son mari au point qu'il en vint à la tuer. Adam, lui, avait dû faire appel à Dieu pour se débarrasser de Lilith, et laisser place à Ève ; mais au XXe siècle il n'y a plus de *deus ex machina* dans les romans ; ou plutôt, ce sont les ficelles de l'intrigue romanesque qui en font office, délivrant les bons et les faibles, in extremis, de l'empire du mal.

Le succès de ce roman auprès des lectrices (et des spectatrices, après son adaptation cinématographique par Alfred Hitchcock en 1940) tient à ce qu'il constitue la plus pure mise en fiction du « complexe de la seconde ». En quoi, dira-t-on, a-t-il à voir avec le rapport à la mère, qui nous occupe ici ? La question se pose d'autant plus que ce récit brille plutôt par l'absence de toute mère (à l'exception de la grand-mère du narrateur, brièvement évoquée, et de la vieille chienne aveugle) : la narratrice, comme son époux, sont orphelins de mère ; le couple, après le dénouement tragique, demeurera stérile ; et même Rebecca s'avère finalement avoir été incapable d'enfanter, par une malformation congénitale doublée – deux précautions romanesques valent mieux qu'une – d'un cancer de l'utérus.

La réponse est que la mère, totalement absente sous sa forme littérale, est toute présente sous sa forme symbolique. La mère, dans *Rebecca*, est partout, hantant le roman comme la présence absente de la première épouse hante le château et l'esprit de la seconde épouse : parce que la mère, c'est la première épouse, qui ici a nom Rebecca, comme ailleurs elle a nom Lilith. C'est celle qui précède la plus jeune à la place de l'épouse, et qui, parce qu'on n'a pas su l'en chasser, empêche une autre de la prendre : empêche la fille de devenir vraiment la femme de son époux, parce que ce serait occuper la place incarnée par sa mère.

Il suffit en effet de passer des personnages du roman (la narratrice, Max, Rebecca), aux figures narratives ainsi déployées (la seconde épouse, le veuf remarié, la première épouse), puis à leur place symbolique (la fille, le père, la mère), pour comprendre que le « complexe de la seconde » n'est autre que la version féminine du « complexe d'Œdipe » pour les garçons : l'impossibilité d'épouser le père mise sur le compte de la présence de la mère, et la nécessité, pour s'en débarrasser, de la fantasmer non plus comme bonne et aimée par le père, mais comme mauvaise et détestée.

Ainsi le personnage de Rebecca, si central dans le roman qu'il lui donne son titre, incarne non seulement la figure imaginaire de la première épouse, mais aussi la place symbolique de la mère. Voilà pourquoi celle-ci n'a pas besoin d'être présente, narrativement, puisqu'elle est au cœur même du récit, symboliquement : absente là où on l'attendrait, la mère est toute présente là où on ne l'attend pas — là même où elle ne devrait surtout pas être.

Les romans de la seconde

Douterait-on de cette interprétation que la récurrence — et, souvent, le succès — des romans mettant en scène cette même configuration nous convaincrait de sa justesse. Rien de plus répandu en effet, dans la littérature, que cette histoire de rivalité à mort opposant deux femmes pour la conquête de l'amour d'un homme, représentée par la situation de la seconde épouse rivalisant avec la première, ou se battant avec son fantôme, pour l'amour du mari — la seconde étant à la première ce que la fille est à la mère.

Ainsi, tout incite à voir dans *Rebecca* une version modernisée du *Jane Eyre* de Charlotte Brontë (1847), tant l'essentiel y est : la jeune femme innocente arrivant dans un château, l'homme mûr qui pourrait être le père, la première femme à laquelle, malgré lui, il appartient encore, l'inquiétante gouvernante, le secret et l'aveu, la lutte à mort, l'horreur, l'incendie, la perte de l'innocence féminine dans la victoire sur la première, en même temps que la perte de la puissance masculine consumée avec le château, l'homme étant ainsi rendu – aveugle, amputé et sans doute impuissant – à l'état de mari possible, puisque diminué.

« Je voudrais être sûre que je n'ai pas de rivale, même dans ta mémoire... L'idée que tu pourrais, auprès de moi, faire des comparaisons, avoir des souvenirs, des regrets, m'est insupportable, voilà ce qui me ronge le cœur... Juremoi que je remplace, pour toi, tout ce que tu as aimé... » : ce sont les mots par lesquels Annie supplie son mari dans *La Dame en gris* de Georges Ohnet (1895), après avoir succédé à une première épouse défunte, dont la présence absente la fait davantage souffrir qu'une rivale vivante. En 1910, *Esclave... ou reine* de Delly reprend sous forme caricaturale le même motif : la jeune épouse succédant à une morte, l'époux impénétrable et ambivalent, l'arrivée dans une grande demeure étrangère, la dépression, le secret originel, son dévoilement et, enfin, le renversement heureux du statut de l'épouse qui, d'esclave de son mari, devient enfin la reine de son cœur.

« Tu vas épouser un veuf qui a le cœur brisé ! N'est-ce pas un peu risqué ? Tu sais qu'Elsie Ashby le dominait entièrement. [...] Kenneth n'a jamais regardé une autre femme depuis qu'il a jeté les yeux pour la première fois sur Elsie Corder. [...] Il ne te laissera jamais bouger un fauteuil ni déplacer une lampe et, quoi que tu te risques à faire, il le comparera en lui-même à ce qu'Elsie aurait fait à ta place » : tels sont les avertissements amicaux qu'avait reçus Charlotte lorsqu'elle s'était fiancée à Kenneth Ashby, dans la nouvelle d'Edith Wharton *Graine de Grenade*

(1911). Toutefois la vie conjugale commence sans aucune ombre : « C'était comme si l'amour de Kenneth avait pénétré le secret qu'en son propre cœur elle ne s'avouait qu'à peine : son besoin passionné de se sentir maîtresse même du passé de son mari. » Mais un jour se mettent à arriver les « lettres grises » que la première épouse – un fantôme en bonne et due forme fantastique – écrit à son mari, lequel devient désagréable lorsqu'il les reçoit. Ces lettres envahissent la vie du couple d'une présence non dite, celle de la première épouse – « Ne croyez-vous pas qu'elle est partout dans cette maison, et d'autant plus proche de lui qu'elle est devenue invisible à tous les autres ? » – jusqu'à la disparition du mari.

On voit qu'autour de ce motif, le dénouement peut varier, autant que les genres romanesques – du roman sentimental à la littérature fantastique. Ainsi, dans *Vera* d'Elizabeth von Arnim (1921), une jeune fille tombe amoureuse d'un homme qui vient de perdre sa femme, dont le prénom, comme chez Daphné Du Maurier, donne son titre au roman. L'époux n'envisage pas de réaménager la maison qui fut celle de Vera ; mais c'est lui, finalement, qui se révèle maléfique – et non plus sa première épouse, qu'il a probablement poussée au suicide –, de sorte que le roman s'achève comme un moderne *Barbe-Bleue*, avec une jeune femme livrée sans défense à un mari pervers.

Le point de vue aussi peut changer : dans *La Seconde* de Colette (1929), l'histoire est contée par l'épouse, Fanny, dont Jane, la dame de compagnie, s'efforce d'occuper la place dans le cœur du mari, Farou. La « seconde » séduisant le mari de la « première », c'est comme si l'héroïne de Daphné Du Maurier, cherchant l'amour du mari de Rebecca, cherchait Rebecca à travers son mari, pour être Rebecca autant que pour avoir ce qu'elle possédait : cherchant donc à la supplanter, à être la première à la place de la première, quitte à la tuer, pour éliminer symboliquement cette morte – ce poids mort dans le couple – qui ne vit plus que dans l'emprise qu'elle continue d'exercer du seul fait qu'elle a été là, avant.

Le cinéma aussi s'est emparé du thème : non seulement par l'adaptation de romans tels que *Jane Eyre* ou *Rebecca*, mais aussi par des scénarios originaux. Dans *Le Secret derrière la porte* de Fritz Lang (1948, avec Joan Bennett et Michael Redgrave), ou dans *Fedora* de Billy Wilder (1978, avec Marthe Keller et Mel Ferrer), on retrouve les figures essentielles du « complexe de la seconde », y compris le personnage inquiétant de la gouvernante (ou secrétaire), maléfique médiatrice de la première disparue : autant d'histoires de « monstresses », d'autant plus terribles qu'on n'en voit que le spectre[1]. Même les femmes modernes, cadres supérieurs urbains telles que les mettent en scène les romans les plus actuels, n'y échappent pas : dans *Sa femme* d'Emmanuèle Bernheim (1993), une jeune femme médecin, célibataire, qui a une liaison avec un homme marié et père de famille, pense beaucoup à « sa femme », qu'elle ne connaît pas mais se plaît à imaginer ; le jour où il lui avoue qu'il n'est pas marié, n'ayant inventé cette fiction que pour garder sa liberté, elle refuse de l'épouser, et le quitte – pour se tourner vers l'un de ses patients dont elle a aperçu la femme...

Enfin, le dispositif lui-même peut varier, lorsque c'est la fille et non plus la seconde épouse qui, plus directement, se mesure avec la femme aimée par le père. C'est le cas dans *La Louve dévorante* de Delly (1951), qui est une maléfique belle-mère, une « étrangère devenue souveraine maîtresse dans la maison », cherchant à capter à son profit

---

1. Voir N. Heinich, « L'absente », in *Les Monstresses*, hors-série des *Cahiers du cinéma*, n° 5, 1980.

DE L'ÊTRE-FILLE AU DEVENIR-FEMME

la fortune familiale. Plus modernes, *Le Rempart des béguines* de Françoise Mallet-Joris (1951) ou *Bonjour tristesse* de Françoise Sagan (1954) mettent en scène une adolescente orpheline de mère aux prises avec la maîtresse de son père, soit dans la fascination homosexuelle, soit dans le désir de mort. Remarquons toutefois que ces rivalités directes entre une fille et l'aimée du père n'apparaissent dans la fiction que si celle-ci a un statut de seconde (seconde épouse ou maîtresse), mais jamais lorsque c'est la mère : ce serait là une représentation directe des sentiments interdits – l'équivalent du mythe d'Œdipe pour les hommes – que le genre romanesque, apparemment, n'autorise guère, contrairement à la tragédie grecque.

Entre psychanalyse et anthropologie

Avec le « complexe de la seconde », nous abordons un phénomène d'ordre spécifiquement psychanalytique, puisqu'il relève de processus inconscients, accessibles par le biais d'une interprétation – la permutation structurale des places entre les personnages de roman et les figures familiales archaïques –, et non plus par une simple description des positions relatives occupées par les membres d'une même configuration.

Quelle est la spécificité de ce « complexe de la seconde » par rapport à son homologue masculin tel que le définit la théorie freudienne ? Tout d'abord, il implique le déplacement d'une problématique masculine à une problématique féminine, qui s'opère parallèlement au déplacement de la fiction mythologique héritée de l'Antiquité à la fiction romanesque apparue dans la modernité : le roman est le lieu d'expression par excellence du psychisme féminin. Ainsi peut être mise en évidence l'existence d'une fiction

« œdipienne » spécifiquement féminine, absente chez Freud (qui calquait la situation de la fillette sur celle du garçon), et inadéquate chez Jung (qui, en parlant du « complexe d'Électre », induisait une fausse symétrie entre l'histoire d'Œdipe, marquée par la transgression, et celle d'Électre, marquée par la volonté de faire respecter la loi) [1]. Ce type de fictions, en outre, opère un glissement de la situation infantile (père-mère-enfant), qui pour les filles ne s'exprime que dans les contes de fées, à la situation matrimoniale de la femme adulte (mari-première épouse-seconde épouse) : contrairement à Œdipe, qui retrouve à l'âge adulte une confrontation directe avec son père et sa mère, la « seconde » se confronte, au moment du mariage, avec un mari et une première épouse, face à qui se rejouent symboliquement ses rapports avec ses parents.

Plus généralement, le « complexe de la seconde » implique le déplacement d'une problématique du passage à l'acte sexuel (l'avoir, par la possession de l'autre), explicite dans l'histoire d'Œdipe, à une problématique de l'accomplissement identitaire (l'être, par la reconnaissance de soi), récurrente dans toutes les fictions du type *Rebecca*. Corrélativement enfin, ce déplacement nous amène à ouvrir l'investigation psychique à une dimension non exclusivement sexuelle, qui prenne également en compte la dimension proprement identitaire des affects, en même temps que la dimension économique des positions occupées.

Voilà qui nous aide à comprendre pourquoi le mariage est, dans la vie d'une femme, un tel événement : c'est qu'il n'a pas seulement pour enjeu le sexe et (surtout autrefois) la subsistance, mais aussi l'identité. Pour saisir en quoi

---

1. Sur les différentes étapes des théories freudiennes concernant l'« Œdipe féminin », voir Marie-Chistine Hamon, *Pourquoi les femmes aiment-elles les hommes et non pas plutôt leur mère ?*, Paris, Seuil, 1992.

celle-ci est particulièrement problématique pour les femmes, il faut articuler la perspective psychanalytique avec d'autres dimensions de l'expérience : historique et sociologique (comme nous l'avons fait à propos du passage de « l'être-fille » au « devenir-femme », en distinguant la tradition et la modernité), ainsi qu'anthropologique – comme nous allons le faire à présent.

« Il semble qu'il y soit décidément question de l'enjeu mortel que comporte la conquête de toute position unique. Car il n'y a pas de place pour deux, c'est l'un ou l'autre, c'est sa peau ou la mienne » : voilà qui définirait admirablement le problème du mariage dans le « complexe de la seconde ». Or il ne s'agit pas ici de mariage, mais de sorcellerie, telle que l'étudie Jeanne Favret-Saada : « La fascination exercée par les histoires de sorciers tient avant tout à ce qu'elle s'enracine dans l'expérience réelle, encore que subjective, que chacun peut faire, en diverses occasions de son existence, de ces situations où *il n'y a pas de place pour deux*, situations qui prennent dans les récits de sorcellerie la forme extrême d'un duel à mort[1]. »

La suite du texte pourrait d'ailleurs parfaitement s'appliquer aux fictions relevant du « complexe de la seconde » et à l'analyse que nous venons d'en faire : « Pour qu'un effet de conviction et de fascination puisse être produit par ces récits, il faut bien que ce registre de l'expérience subjective, sous quelque forme que ce soit, existe réellement et que nul n'y puisse échapper. Sans quoi l'on ne pourrait comprendre pourquoi ceux qui y ont été affrontés [...] éprouvent le besoin d'en faire à d'autres la relation, pourquoi les destinataires naturels de celle-ci [...] désirent à ce point la refaire à qui peut l'entendre, pourquoi j'ai

---

1. J. Favret-Saada, *Les Mots, la mort, les sorts*, Paris, Gallimard, 1977, p. 96-97.

été moi-même rassembler ces récits sans jamais me laisser rebuter par la difficulté de l'entreprise et pourquoi je les transmets aujourd'hui à des lecteurs dont on peut bien supposer qu'ils ne se sont pas engagés tout à fait par hasard à me suivre dans cette aventure. »

En quoi consistent, au regard de l'anthropologue, ces crises de sorcellerie ? Dix ans après la publication de son livre, Jeanne Favret-Saada en fournira, dans un article, une explication : « Un jeune homme, un subalterne, un célibataire, ne peut accéder au statut de chef de famille et d'exploitation qu'au détriment de tous ses parents proches, sans exception : s'il devient un "producteur individuel", c'est pour avoir fait subir à ses ascendants et à ses collatéraux, ainsi qu'à son épouse, une série de spoliations, d'éliminations et d'appropriations ; c'est pour avoir exercé à leur encontre une certaine quantité de violence, réelle bien que légale et culturellement autorisée [...] Bien qu'ils reçoivent dès le berceau une pleine autorisation culturelle de pratiquer ce genre de violences, tous les "producteurs individuels" n'ont pas nécessairement les moyens psychiques d'assumer cette suite de spoliations, d'éliminations et d'appropriations directes du patrimoine et du travail de leurs proches : ce n'est pas parce que "c'est la coutume" de succéder à son père, d'éliminer ses frères et de déshériter ses sœurs, que cela va de soi, que le coût psychique de ce genre d'opérations est nul[1]. »

Remplaçons, dans cette citation, « producteur individuel » par « fille à marier », « exploitation » par « ménage » et « proches » par « mère » : il apparaît alors que le recours à la magie mis en œuvre par les ensorcelés du bocage normand, tout comme le recours au fantasme mis en forme

---

1. J. Favret-Saada, « La genèse du "producteur individuel" », in *Singularités. Textes pour Éric de Dampierre*, Paris, Plon, 1989, p. 494-495.

par la fiction romanesque, peuvent également s'interpréter comme des modes de résolution de tensions psychiques insupportables, engendrées par un même type de situations. Elles se caractérisent par ceci que le sujet est amené à jouir d'un privilège auparavant dévolu à un être très proche – voire le plus proche – en prenant la place qu'il occupait, voire que lui seul pouvait occuper : place de la mère auprès de l'homme, place du parent dans l'exploitation agricole.

Il s'agit donc, essentiellement, d'un problème de place : problème qui se pose de façon critique au moment du mariage, pour les femmes, mais aussi, plus généralement, dans tous les cas où il faut occuper une position à la fois privilégiée et unique, antérieurement détenue par un proche : ce pourquoi les recours à la sorcellerie peuvent s'analyser, avec Jeanne Favret-Saada, comme une réponse à « l'enjeu mortel que comporte la conquête d'une position unique ». En ce sens, la crise d'identité qu'engendre chez une femme le mariage avec un homme précédemment marié, telle que la content les « romans de la seconde », apparaît comme l'homologue d'une crise de sorcellerie, dont la forme atténuée n'est autre que le mariage, où la jeune fille doit prendre la place de celle qui, au plan intrapsychique, la précéda auprès de l'homme – sa propre mère.

Voilà donc défini, dans toutes ses dimensions, le complexe de la seconde, propre à toute femme incapable d'assumer la violence spoliatrice consistant à prendre la place d'une première pour pouvoir occuper la sienne propre : expérience critique, pour les femmes beaucoup plus que pour les hommes, dont la dépendance est bien moindre, socialement, à l'égard des figures parentales et du lien matrimonial. Et cette expérience, nous le comprenons à présent, intéresse autant la psychanalyse que l'anthropologie.

Ce qui ne change pas

Le mariage n'est donc pas seulement un moment important, voire *le* moment par excellence dans une vie de femme : c'est un moment critique, et doublement. Premièrement, sur un plan anthropologique, parce qu'il détermine ce changement d'état qui, en même temps qu'une différence entre « avant » et « après », construit la différence entre deux identités : celle de la fille pubère et celle de la femme mariée, institutionnellement sexualisée. Et deuxièmement, sur un plan psychanalytique, parce qu'il exige de la jeune fille qu'elle endosse l'identité de la femme mariée, qu'elle se mette symboliquement à la place de celle qui depuis toujours occupait cette place, épouse et mère des enfants de l'homme. Ce « complexe de la seconde » hante toute éventualité de mariage, même s'il ne s'y manifeste pas forcément dans toute son intensité.

Les variations historiques et sociologiques affectent, nous l'avons vu, le statut du mariage dans notre société et, partant, les conditions du « devenir-femme ». En revanche, le double ancrage du « complexe de la seconde » dans la dimension du psychisme individuel, relevant de la psychanalyse, et dans la dimension du statut collectivement institué, relevant de l'anthropologie, lui confère une relative stabilité : il s'agit, sinon d'un invariant, du moins d'un phénomène de moindre variation. En témoigne notamment la persistance de son expression romanesque, présente dans le monde victorien comme dans la société actuelle, dans les couches supérieures comme dans les milieux populaires, chez les urbanisés comme chez les ruraux.

Ainsi, au moment où paraissait, avec *Sa femme* d'Emmanuèle Bernheim, une version mettant en scène une

301

femme cadre supérieur parisienne de la fin du XXᵉ siècle, était publiée une tout autre version, située dans la paysannerie de l'entre-deux-guerres : contexte qui rappelle les enquêtes de Jeanne Favret-Saada sur la sorcellerie dans le bocage normand, et ce d'autant plus que l'intrigue ressemble étrangement à un récit d'ensorcellement. C'est pourtant bien une exemplaire histoire de « seconde » que nous conte *Une femme empêchée* d'Henriette Bernier (1994).

Dans la France des années 1930, Mariette, fille de petits agriculteurs, épouse Paulin, veuf de sa première épouse Anna, morte en couches en laissant une petite fille, Marie. Au-dessus du lit conjugal trône la photo encadrée de la première épouse ; la seconde ne s'en remettra pas : « Elle est jeune, et fine, et belle, et voilà soudain qu'au soir de ses noces tout cela ne veut plus rien dire... Car il y a le troisième personnage. Une femme grave, muette, dont le regard se pose sur les deux autres mais ne les voit pas. C'est la première épouse du marié d'aujourd'hui. La photographie, au-dessus du lit doublement conjugal, est la sienne. [...] C'est de l'affaire du cadre, à mon avis, que tout est parti. [...] Je pense à la roue voilée d'une bicyclette d'enfant. Elle a malencontreusement heurté le bord d'un trottoir. L'enfant se désole et appelle son père au secours. le père examine la roue et dit : On ne peut rien y faire, elle ne tournera plus jamais rond. La vie de Paulin et de Mariette n'a pas tourné rond non plus. »

S'appuyant sur de petits objets, sur des situations triviales, la romancière va montrer comment ça ne peut plus « tourner rond » dans la tête d'une jeune fille qui a commencé sa vie de femme mariée sous le regard d'une morte dont elle a pris la place. Car sa place à elle – sa place d'épouse, de maîtresse de maison et de mère –, elle ne pourra jamais la trouver : « La maîtresse de la maison Cantot, maintenant, c'est Mariette, puisqu'elle a épousé

Paulin, il y a un mois tout juste. Elle en est la maîtresse en titre. Pas en fait. » Ainsi – comme dans *Rebecca* – les objets lui échappent : elle ne parvient pas à remonter la pendule, à monter l'écrémeuse. « Les objets sont les plus forts. C'est Mariette qui devra s'y faire, si elle veut vivre en paix avec eux. Il faudra du temps, sans doute, pour qu'ils deviennent SES objets. Et l'homme qu'elle a épousé, est-il devenu SON homme ? A lui, s'est-elle faite, au moins ? »

« Les choses ne vont pas mal. Pas très bien non plus. Il y manque un élan. Un élan qui jetterait Mariette au cou du Paulin [...] Il n'y a pas d'élan. Les yeux d'Anna l'ont brisé avant même qu'il éclose. » Lui s'interroge sur ce malaise, et finit par comprendre que la photo y est peut-être pour quelque chose : « Paulin se glisse dans la chambre et il décroche le cadre qu'il porte au grenier. Seulement, le papier qui tapisse les murs a déteint, et au-dessus du lit se détache maintenant un ovale plus foncé. » La place de la première est marquée : elle ne peut plus s'effacer.

Mariette aura deux filles, ce qui ne l'aidera pas à conforter son statut, puisqu'elle ne réussit même pas à être mère d'un garçon. Arrivent les disputes dans le couple : « Ces disputes ont toujours le même point de départ, le même déroulement, le même aboutissement logique et tragique. Un constat d'incompréhension. [...] Ils n'ont rien à se reprocher. Cependant le ton monte, et voilà qu'ils se jettent à la figure les histoires de Marie, de Clémence, de Louis... Et le garçon qu'ils n'auront pas, et le cadre dans la chambre... Tout est là. Ils le savent. Sinon pourquoi y reviendraient-ils toujours ? » La fille cadette – celle qui a pris la place de la romancière – témoignera plus tard : « Un jour, il n'y a pas tellement longtemps, puisque c'était à la fin de sa vie, alors qu'elle ne parlait presque plus, elle a pris ma main et elle m'a dit : Entre Paulin et moi... ce qu'il y a toujours eu... ce qui m'a empêchée... c'est les autres... Anna... Marie... et tous les autres... entre lui et moi, les autres... »

Elle s'est laissée glisser dans une dépression larvée. Elle devient boulimique, maniaco-dépressive : « Il y avait deux Mariette. Celle qui s'enfermait plus que jamais dans un mutisme douloureux, et celle qui explosait dans une exubérance de gestes et de mots. Entre les deux, pas de juste milieu. » Le docteur explique à Paulin : « Ce qu'elle a, c'est qu'elle ne sait plus où est sa place. » Il faudra l'hospitaliser, dans le service dont on ne dit pas le nom : chez les fous, où sera finalement la seule place qu'elle pourra occuper.

Sixième partie

DU DEVENIR-FEMME
AU DEVENIR-MÈRE

Mariette, la « femme empêchée » d'Henriette Bernier, s'acquitte par ailleurs fort mal de cette fonction maternelle entre toutes qu'est l'information des filles sur la menstruation, signe qu'elles pourront elles aussi, un jour, être mères. Marie, âgée de onze ans et demi, ayant dissimulé un paquet dans la grange, Mariette l'accuse d'être une voleuse et la gifle violemment : « Marie ne dit rien. Elle reste droite sous la gifle et l'injure. Voleuse... » Elle court se confier à la grand-mère : « C'est seulement quand elle a tout dit que Marie, enfin, a pu pleurer. D'une double honte. La honte du sang et de l'injure qui la salissent à tort, le sang parce qu'il vient trop tôt, l'injure parce qu'elle n'est pas méritée. » On sait à quel point cette transmission d'information peut faire défaut, ou être mal vécue : l'arrivée des règles, avec son cortège d'ignorance, de surprise, de honte et de jubilation, est un objet de récits récurrents entre femmes[1]. Or à travers elle, c'est la transmission même du rapport à la maternité qui se joue.

On comprendrait sans doute mieux ce rapport des femmes à la maternité si l'on était plus attentif à l'équivalence, qui

---

1. Helen Deutsch (*La Psychologie des femmes, op. cit.*) cite de nombreux cas où l'arrivée des règles a été vécue de façon traumatisante par la fille.

paraît aller de soi, entre « avoir des enfants » et « être une mère ». La première formule renvoie à la possession, plus ou moins heureuse, d'un objet plus ou moins gratifiant ; la seconde renvoie à la capacité d'endosser une identité. Or c'est là que le bât peut blesser : car l'identité de mère réfère forcément, pour une femme, à sa relation avec sa propre mère.

Le rapport ultérieur à la maternité – désir, refus, acceptation passive, conquête décidée – ne sera pas dissociable des liens entretenus avec la mère[1]. Ainsi, telle aura hâte de « faire des enfants » pour ne plus être une fille, et devenir mère « à son tour », c'est-à-dire comme sa mère ; telle autre entend se prouver qu'elle est capable de « ne surtout pas reproduire » avec ses enfants l'attitude de sa mère avec elle ; telle autre encore, qui a tout fait pour être mère, n'en trouve pas moins ses enfants un peu trop encombrants ; telle autre enfin confie qu'elle aurait volontiers eu des enfants si cela n'impliquait pas d'être mère.

Car si la maternité est affaire de transmission, ce n'est pas seulement sur le plan, biologique, de la transmission de la vie : elle est aussi transmission de l'identité de mère. Et comme toute transmission, celle-ci a ses réussites et ses ratés, ses blocages et ses défauts. Nous venons de voir comment les mères peuvent accompagner ou retenir le passage de leur fille à l'état de femme : il en est de même avec le passage à l'état de mère. Là encore, nous nous appuierons sur ce qui fait problème, puisque c'est par ce biais que la question trouve une place dans la fiction. Mais cette place est, ici, étonnamment réduite : autant littérature et cinéma abondent, nous venons de le voir, en histoires de « devenir-femme », autant ils sont pauvres en histoires de « devenir-mère ». Essayons malgré tout d'éclairer ce dont il s'agit.

---

1. C'est là le thème du livre déjà cité d'Aldo Naouri, *Les Filles et leurs mères*, qui traite essentiellement du rapport entre les mères et leurs mères.

24.

La transmission interrompue

Une maman aigle veut sauver du déluge ses petits, trop faibles pour voler de leurs propres ailes. Elle prend le premier dans ses serres, et s'envole. « Je te serai toujours reconnaissant, maman ! » dit l'aiglon. « Menteur ! » dit la mère en lâchant son petit dans les flots. La même chose se produit avec le deuxième. Quand la mère prend le troisième et vole vers un refuge, l'aiglon lui dit : « J'espère que je serai aussi bon pour mes enfants que tu l'as été pour moi ! » Et la mère sauva cet enfant.

Cet apologue, rapporté par Freud, nous enseigne que la dette de gratitude qui unit un enfant à sa mère doit se situer dans le futur et non dans le passé. Faute de quoi, la transmission de la vie s'interrompt, soit (comme dans le conte) du fait de la mère, soit du fait de la fille, fixée dans une relation qui l'empêche d'aller de l'avant. Ce n'est donc pas de la maternité en soi, ni de la stérilité, qu'il va s'agir ici, mais des divers « défauts de transmission » qui en empêchent ou en perturbent la réalisation, en tant qu'ils ont à voir avec les relations entre une fille et sa mère lorsque la fille devient mère à son tour (que ce soit d'un garçon ou d'une fille) – ou ne le devient pas.

La maternité refusée

De la dette de gratitude qu'évoque cet apologue, l'enfant, et surtout le premier, est l'incarnation : ce pourquoi certaines femmes le donnent à leur mère, alors que d'autres, pour ne pas avoir à s'en acquitter, avortent, spontanément ou volontairement, avant de mener une première grossesse à son terme – façon de « tuer la mère en soi[1] ».

Le psychanalyste François Perrier qualifie du nom évocateur d'« amatrides » les femmes auxquelles « l'idéologie, le mythe, la légende, l'idéalisation de la mère ont manqué[2] ». Dans la mythologie grecque, Athéna, née sans mère (et, non par hasard, déesse de ces vertus viriles que sont l'esprit et la guerre), exemplifie le fantasme féminin de ne pas devoir son existence à une transmission maternelle ; on ne peut guère imaginer, dans ces conditions, qu'elle puisse elle-même transmettre la vie. Cette position d'« amatride » est, certes, une cause possible de refus de maternité par une femme, dès lors que la référence maternelle originaire fait défaut – forme extrême de la défaillance. Mais n'est-il pas significatif que ce qui vient à l'esprit d'un psychanalyste homme soit précisément le manque de référence maternelle, alors que le cas de figure inverse – son excès – apparaît comme infiniment plus

---

1. « L'aptitude à devenir mère impliquerait ainsi la reconnaissance d'une gratitude à l'égard de celle qui a donné initialement la vie. [...] Inversement, avorter a souvent le sens de tuer sa mère à l'intérieur de soi. Plutôt avorter et, au nom d'une haine maternelle déclarée, plutôt se mutiler que laisser s'installer le sentiment d'une gratitude qu'il faudrait reconnaître. Ainsi l'avortement peut-il être le prix du sang à payer pour devenir femme soi-même » (Monique Bydlowski, « Transparence psychique de la grossesse et dette de vie », art. cit., p. 77).
2. F. Perrier, « L'amatride », in *L'Amour*, séminaire 1970-71, Paris, Hachette-Littératures-Pluriel, 1998, p. 136-152.

familier et, selon toute vraisemblance, fréquent, que l'on s'appuie sur l'expérience des rapports mère-fille, sur la clinique, ou sur la fiction ? Ces cas de femmes qu'on pourrait dire, à l'inverse, « hypermatrides », semblent autrement plus présents en matière de refus de la maternité.

Revenons par exemple aux filles de mères « plus mères que femmes » évoquées en première partie. Imagine-t-on que l'héroïne de *La Pianiste* d'Elfriede Jelinek, ou la fille de la mère à la fois abusive et platoniquement incestueuse dans *Au but* de Thomas Bernhard, puissent devenir mères à leur tour ? L'hypothèse est pour le moins improbable. S'il n'existe pas, dans ces relations, de place pour un tiers, où mettrait-on un enfant qui serait né de l'union avec un homme ? Il ne pourrait éventuellement trouver place qu'en position d'enfant fantasmatique de sa grand-mère, redoublant ainsi et la dépossession, et la sujétion de la fille à l'égard de sa mère. Le premier souci de ces filles de mères « plus mères que femmes », ayant atteint l'âge de procréer, serait plutôt de se débarrasser de la mère : soit en refusant de le devenir à leur tour (le désir de créer pouvant soutenir d'une ambition explicitable ce renoncement à la maternité), soit en ne faisant un enfant que pour pouvoir le soustraire à l'emprise de leur mère, marquant ainsi qu'elles ne se soumettent plus elles-mêmes à cette emprise.

En effet, de telles mères considèrent volontiers – plus ou moins explicitement – qu'il est dans l'ordre des choses que leur fille leur « donne un enfant ». Elles confondent ainsi le don comme perpétuation du lien réciproque qu'elles ont noué avec leur fille, et la reconnaissance de la « dette de gratitude » qui, elle, consisterait à avoir un enfant avec un homme, l'inscrivant dans les deux lignées – et non pas à donner un enfant à sa mère. « Donne-moi un enfant ! » ou « Tu ne m'as pas donné d'enfants ! » : c'est la litanie que les femmes qui ne se soumettent pas à cette demande maternelle entendront toute leur vie, à moins qu'elles n'y mettent sévèrement le holà. Au moins se seront-elles ainsi prémunies contre un double risque : soit celui de reproduire, en tant que mères, la captation dont elles ont été victimes en tant que filles ; soit celui de se voir dépossédées de leur propre enfant par leur mère, devenue grand-mère abusive. Ne pas vouloir d'enfants, ou croire qu'on en veut mais ne pas parvenir à en faire, équivaut dans ces cas-là à refuser de faire ce cadeau-là à sa mère.

En refusant de devenir mère, la femme qui cherche à échapper à l'emprise maternelle y gagne de se dérober au désir de sa mère, en lui refusant un double cadeau : non seulement celui d'un petit-enfant à capter, mais aussi celui d'une justification de ce qu'elle est par le fait de devenir « comme elle » – refuser la mère se traduisant radicalement par refuser d'être mère. Mais en même temps, cette femme qui choisit d'être sans enfants court le risque de demeurer une « fille » pour sa mère, laquelle aura tendance à prolonger indéfiniment le même type de rapports quel que soit l'âge de sa fille. La présence d'un homme dans la vie de celle-ci n'aurait d'ailleurs guère de chances de changer quoi que ce soit à ses yeux, tant le tiers est, par définition, exclu. Difficile alors, pour la fille devenue femme sans faire le choix d'être mère, d'espérer voir se modifier la relation mère-fille, sauf à mettre entre elles le maximum de distances – géographique, sociale, psychique. Le passé, quoi qu'il en soit, est là – et il pèse son poids.

La maternité entravée

Il est aussi des cas où c'est la mère qui ne veut pas que sa fille ait un enfant, et met tout en œuvre pour éviter une naissance. Les motivations de cette entrave maternelle à la maternité sont multiples : maintien de la « face » familiale aux yeux du monde (« peur du qu'en-dira-t-on ») lorsque la naissance serait illégitime ; peur de vieillir et de « devenir grand-mère », pour celles qui privilégient le maintien de leur féminité plutôt que l'enchaînement des générations ; volonté de garder leur emprise sur celle qui doit rester une « fille » pour permettre à la mère de continuer à exercer tous ses droits.

Le premier cas de figure – refus par la mère d'une grossesse illégitime de sa fille – est implacablement illustré par Jules Barbey d'Aurevilly dans *Une histoire sans nom* (1882), où la mère, Mme de Ferjol, demeure trop fixée au souvenir de son défunt mari pour pouvoir donner à sa fille l'attention dont celle-ci aurait besoin. Elle ne commence à s'intéresser vraiment à elle que lorsque, à peine adolescente, elle donne tous les signes de la grossesse : la pauvre Lasthénie de Ferjol est enceinte sans que l'on sache comment ni de qui, car elle vit quasiment cloîtrée avec sa mère. Celle-ci la persécute pour lui faire avouer qui est le père, alors que la pauvre fille n'en sait rien elle-même (elle a été violée une nuit, en état de somnambulisme, par le prédicateur préféré de sa mère).

C'est peu dire que Mme de Ferjol n'accepte pas la grossesse de sa fille, qu'elle cache aux yeux du monde pour éviter l'opprobre attaché aux filles mères, qui plus est d'origine aristocratique. Elle préférerait certainement la voir morte et, à défaut, que l'enfant meure – ce qui sera le cas. Lasthénie, qui n'a jamais aimé un homme ni eu conscience d'avoir connu une relation sexuelle, n'était certainement pas dans les meilleures conditions pour avoir un enfant. Mais l'absence radicale de compassion de sa mère, son refus d'entendre sa fille, et son rejet radical de considérer que celle-ci puisse transmettre la vie dans des conditions qu'elle-même n'aurait pas maîtrisées, rendent éminemment probable la mort et de l'enfant, et de la jeune mère.

« Tu t'es laissé faire ça ! » s'écrie la mère lorsque sa fille lui annonce qu'elle est enceinte, dans *Ravages* de Violette Leduc. Voilà encore un mauvais départ dans la vie. La mère insiste : « Il faut que je te tire de là. Il faut agir. » Et la narratrice commente : « Son énergie m'était indispensable. Son amour me comblait et me ravageait. » Combler, ravager : c'est le récit d'un avortement voulu et porté par la mère.

La fille est d'accord : il faut dire qu'elle a appris qu'elle était enceinte le jour où elle a décidé de divorcer d'un homme qu'elle avait épousé furtivement, après l'avoir rencontré dans la rue, et alors qu'elle entretenait par ailleurs une relation homosexuelle. Mais à cette époque, il n'est pas facile d'avorter : à quatre mois et demi de grossesse, elle est toujours enceinte. En désespoir de cause elle retourne chez sa mère qui, avec une jouissance certaine, organise l'avortement, illégal et tardif, qui amènera la fille au bord de la mort.

La complexité de leurs rapports tient à ce que cette mère est typiquement « ou mère, ou femme » : d'abord dans l'inceste platonique avec sa fille puis, au contraire, dans le surinvestissement de la sexualité lorsqu'elle se remarie. Sa fille lui reproche amèrement ce qu'elle vit comme une trahison, tentant de maintenir sur sa mère l'emprise que celle-ci a exercée sur elle et qu'elle continue d'exercer, attendant dans l'angoisse sa fille adulte lorsque celle-ci ne rentre pas à l'heure (comme dans *La Pianiste*), et la culpabilisant à son retour, au petit matin, comme si elle avait commis une faute grave. La mère s'autorise, elle, à introduire un tiers dans leur relation, en la personne du mari ; mais elle le refuse à sa fille lorsqu'il s'agit d'un enfant –

alors qu'elle ne dit rien sur sa relation homosexuelle, qui ne risque pas de la rendre grand-mère.

Maintenir à tout prix sa fille en état de « fille », de façon à conserver intacte leur relation : c'est ce qui semble animer la mère dans le refus radical que sa fille puisse avoir un enfant. Ce dialogue, en tout cas, le suggere . « "Sais-tu d'où vient ta peur ? dis-je. – D'où vient-elle ? dit ma mère. – Tu as la frousse que j'en devienne une ! – Je ne comprends pas. Achève, dit-elle. Que tu deviennes quoi ?" Elle avait compris mais elle se faisait humble. "Une mère ! Que je devienne comme les autres, que je sois comme les autres... – Je n'ai pas changé d'avis. Je ne changerai jamais d'avis, dit-elle. Tu n'en auras pas." »

Après une description impitoyable de l'avortement tel qu'il se pratiquait lorsque la loi l'interdisait, la mère aura cette réflexion, marquant sa satisfaction de voir sa fille revenue à l'état où elle entend la garder : « "Ta petite taille. Tu as retrouvé ta petite taille", dit-elle. Pour la première fois, ses paroles n'avaient pas de résonance en moi. J'étais seule. Enfin seule », conclura la fille après cette épreuve quasi initiatique. Car en laissant tuer l'enfant dont sa mère ne veut pas pour elle, elle a tué la mère en elle, au risque de sa propre vie, et au risque de se retrouver seule. Seule, enfin – mais à quel prix ?

Souvenons-nous encore de *Sonate d'automne* : parmi les nombreux reproches qu'Eva, laissant exprimer sa haine, fait à sa mère, il y a celui de l'avoir forcée à avorter alors qu'elle avait dix-huit ans. Eva pourtant était amoureuse, et le jeune couple désirait l'enfant. Mais pour Charlotte, « Stephan était un imbécile, un moins que rien, on peut dire un criminel qui passait son temps à te tromper ». Eva, elle, a une autre version de l'histoire : « Dès le premier instant, tu l'as haï parce que tu as vu que je l'aimais, que j'allais t'échapper et tu as tout fait pour gâcher ce qui existait entre nous. Tout en jouant la mère compréhensive et qui faisait confiance. » C'est que les femmes « plus femmes que mères » ne renoncent pas facilement, elles non plus, à l'emprise qu'elles ont sur leur fille, notamment lorsque celle-ci est en passe de leur échapper. Cela provoque chez la fille, qui se sent en même temps plutôt négligée, un effet de surprise certain, de l'ordre du « contretemps » déjà évoqué.

« Convaincue que l'avortement était la seule solution », Charlotte n'a pas hésité une seconde à faire avorter sa fille. Mais elle n'a jamais pris la peine de parler avec elle, et Eva n'a pas su se protéger. Peut-on faire avorter quelqu'un qui ne le souhaite pas ? C'est exactement ce que demande Charlotte, préférant méconnaître le poids de son emprise : « Si vraiment tu avais eu envie d'un enfant, je n'aurais jamais pu te faire avorter de force. – Et je me serais défendue comment ? Depuis mon enfance, je subissais ton lavage de cerveau, j'ai toujours fait ce que tu as voulu, j'avais peur, je n'avais aucune confiance en moi et j'aurais eu besoin que l'on m'aide et que l'on me soutienne. »

La prise de possession par la mère du corps de la fille pour l'empêcher d'enfanter est toujours violente. La violence est ici accentuée du fait que la fille, se sentant fort éloignée des préoccupations de sa mère, ressent comme une agression supplémentaire l'intérêt à contretemps, à contre-vie, dont elle est soudainement l'objet [1].

---

1. De la même façon, Helen Deutsch rapporte le cas d'une femme, interdite de maternité par sa mère sous divers prétextes, qui décide de faire un enfant pour se libérer de cette sujétion ; elle a une grossesse normale mais fait une dépression après la naissance, et reste hostile à son enfant (H. Deutsch, *La Psychologie des femmes, op. cit.*, II, p. 283).

Défaut de transmission

Eva, on s'en souvient, ne reverra plus sa mère pendant de nombreuses années, au cours desquelles elle se mariera avec un pasteur qu'elle respecte, mais n'aime pas. Elle en aura un fils. Mais Charlotte ne prendra pas la peine de venir les voir après la naissance, de se faire présenter son petit-fils. L'enfant, non « reconnu » par sa grand-mère, mourra accidentellement à l'âge de quatre ans. Il est difficile de ne pas interpréter cette mort à la lumière de ce que nous savons des rapports entre la mère et la fille : tout se passe comme si la non-reconnaissance, par Charlotte, de l'enfant de sa fille – après sa non-reconnaissance de son désir d'enfant –, en l'excluant volontairement de sa fonction de transmission en tant que grand-mère, avait mis cet enfant, inconsciemment, en danger de mort. La relation à trois se joue aussi au niveau générationnel : la transmission ne s'opère qu'à condition que la mère puisse se référer à sa propre mère dans son rapport à son enfant.

Le problème de la non-transmission est donc différent selon que la mère est « plus mère » ou « plus femme » : d'un côté, il y a risque de stérilité, parce que la mère interdit à la fille de devenir une mère ou, au contraire, lui demande de *lui* faire un enfant ; de l'autre, il y a risque de fragilité pour l'enfant, parce que la grand-mère n'exprime à son égard qu'un profond désintérêt. Au mieux – lorsque ces dernières ne peuvent affronter socialement leur indifférence – reconnaissent-elles extérieurement l'enfant de leur fille, mais elles s'en tiennent là : trop occupées par leur passion, elles ne se sentent guère plus de devoirs vis-à-vis de leurs petits-enfants que de leur fille, et créent, pour ainsi dire, un trou de transmission, qui ne peut être sans conséquence aux générations suivantes. Ainsi les filles de mères « plus femmes » qui parviennent à avoir des enfants ne bravent aucun interdit, et ne risquent pas de se voir confisquer leur enfant par leur mère – bien au contraire. Mais c'est la mort qui risque de le leur enlever, faute qu'ait été transmis, avec l'enfant, le désir même d'une transmission.

Plus généralement, le défaut de transmission, qui met les enfants en danger de ne pas survivre, ou de ne pas naître, est cela même contre quoi nous alerte *Le Petit Chaperon rouge*, dans l'interprétation d'Yvonne Verdier évoquée en introduction : risque qu'à chaque génération, chaque femme ne sache pas tenir sa place, en la cédant à la suivante ; et que les petites-filles devenues nubiles soient dévorées par leur grand-mère lorsque leur mère les envoie auprès d'elle lui signifier qu'à chacune son tour, puisque, s'il est temps pour la fille de devenir une femme, il est temps pour sa mère de devenir grand-mère, et pour la grand-mère de se préparer à la mort.

Or cette capacité à bien tenir sa place, c'est-à-dire à savoir la céder à temps, est aussi ce qui se transmet, de génération en génération, entre mères et filles – ou ne se transmet pas. Dans ce dernier cas, ce sont des mères qui ne veulent pas vieillir ou, à l'opposé, qui ont abdiqué bien trop tôt leur statut de femme ; ou bien, ce sont ces mères qui, nous l'avons vu à propos des « mères défaillantes », ont mis leur fille en place de leur propre mère, parce qu'elles n'ont pas pu ou pas voulu « céder leur place d'enfant » au moment de devenir mères. C'est ce que souligne Pierre Legendre à propos des pères : « Pour un père, rester enfant signifie, à l'égard de son propre enfant, adresser à celui-ci une demande d'enfant, autrement dit le mettre en place de père[1]. »

---

1. P. Legendre, *Le Crime du caporal Lortie, op. cit.*, p. 83.

« Lorsqu'un humain devient père, il n'est pas *subjectivement* en place automatique de père vis-à-vis du nouveau
venu, il doit conquérir cette place en renonçant à son propre statut d'enfant. Autrement dit, il doit mourir à sa
condition d'enfant pour la céder à son enfant. Contrairement aux apparences, cela ne va pas de soi ; une telle bascule ne peut s'accomplir que si déjà son propre père lui
avait cédé sa place d'enfant, et ainsi de suite[1]. » Or il en
va exactement ainsi de la mère, qui doit elle aussi investir
subjectivement sa place biologique : la « réalité anthropologique de base » qu'est le fait qu'« un père ne sait rien de
la maternité, n'ayant pas lui-même accouché de l'enfant »,
ne suffit pas à faire de cette capacité à « céder sa place
d'enfant » une prérogative du père – sauf à entériner cette
« conception bouchère de la filiation » que ne cesse de
dénoncer, justement, Legendre[2].

Le lien biologique entre mère et enfant ne suffit pas
pour que la mère endosse son statut sans avoir à céder,
elle aussi, sa place d'enfant. Car la mère, pas plus que le
père, n'est une simple génitrice : elle est aussi celle qui
reconnaît son enfant comme enfant, en même temps
qu'elle-même se reconnaît comme mère, c'est-à-dire, selon
les termes de Legendre, comme « faisant office » de mère.
Car de même qu'« un père est un fils qui fait office de
père[3] », de même une mère est une fille qui fait office de
mère : une fille, parce qu'elle aussi est née d'une mère,
elle-même fille ayant su faire office de mère au moment
de donner naissance non seulement à un être de chair,
mais à une place dans une généalogie.

Autrement dit (pour appliquer aux mères ce que dit

---

1. *Ibid.*, p. 82.
2. Voir notamment *Sur la question dogmatique en Occident, op. cit.*
3. *Le Crime du caporal Lortie, op. cit.*, p. 48.

Legendre des pères), « il ne naît que des filles ». Ou bien, si l'on préfère . on ne naît pas mère, on le devient. On le devient, du moins, pour peu qu'on accepte de transmettre ce qui vous a été donné : non seulement la vie, mais la capacité de reconnaissance, qui n'est pas seulement la « reconnaissance », au sens de gratitude, que les enfants doivent à leurs parents, mais aussi la « reconnaissance », au sens d'acceptation de l'autre en tant que tel, que les parents doivent à leurs futurs enfants – conformément à l'apologue de l'aigle.

25.

Autour du berceau

La plupart des femmes, cependant, accèdent à la maternité. C'est un état que la théorie psychanalytique a largement traité. On considère classiquement que le désir d'enfant exprimé par les filles précède largement sa réalisation, car il accompagne les étapes les plus importantes de son développement psychique : la fillette désire précocement un enfant par identification à sa mère, et ce d'autant plus qu'elle aura été bien accueillie comme fille et bien traitée dans sa toute petite enfance. Puis elle désirera un enfant de son père, en rivalité avec sa mère, sans pour autant cesser de l'aimer. Si tout se passe bien, ou pas trop mal, la fille renoncera plus ou moins à l'enfant incestueux tout en gardant intact ce désir d'enfant, pour le réaliser avec celui qui le partagera. Mais transmettre la vie implique d'accepter de l'avoir reçue de son père et de sa mère tels qu'ils sont, tels qu'ils ont été – et de sa mère en tout premier lieu, qui occupe dans la filiation une place privilégiée dans la mesure où elle a porté l'enfant comme sa fille le fera, et a donné les premiers soins de tendresse et de nourrissage.

Voilà pour la théorie. Quant à la fiction, nous sommes dans un trou noir : plus encore que pour les histoires de maternité impossible, et mis à part les récits d'accouchements catastrophiques, les textes ou les films traitant de la mise au monde font étrangement défaut. Ce n'est pas que la situation soit rare, ni qu'elle soit insignifiante, s'agissant de transmission, heureuse ou défectueuse. Ce n'est pas non plus que les mères soient indifférentes au fait de devenir grand-mères, ni leurs filles au fait de devenir mères à leur tour. Mais le fait est là : la maternité dans tous ses états intéresse énormément les spécialistes – psychanalystes, médecins, démographes, sociologues, anthropologues – et très peu les romanciers, hommes ou femmes.

L'annonce faite à maman

« As-tu vu la tête qu'il fait ? Comme il est drôle... Ne dirait-on pas qu'il pose déjà pour la photographie ?

– Moi, je trouve qu'il a plutôt l'expression de ta mère, quand elle fait celle qui n'a pas entendu... Tu ne trouves pas ?

Elle se tait. Il la taquine bien sûr, elle le sait bien, et pourtant, lorsqu'il a dit ça, elle a revu subitement – c'est vrai – le sourire de sa mère, non pas lorsqu'elle fait celle qui n'a pas entendu ce qu'on vient de lui dire, mais le jour où elle est venue lui annoncer qu'elle était enceinte. Elle a plissé les yeux exactement de la même façon, elle a eu un instant presque imperceptible d'hésitation, puis elle a murmuré : "Alors, comme ça, tu vas me faire grand-mère ?" »

Ainsi la romancière Louise L. Lambrichs, commentant des photographies de Sarah Ney sur le thème de la maternité (*Naître... et naître encore*, 2001), évoque ce moment crucial qu'est l'annonce de la venue du premier enfant. C'est un véritable test concernant les relations mère-fille : cristallisation voire résurgence brutale de problèmes déjà

322

existants, ou bien découverte ou confirmation qu'un travail s'est effectué, au prix de renoncements multiples à une toute-puissance réelle ou supposée. La mère saura-t-elle s'accepter comme grand-mère sans empiéter sur le territoire de sa fille devenue mère ? Et celle-ci sera-t-elle en mesure, quelles que soient ses critiques, de transmettre ce qu'elle aura reçu, dans la répétition ou dans la différence ?

Il est fréquent que la mère de la jeune femme enceinte soit la première informée par sa fille de son nouvel état – la première en tout cas (autant que possible !) après le futur père. Qu'il soit redouté ou banalisé, immédiat ou retardé, c'est un moment attendu : il semble en effet que la réaction de la mère soit essentiellement imprévisible, du moins pour la fille – aussi imprévisible qu'à l'annonce d'un décès, alors qu'il est question d'annoncer la vie. Annonce de vie et annonce de mort se rejoignent dans le bouleversement qu'elles entraînent : bouleversement émotionnel en même temps que bouleversement de l'ordre générationnel dans le rapport à la mort. La mère, désormais, n'est plus à la place de celle qui donne la vie, mais à la place de celle qui sera prise par la mort.

Cette annonce est un sujet de prédilection des conversations entre femmes, ainsi qu'entre futur père et future mère. Moment relationnel très riche, tout y compte chez l'une et chez l'autre, tout y fait sens : le mode (échange direct, téléphonique ou épistolaire), le lieu (la jeune femme seule avec sa mère ou en présence de son compagnon, ou du père, ou des frères et sœurs), le moment (dès que la fille le sait, ou plus tard, si elle veut se garder un moment d'intimité secrète avec son compagnon), les mots choisis, les silences, le ton de la voix, les mimiques, l'expression corporelle... Il semble que la fille trouve alors, ou retrouve, une acuité particulière pour déceler la moindre discordance entre le discours « officiel » de sa mère, sa réaction patente, et la réaction latente que son inconscient peut laisser transparaître. Le passé s'y mêle au présent, et les rationalisations aux raisons inconscientes d'une acceptation, d'un refus ou d'une ambivalence.

Quoi qu'il en soit, le fait est là : quand une fille devient femme, le statut de sa mère change peu dans l'immédiat ; mais quand une femme devient mère, sa mère, elle, devient grand-mère – et rien n'est plus pareil. Voilà ce qui lui est annoncé.

Future maman

Rien ne manifeste davantage l'avance générationnelle d'une mère sur sa fille que le moment de la grossesse : car la mère est forcément, comme on dit, « passée par là », de sorte qu'elle est la mieux à même d'en partager avec sa fille enceinte les sensations, les plaisirs et les inquiétudes – même si elle est relayée aujourd'hui par le personnel médical et les magazines spécialisés.

Là encore, ce regain de proximité ne peut que réactiver la nature du lien entre mère et fille : occasion d'une nouvelle complicité ou, au contraire, source de tensions renouvelées si la mère est trop intrusive, ou trop indifférente, ou si la fille supporte mal cette « avance » de sa mère sur elle. Le « Tu sais, moi aussi, quand je t'attendais... » ne peut que faire écho dans le psychisme de la future mère. Ainsi, dans *Futures vedettes* de Vicki Baum, situé dans les années trente, une mère conseille à sa fille enceinte, qui prépare la layette : « "Fais d'abord des maillots, c'est indispensable ! Je vous ai toujours bien serrées, c'est pour ça que vous avez un beau corps..." La fille, à son mari : "Ah, la barbe ! Un maillot ! Tu entends ça, Edouard ? Un maillot ! D'abord, ce n'est pas hygiénique, et puis ça ne se fait

plus ! Mon enfant ne portera pas de maillot, c'est dit !" »
La moutarde monte au nez de la mère, car « depuis des
semaines cette lutte recommençait sans cesse : "Ah ! oui !
Et tu crois que tu t'y connais mieux que moi à élever des
enfants ! Naturellement ! On ne demande rien aux personnes d'expérience. Vous êtes toutes beaucoup plus capables ! Vous savez tout beaucoup mieux ! Mais qu'est-ce qui
arrivera plus tard ? Ha ! je me demande !" »

Pour les psychanalystes, cette période se caractérise par
une « transparence psychique [1] », autrement dit une dimi-
nution des défenses et du refoulement. Ainsi, le rêve que
Louise L. Lambrichs attribue à une femme enceinte permet d'appréhender certaines réminiscences propres à la
relation à la mère pendant qu'elle-même était enceinte de
sa fille. Parce qu'il ne connaît pas la temporalité, le rêve
se prête bien à cette évocation du passé et à sa projection
dans l'avenir :

« Je me trouvais dans le salon de mes parents, j'étais
enceinte comme maintenant, mon père me regardait avec
surprise puis me disait d'une voix douce, à la fois tendre
et autoritaire : "assieds-toi, je t'en prie, tu me donnes le
vertige". Ma mère alors s'est mise à rire, "bien sûr, s'est-
elle exclamée, les rondeurs, ça donne le vertige !" – je
m'apercevais à cet instant-là qu'elle aussi était enceinte, et
j'étais certaine qu'elle était enceinte de moi, ce qui me
paraissait tout à fait normal. A un autre moment du rêve
je me retrouvais avec elle au bord de la mer et nous
nagions. Nous n'avions pas besoin de parler, pas même
besoin de nous regarder pour nous comprendre, l'eau nous
servait de milieu commun et il nous suffisait d'y accomplir
ensemble des mouvements lents et doux comme des caresses

---

1. Monique Bydlowski, « Transparence psychique de la grossesse et dette
de vie », art. cit.

pour nous sentir en harmonie. Quand je me suis réveillée, je me sentais incroyablement détendue. Maintenant, quand je mets ma main sur mon ventre, je te sens flotter doucement à l'intérieur de moi et j'ai l'impression que tu es bien, que tu es calme. Et je n'en reviens pas. »

La future mère qui parle ainsi s'adresse à l'enfant dans son ventre, à qui elle parle de sa grand-mère en tant qu'elle a été sa propre mère, enceinte d'elle-même : on ne peut « rêver » meilleure mise en scène que cet équivalent des poupées russes, où chacune porte l'autre tout en parlant à la prochaine de la précédente, pour signifier à un enfant à naître qu'il a sa place dans une lignée, qu'il y est attendu, et qu'il y sera accueilli avec bonheur.

Lorsque l'enfant paraît

Il semble que les futurs pères ont remplacé les futures grand-mères auprès de la parturiente, en même temps que le lieu de la délivrance se déplaçait de la chambre conjugale à la salle d'accouchement. Certes, ils n'y sont pas tous présents (heureusement d'ailleurs, serait-on tenté de dire, tant il est inquiétant de verser d'un extrême dans l'autre), mais les grand-mères, elles, y sont en tout cas de moins en moins. Si la préférence des équipes hospitalières, de nos jours, va clairement vers le père, on continue néanmoins de penser qu'une fille a besoin de sa mère lorsqu'elle vient d'accoucher (à moins que ce ne soit l'inverse ?). Pour l'une comme pour l'autre il s'agit d'un passage de relais, de génération à génération ; il se fait par des gestes et, surtout, par des mots.

Lorsque l'enfant paraît, les premières réflexions des mères devenant grand-mères sont, elles aussi, attendues et parfois redoutées, reçues avec violence, attendrissement ou humour, selon l'état des relations antérieures à l'événement et les effets des réactions à l'annonce de la grossesse. Il faut dire que la tâche est ardue : devenir grand-mère est une situation plus ou moins désirée, acceptée ou redoutée pour des raisons avouables ou inavouables, mais ce n'est jamais une situation choisie, alors que devenir mère l'est de plus en plus. Il s'agit simultanément de revivre à travers sa fille ce que l'on a soi-même vécu avec sa propre mère en devenant mère, de devenir mère d'une mère qui reste cependant une fille sur laquelle on a eu ou on a encore du pouvoir, et de découvrir un enfant, à la fois proche car enfant de sa fille, et lointain car n'étant pas son propre enfant.

La transmission des savoir-faire – surtout pour le premier enfant – est un moment d'épreuve, selon la capacité de la nouvelle grand-mère à faire passer une expérience que la jeune mère n'a pas encore acquise, et selon la capacité de celle-ci à accepter les leçons de sa mère, ou à savoir s'en démarquer lorsqu'elle en ressent la nécessité. Car pour peu qu'elle s'avise de se différencier de ses mère et grand-mère, la réaction ne tardera pas : il lui faudra, au minimum, se justifier de cette rupture dans la continuité des usages. L'allaitement est, de ce point de vue, une épreuve cruciale, comme le rappelle Louise L. Lambrichs dans son adresse imaginaire au nouveau-né :

« Un moment, j'ai pensé que je n'aurais jamais assez de lait pour te rassasier, je me suis même rêvée – tu vas rire – tonneau de Danaïdes. Je voyais mon lait se répandre en vain sur le lit, sur les draps, sur le sol, ce spectacle me désespérait et quand je te mettais au sein, il n'y avait plus rien. Plus assez, en tout cas, pour te satisfaire. De là à me considérer comme une mauvaise mère, il n'y a qu'un pas... que j'ai franchi, bien sûr. D'autant plus allégrement que ma mère – pas dans mon rêve, mais dans la réalité – s'est tout de suite mise en tête de me convaincre d'abandonner. "Pourquoi ne le nourris-tu pas au biberon ? C'est telle-ment plus simple ! D'ailleurs avec toi, c'est ce que j'ai fait, et tu ne t'en portes pas plus mal." Me suis-je sentie mau-vaise mère parce que j'avais fait un choix différent de la mienne ? Ou bien est-ce elle qui supportait mal de me voir me distinguer ? Elle insistait : "Ma mère non plus, sa mère ne l'a pas nourrie. Mais il est vrai qu'à l'époque, on pouvait louer les services d'une nourrice. En tout cas, chez nous, les femmes..." Elle a hésité un peu avant de poursui-vre : "Et puis, entre nous, pour la poitrine, ça n'est pas la panacée. C'est d'ailleurs ce que me disait ma mère : si tu veux garder de beaux seins, évite d'allaiter." Ainsi, non seulement mon choix rompait avec la tradition – j'étais la première femme à nourrir mon enfant sur deux généra-tions –, mais de plus, je m'exposais (selon elle) à devenir laide, indésirable. J'ai beau savoir qu'il s'agit là de supersti-tions sans fondements, qui changent à chaque génération, ça ne m'a pas aidée. Heureusement, j'ai trouvé autour de moi d'autres soutiens. » Gageons que deux ou trois généra-tions avant, la jeune mère aurait entendu les propos inver-ses à propos de l'allaitement, support privilégié des idéologies ambiantes.

Il serait pourtant réducteur de penser que la jeune mère ne sait « rien » : elle a au moins pour elle sa propre expé-rience de nourrisson. A cet égard, la présence de la grand-mère est irremplaçable pour mettre des mots sur les sensa-tions, et rendre la jeune mère consciente de ce savoir qu'elle ignorait posséder. Louise L. Lambrichs, là encore, évoque cela de façon suggestive : « Cette réminiscence n'a rien – ou presque – d'intellectuel. Bien sûr avant ta nais-sance je savais que moi aussi j'ai été bébé et qu'autrefois, en des temps qui ne se sont guère inscrits dans ma mémoire consciente, ma mère m'a tenue comme aujourd'hui je te serre contre moi. Je le savais parce que ma mère et ma grand-mère me l'ont raconté, je le sais toujours évidemment, mais la réminiscence dont je parle ici est différente. C'est un savoir obscur qui remonte en moi par la sensation, le contact de ta peau si douce contre la mienne, l'odeur de tes cheveux imprégnée de celle de mon lait. Comme une mémoire sensible, tactile, olfactive, que ta présence et ton contact viendraient réveiller. Tiens, l'odeur de la pommade que je te mets sur les fesses, par exemple, me croiras-tu si je te dis que j'en ai reconnu l'odeur ? Ma mère d'ailleurs me l'a confirmé : elle a le même parfum que le baume dont elle m'enduisait. Et quand je te tiens contre moi et ferme les yeux, des milliers d'images remontent en moi de ma propre petite enfance, des images floues la plupart du temps, mais parfois précises, vivantes, d'une fraîcheur incroyable. Comme si elles dataient d'hier. »

Certes, une telle proximité entre mère et fille au moment où la fille devient mère n'existe pas toujours, loin de là. Mais il est rare qu'elle ne soit pas souhaitée par la fille, quelles qu'aient été ses relations antérieures avec sa mère. Pour celles qui n'ont pas connu leur mère (décès, abandon, adoption) et qui deviennent mères à leur tour, cette absence devient parfois obsédante, par la douleur et la nostalgie qu'elle provoque ; mais le fait d'y penser ou d'y repenser est inévitable, et peut-être souhaitable. Entre l'annonce de la grossesse et la naissance de l'enfant, quelle que soit la place que prend le père, il y a bien une spécificité de la relation mère-fille : elle concerne la reconnaissance de la dette de vie de la part de la fille, la transmission de la part de la mère et, pour chacune, la redéfinition des places générationnelles, offrant une possibilité de réajustement de l'une par rapport à l'autre, grâce à l'arrivée d'un tiers dont la place est marquée symboliquement – mais pas toujours facile à respecter, pour l'une comme pour l'autre.

Mères de substitution

On sait que l'allaitement fut longtemps confié à des nourrices, du moins dans les familles qui en avaient les moyens – ce pouvait même être un signe extérieur de richesse. La nourrice constituait, dans la vie de l'enfant, la première mère de substitution, celle qui lui donnait non seulement son lait mais aussi, lorsque le bébé lui était confié, une famille, avec ces sœurs et frères « de lait » qui ne sont plus aujourd'hui, dans notre culture, qu'un souvenir du temps passé. Plus tard dans la vie de l'enfant, marraines ou gouvernantes pouvaient remplir la place laissée vide par la nourrice. Aujourd'hui, le personnel des crèches, les assistantes maternelles, l'institutrice ou le professeur peuvent également en tenir lieu, quitte à entrer en rivalité directe avec la mère lorsque la sollicitude de l'enseignante se mue en véritable amour pour son élève : comme dans *L'Initiatrice aux mains vides* de Jeanne Galzy (1929), histoire tragique d'une jeune enseignante sanctionnée pour avoir entouré sa petite élève d'un amour trop maternel.

Dans le passé, marraines ou gouvernantes étaient particulièrement vulnérables non seulement aux sentiments d'envie, en fonction de leur degré d'attachement à l'enfant, mais aussi à la rupture brutale du lien avec l'enfant, en fonction de l'acceptation de ce lien par l'entourage et par la mère elle-même. Ernest Perrochon en a fourni dans *Nêne* (1920) une poignante description, avec le personnage de Madeleine, domestique dans une ferme vendéenne, promue bonne d'enfants par son maître accablé d'un récent veuvage et de deux jeunes enfants. Elle reporte sur eux toute sa capacité d'amour insatisfaite, leur servant non seulement de bonne mais de mère de remplacement, d'éducatrice, de marraine – « Nêne » étant le surnom qu'on donne dans ce pays aux marraines. Elle leur consacre ses maigres économies, les couvrant de cadeaux et de parures, et va risquer jusqu'à sa propre vie lorsqu'elle les sauve tour à tour, l'un de la noyade, l'autre du feu. Mais de bénéficiaires de cet amour, les enfants deviennent aussi les victimes de sa jalousie, lorsqu'elle va jusqu'à faire retirer la fillette de l'école parce qu'elle s'est attachée à sa maîtresse – la mère de substitution ne supportant pas qu'une autre le devienne à son tour. Elle n'en est pas pour autant la mère de ces enfants, auprès de qui elle n'est qu'une employée, qu'on peut chasser à tout moment : ce qui menace de se produire lorsqu'une seconde épouse arrive pour venir remplacer la mère morte. C'est que cet amour-là n'a pas de statut : elle n'a aucun droit, aucun recours. Condamnée à disparaître de la maisonnée comme de la mémoire des enfants, elle se retrouve seule, sans même le soulagement d'une compassion qui serait à la mesure de son chagrin. Ayant perdu sa place et ses objets d'amour, n'ayant que le néant pour toute condition, il ne lui reste qu'à aller se noyer dans l'étang le plus proche.

Une mère de substitution peut être une chance pour l'enfant, pour peu qu'elle compense une défaillance maternelle ou, plus simplement, qu'elle atténue sa dépendance envers la mère. Mais quelle que soit sa qualité, il faut d'excellentes conditions pour que sa présence entre l'enfant et la mère soit bien vécue par celle-ci, sans engendrer une rivalité qui rendrait pénible, pour chacune des deux femmes, l'attachement de l'enfant à l'autre. Car dès lors qu'intervient une mère de substitution, la rivalité entre en jeu, même lorsque c'est la mère elle-même qui a fait appel à elle, ou l'a rendue indispensable – comme dans les cas

d'abandon, où une mère adoptive vient remplacer la génitrice. Ainsi, la jeune héroïne de *Ce que savait Maisie* de
Henry James (1897) doit se partager non seulement entre
un père et une mère divorcés, qui la délaissent aussitôt
qu'ils l'ont récupérée, mais aussi entre deux gouvernantes
également chéries, dont l'une devient sa belle-mère en
même temps qu'apparaît, au foyer maternel, un adorable
beau-père. Aussi ne peut-elle répondre à une demande
d'attachement sans trahir quelqu'un – les mères de substitution n'étant pas les moins empressées à réclamer leur
part.

De nos jours, où les « familles recomposées » sont devenues sinon la règle, du moins une situation quasi normale [1],
la place de mère de substitution est occupée essentiellement
par deux personnages : la belle-mère (belle-mère pour l'enfant, c'est-à-dire seconde femme du père) et les grand-
mères, mère de la mère ou mère du père (belle-mère pour la
mère). Les rivalités entre belle-mère, au premier sens du
terme, et mère de l'enfant, sont aujourd'hui régulièrement
évoquées dans les conversations comme dans les dossiers des
magazines féminins, sans que l'une ait a priori meilleur rôle
que l'autre – alors que dans les contes de fées ces belles-
mères apparaissaient unilatéralement, au regard de l'enfant,
comme des « mauvaises mères ». De même, les rivalités
entre belle-mère, au second sens du terme, et mère, font partie du répertoire des histoires plus ou moins drôles, chacune
cherchant à garder ou à prendre la haute main sur celui qui
est à la fois le fils de l'une et le mari de l'autre. La présence
d'enfants est, bien sûr, l'occasion de réactiver les tensions, la
belle-mère cristallisant alors l'animosité que peut éprouver

---

1. Pour une étude détaillée de ce phénomène, dans ses aspects sociaux,
psychologiques et juridiques, voir Irène Théry, *Le Démariage*, Paris, Odile
Jacob, 1993.

la femme, consciemment ou inconsciemment, à l'égard de sa propre mère : ainsi, dans *La Belle au bois dormant*, la seconde partie du conte, après le mariage avec le beau prince, met l'héroïne aux prises avec la mère de son mari, ogresse qui profite de l'absence de son fils pour dévorer ses petits-enfants et sa bru. On retrouve là la « mauvaise mère » des contes de fées, mais à l'âge adulte et non plus dans l'enfance.

Françoise Dolto s'étonnait « de voir combien les femmes ne veulent pas confier leurs enfants à leur belle-mère : en réalité, pour l'enfant, c'est pourtant une aussi bonne solution. Les femmes veulent bien confier l'enfant à leur propre mère pour se dégager d'elle, mais elles ne veulent pas le confier à leur belle-mère parce que, dans le fond de leur cœur, ce n'est pas un enfant qu'elles ont eu de leur mari, c'est un enfant qui leur appartient à elles, c'est-à-dire qu'il appartient à la lignée maternelle [1] ». Nous voilà revenues à la tentation de l'inceste : car qui serait le père d'un enfant qui n'appartiendrait qu'à la lignée maternelle, si ce n'est, fantasmatiquement, le père de la fille ? Et si le père ou son substitut est exclu de la relation mère-fille, c'est l'inceste platonique qui guette, appelé « matriarcat » lorsqu'il se perpétue sur plusieurs générations.

La grand-mère maternelle semble donc choisie par la mère plus volontiers que la grand-mère paternelle au titre de mère de substitution : que ce soit en le lui imposant, ou en répondant à ses prières, bien des femmes n'hésitent pas à confier leur enfant à leur propre mère, plus ou moins souvent, plus ou moins longtemps. Au-delà des problèmes matériels que cela permet de résoudre, c'est là sans doute une façon de s'acquitter de la « dette de gratitude », et

---

1. Françoise Dolto, « L'instinct maternel » (1960), in *Le Féminin, op. cit.*, p. 125.

parfois aussi de payer une culpabilité plus ou moins consciente.

La situation de ces mères de substitution – grand-mères, belles-mères, mères adoptives, marraines, institutrices, gouvernantes, nourrices – est donc variable : pour elles-mêmes, selon qu'elles acceptent ou non la place secondaire qui leur est échue ; pour la mère, selon qu'elle accepte ou non de partager sa place ; ou pour les enfants, selon le comportement des unes et des autres à leur égard. Là encore, tous les cas de figure sont possibles. Il y a la méchante grand-mère, telle celle de *La Petite Fadette* de George Sand (1849), sorte de sorcière qui s'occupe de sa petite-fille après que celle-ci a été abandonnée par sa mère prostituée. Mais il y a aussi la gentille grand-mère, y compris celle qui, après avoir été une mère en conflit avec sa fille, réussit à trouver avec ses petits-enfants un mode relationnel qu'elle n'a jamais eu avec ses propres enfants – telle Mrs. Jardine dans *La Ballade et la Source* de Rosamond Lehmann.

Ces grand-mères bénéfiques savent tenir la juste distance, ne se substituent pas aux parents dans leur fonction éducative, rendent service sans rivaliser ni culpabiliser, montrent une compassion bienveillante face aux souffrances des enfants, et les inscrivent activement dans leur lignée par le récit approprié des histoires du passé. Ces grand-mères-là sont des « cadeaux » pour leurs petits-enfants qui, généralement, leur rendent largement la sollicitude et l'intérêt authentique qu'on leur porte - au grand étonnement de la mère, qui comprend mal que sa propre mère, conflictuelle avec elle, puisse être un modèle de comportement maternel avec ses propres enfants.

Dans ces conditions, l'attachement aux grands-parents peut être plus fort, plus durable et, en tout cas, moins ambivalent que l'attachement aux parents, en dépit – ou à cause – de leur plus grande distance générationnelle avec les enfants. Le sentiment de la justice, décidément, est souvent pris à contre-pied en matière de mères de substitution, destituables aussi bien que destituantes par rapport à la mère.

26.

Devenir ou ne pas devenir sa mère

« Je ne veux surtout pas ressembler à ma mère » : certaines femmes mettent une énergie farouche à se différencier de leur mère (mais curieusement, on constate qu'au fil du temps ce sont souvent les mêmes qui, à leur corps défendant, se mettent le plus à lui ressembler, physiquement et psychologiquement). Or devenir mère c'est courir le risque de devenir, au moins inconsciemment, comme sa propre mère : ce que certaines peuvent désirer, mais que d'autres redoutent par-dessus tout.

L'inversion de la transmission est une attitude fréquente chez celles qui, ayant souffert d'un « mauvais rapport » avec leur mère, s'efforcent de faire le contraire à la génération d'après, pour garantir un « bon rapport » avec leur propre fille. Mais les résultats sont souvent décevants, voire contraires aux expectatives. En effet, la mère qui, cherchant à être, elle, une « bonne mère », veut donner à sa fille ce que sa mère à elle ne lui a pas donné, risque de tomber dans un excès inverse, qui obérera tout aussi sûrement ses rapports avec sa fille. C'est le cas notamment des filles de mères « plus femmes que mères » ou « ni mères, ni femmes » qui, ayant souffert d'un manque d'amour, deviennent, à l'inverse de leur propre mère, des mères « plus mères que femmes ». Ce faisant, elles ne sont pas à même de comprendre que ce qu'elles donnent à leur fille, c'est ce dont elles-mêmes ont besoin – mais pas forcément ce dont leur fille a besoin. Et plus la fille se dérobe à cet excès de sollicitude littéralement déplacé, plus la mère, croyant qu'il lui en faut plus, lui en donne, contribuant ainsi à la détérioration de leurs rapports, qu'elle s'imagine améliorer en offrant à sa fille toujours plus de ce qui lui a manqué à elle – c'est-à-dire, pour la fille, toujours trop, beaucoup trop. Derrière l'écran de l'« amour », qui achève de justifier la mère dans son comportement, se défait ainsi, peu à peu, toute possibilité de relation autre qu'une demande maternelle infinie, sous la forme d'un don tout aussi infini, à quoi la fille ne peut opposer que la dérobade, faute de pouvoir dire à sa mère : « Ce que tu crois me donner, c'est pour toi que tu le donnes, faute de l'avoir reçu **de ta** propre mère ; aussi ne puis-je ni le prendre, ni le rendre. »

Ainsi, les efforts pour ne pas devenir sa mère peuvent avoir des effets étranges, et parfois contraires aux attentes Le mode de vie et surtout l'éducation des enfants sont un terrain de choix pour éprouver les différences avec sa propre mère. Les choses peuvent commencer, nous l'avons vu, dès le choix du mode d'allaitement, et se prolonger dans les petites choses de la vie quotidienne, donnant l'illusion d'être maître chez soi. Si seulement l'inconscient n'existait pas... Mais probablement le roman, qui se nourrit de ces contradictions internes, n'existerait-il pas non plus. Ici, ce sont les romans courant sur au moins trois générations qui vont nous montrer ce qui peut arriver aux femmes lorsqu'elles ne souhaitent pas se voir transmis l'héritage de leur mère, ni le transmettre à leur tour.

Transmettre l'abandon

Nous avons déjà évoqué *La Ballade et la Source* de Rosamond Lehmannn, qui raconte, par la voix d'une fillette de dix ans, la tragique histoire de trois générations de femmes qui n'ont pas choisi leur sort. A la première génération, Mrs. Sybil Jardine, mariée et mère d'une petite fille, Ianthè, quitte son mari pour rejoindre son amant avec l'intention de revenir chercher sa fille. Mais les choses, nous l'avons vu, ne se passent pas comme elle le souhaite, car le mari, blessé à mort dans son orgueil, ne la laissera jamais revoir sa fille, qu'il enfermera à l'adolescence dans une relation incestueuse. La mère tentera de suivre et d'épier sa fille, mais toujours de loin, et n'aura que quelques occasions, toujours tragiques, de la revoir, sans jamais véritablement la retrouver. Elle mènera une vie indépendante et riche, devenant romancière à succès grâce au récit de ses déboires, avant de se remarier à la mort du père de Ianthè. Ce serait une occasion de reprendre sa fille si celle-ci, mise en garde contre sa mère, ne refusait de la retrouver. Sybil lui enverra quand même un émissaire chargé de la lui ramener. Mais l'homme s'éprend de la jeune fille et s'enfuit avec elle.

Ianthè est incapable d'aimer. Après une période incertaine, elle revient en Angleterre, seule et enceinte, pour retrouver une vieille bonne, substitut **maternel**, qui s'est occupée d'elle quand sa mère l'a quittée – nous avons **vu** que les filles cherchent souvent à retrouver leur mère quand elles sont enceintes. Cette grossesse – pathologique dans la mesure où Ianthè la dénie totalement, du début à la fin – aboutira à la naissance d'un garçon mort-né : comme si cette femme, abandonnée par sa mère dont elle n'a pas souhaité se rapprocher, puis abusée par son père, exprimait de la sorte qu'elle ne se sentait aucune dette de gratitude vis-à-vis d'une mère à ce point défaillante. L'enfant mort, c'est à la fois elle-même, morte à sa mère, et sa propre mère, morte pour elle.

Ianthè finira par se marier en Inde, loin de toute figure maternelle, et aura deux enfants, une fille et un garçon. Mais, nous dit-on, « ce n'était pas une vraie mère. Elle les aimait bien sûr mais à sa façon. Qui n'était pas celle de tout le monde. Ils lui portaient sur les nerfs, voyez-vous, quand elle était dans ses mauvais jours. Il lui arrivait parfois de... de ne pas se dominer complètement ». On peut comprendre que Ianthè soit une mère à la limite de la maltraitance : elle a été abandonnée par sa propre mère quand elle n'avait que quelques années ; cette mère n'a jamais pu lui expliquer son attitude, et son père a démoli systématiquement son image, faisant d'elle l'unique responsable de la blessure qu'elle lui a fait subir. Mais on ne démolit pas impunément l'image du parent du même sexe que celui de l'enfant : être la fille d'une femme présentée par le père comme une mère indigne ne peut que signifier, pour une petite fille, que l'on est soi-même indigne – indigne d'être mère (l'enfant mort), ou mère indigne.

Et voilà que Ianthè à son tour quitte son mari, sans raison explicite. Mais elle emmène, elle, ses enfants, pour retourner en Angleterre. Son mari, à la différence de celui de sa mère, viendra la retrouver ; ils auront même un troisième enfant, une fille. C'est alors qu'elle partira définitivement, sans ses enfants, les abandonnant comme elle-même fut abandonnée. On apprendra par la suite que, passant par des crises de folie alternant avec des épisodes moins aigus, elle s'est enfermée dans un couvent dont elle a été renvoyée, puis qu'elle s'est prostituée, et qu'elle a été plusieurs fois internée sans que sa mère ni ses enfants en soient jamais avertis.

Leur père, atteint d'un cancer et sentant sa mort approcher, se décide à envoyer les trois enfants auprès de leur grand-mère maternelle, Mrs. Jardine, bien qu'elle et son mari ne les aient jamais vus. Les rapports entre la grand-mère et Maisie, l'aînée des petites-filles, seront extrêmement tendus, Maisie se sentant un devoir de loyauté envers son père qui l'avait mise en garde contre sa grand-mère – de même qu'à la génération précédente le père de Ianthè avait coupé celle-ci de sa mère. Après la mort du père, les deux aînés, Maisie et Malcolm, iront en pension, tandis que Sherry, la cadette – la plus fragilisée par l'abandon précoce de sa mère, à laquelle elle ressemble physiquement de façon troublante –, restera avec ses grands-parents. Mais elle mourra rapidement d'une méningite.

Troisième génération, donc : Sherry est morte, Malcolm sera tué à la guerre. En 1914, Maisie, encore adolescente, a pu rejoindre sa grand-mère en France juste avant la déclaration de guerre. Elle se sent épiée par une femme mystérieuse : c'est Ianthè qui, devenue complètement délirante, reproduit sans le savoir l'attitude qu'avait eue sa mère avec elle. Maisie la reconnaîtra, tentera de lui parler mais sera obligée, avec l'aide de sa grand-mère, de la faire interner à nouveau. La jeune fille alors s'octroiera la liberté de refuser de transmettre, comme seule issue possible : « Je t'ai dit que je ne me marierais jamais, et que je n'aurais pas d'enfants, même si la chance m'en était offerte par quelque idiot... eh bien ! La raison, la voilà : il y a un vent de folie dans ma famille. »

Sa grand-mère avait tout compris, mais n'avait rien pu empêcher. C'est elle qui résume l'histoire : « La source ! La fontaine de vie – la source, le jaillissement qui sort des profondeurs obscures et sans limites, et coule à travers tout être vivant, de génération en génération... [...] Parfois la source est souillée, obstruée. Les êtres alors vivent d'une vie fragile, incertaine, leurs racines étant privées de ce qui devait les nourrir. Voilà ce qui arrive quand l'amour est trahi – assassiné. » Dans l'effort pour ne pas reproduire à la troisième génération ce qui s'est inconsciemment reproduit à la deuxième, il arrive en effet que la seule solution soit l'arrêt de la transmission, par la mort ou par la stérilité volontaire : la source alors se tarit, et c'est toute une histoire familiale – la ballade – qui s'éteint avec elle.

Transmettre la honte

Nous avons déjà évoqué également le roman d'André Maurois *Le Cercle de famille*. Il s'agit là encore d'une histoire de transmission sur trois générations de femmes, mais les effets en sont apparemment moins catastrophiques du fait de son objet – l'adultère. Toutefois, dans la Normandie au tournant du XXᵉ siècle, une femme qui trompe son mari peut attirer une honte durable sur toute la famille. Que dire alors de trois générations de femmes adultères ?

Pour Denise Herpain, l'adultère de sa mère constitue la scène traumatique de son enfance, la honte autour de laquelle tourne toute sa vie, et qu'elle s'est juré de ne pas faire revivre à ses enfants – ce à quoi, bien sûr, elle ne parviendra pas. Pendant les vacances, alors que son père est absent, la petite Denise aperçoit le cou rouquin de l'homme qui fait de la musique avec sa mère. Elle comprend alors enfin les allusions des domestiques, et l'opprobre qui frappe sa mère dans ce milieu étriqué. La mère de Denise a elle-même, semble-t-il, de qui tenir : de sa propre mère, la grand-mère de Denise, « on disait qu'en son temps, elle avait été légère. Maintenant elle protégeait les amours de Mme Herpain, qui pouvait toujours dire :

"Je vais chez ma pauvre maman", quand elle avait rendez-vous à Rouen avec son amant ».

Faussement naïve, la petite Denise informera son père, ce qui déclenchera un drame familial, mais sans rupture. Cette découverte bouleversante orientera définitivement ses (mauvaises) relations avec sa mère, dont elle a honte et dont elle pense – pas tout à fait à tort – qu'elle est responsable de la discrimination sociale dont elle-même se sent victime (« chez moi, l'humiliation venait de l'idée que je me faisais de l'indignité de ma mère », dira-t-elle, adulte, avec lucidité). Le père aura le bon goût de mourir mais, malheureusement, lors d'une escapade de sa femme. Par mesure de rétorsion, et pour lui faire savoir qu'elles n'ignorent rien de l'adultère, ses filles – Denise en tête – lui interdisent la chambre où repose le défunt : « Nous ne sommes pas folles, dit Denise, nous sommes malheureuses et pour la première fois, nous vous disons la vérité. » Mme Herpain deviendra rapidement Mme Guérin, du nom de son amant, et mènera dès lors une vie rangée.

Denise en profite pour quitter définitivement la petite ville, qu'elle associe à ses malheurs, et part continuer ses études, d'abord chez sa grand-mère puis seule à Paris. Mais le traumatisme continuera de faire son œuvre. Décidée à ne pas se marier, c'est à grand-peine qu'elle avouera à son premier amoureux : « J'ai honte de ma mère. Je ne veux pas lui ressembler. [...] Elle a brisé la vie de mon père, la mienne et celle de mes sœurs... C'est une souffrance atroce depuis mon enfance ». Elle renonce à l'épouser car il ne veut quitter ni son milieu ni sa ville, comme elle l'y engage, et elle rompt, malgré la pression de sa mère, pour se résigner finalement à faire un mariage de raison. Elle aura donc payé son besoin de rupture au prix fort : le bonheur de vivre avec l'homme qu'elle aime.

Le jeune homme, lui, n'a pas résisté à la pression familiale, qui l'engage à reprendre l'étude notariale de son père. Il épousera – inceste du deuxième type – la jeune sœur de Denise, Marie-Laure. Denise, elle, imagine faire de son mari un grand homme d'affaires, et se promet de lui être fidèle jusqu'à la mort pour éviter, à sa manière, la honte de sa mère et de sa grand-mère. En trois ans, elle a trois enfants : deux garçons et une fille, prénommée elle aussi Marie-Laure. Mais la santé de ses enfants l'oblige à se séparer de son mari : elle ne résistera pas à la tentation de l'adultère avec un séducteur local. Toutefois le conflit interne est tel qu'elle se met à délirer ; elle retrouvera son calme grâce aux soins d'un médecin qui, ayant compris la situation, l'isolera quelque temps avant que son mari ne vienne la reprendre.

Elle continuera d'avoir de brèves liaisons, croyant ainsi se démarquer de sa mère : « Je n'aurais jamais permis qu'une aventure devînt chez moi, dans ma maison, une cause de scandale... Ce serait l'amant installé dans la famille qui me rappellerait ma mère et me ferait horreur. » Elle voit parfaitement que sa fille n'ignore rien – comme elle-même n'avait rien ignoré de l'inconduite de sa mère –, mais elle est incapable de mettre ses actes en accord avec ses paroles : « J'ai la terreur de faire souffrir mes enfants comme j'ai souffert moi-même... C'est une obsession. [...] J'ai saisi certains regards de Marie-Laure. Cette petite commence à me juger... »

L'histoire ne dit pas si la jeune Marie-Laure, elle aussi, trompera son futur mari, ou renoncera à toute vie amoureuse pour éviter la répétition. Mais il est intéressant de voir que sa mère, retournant chez sa propre mère où elle n'avait plus été depuis l'adolescence, relativisera son passé, justifiant ainsi à ses yeux, implicitement, ce qu'elle fait vivre à sa fille : « Les souvenirs si longtemps tragiques, impossibles à supporter, les voici détachés de moi, inoffensifs... Ce qui était un présent douloureux et vivant est devenu un passé mort... les fautes pour lesquelles je me rendais folle de honte et de douleur : passé mort... » Passé mort pour elle, peut-être, qui l'a pour ainsi dire inactivé en le reproduisant elle-même – mais passé très probablement présent chez sa fille qui, consciemment ou inconsciemment, risque fort de porter, à sa façon, le poids de la honte transmise sur trois générations.

Transmettre la solitude

Le roman de l'Israélienne Shifra Horn s'intitule *Quatre mères* (2000), alors que l'histoire est racontée par une cinquième : celle-ci, ayant donné naissance à un fils, ne se vit sans doute pas elle-même comme une vraie mère qui, dans cette famille matriarcale, ne peut être que mère d'une fille.

Il s'agit de quatre générations de femmes, à Jérusalem, dont les maris ont disparu peu après l'accouchement, pour diverses raisons, pas toujours claires. Aussi ces mères ont-elles élevé seules leurs enfants, dans la toute-puissance du matriarcat. Elles sont toutes hors du commun : exceptionnellement déterminée (Mazal), belle (Sarah), surdouée (Pnina-Mazal), militante (Guéoula)... Les hommes, eux, sont totalement dépréciés : le mari de Mazal s'est envolé après les couches ; celui de Sarah est retourné chez ses parents ; le fils de Sarah est autiste ; le mari de Pnina-Mazal est un gringalet mort de maladie ; celui qui a engrossé Guéoula est inconnu ; et le mari de la narratrice s'est enfui.

Est-ce le contraste entre la déréliction des maris et la personnalité exceptionnelle des femmes ? Toujours est-il que celles-ci ne semblent guère souffrir de leur solitude, tout occupées qu'elles sont à résister aux épreuves. Mais souffrance ou pas, le fait est là : à chaque génération se reproduit la malédiction, qui brise les couples et fait d'une jeune mère une femme abandonnée par son mari, régnant, solitaire, à la tête d'une « famille monoparentale », comme il est dit dans les instituts de statistiques.

C'est pourquoi, lorsque, à la cinquième génération, la jeune Mazal donne naissance à un fils, son arrière-grand-mère Sarah se réjouit : c'est la fin de la malédiction. La naissance du garçon annonce, pour la prochaine généra-tion, la rupture de cet enchaînement dans un matriarcat tout-puissant, où les hommes sont réduits à l'état de géni-teurs, tout juste bons à donner des filles à leurs mères. C'est du moins ce qu'il est possible d'augurer, ou de sou-haiter. Mais peut-on croire qu'un simple hasard biologi-que – le sexe d'un enfant – puisse contrarier efficacement cette propension, transmise de génération en génération, à choisir la toute-puissance maternelle au prix de la solitu-de ? Ou bien faut-il imaginer qu'en fabriquant un bébé mâle, la narratrice a fait inconsciemment le choix de met-tre un terme à cet enfermement dans le matriarcat, dont ce roman serait, en même temps que le récit, le prix du renoncement ?

Il existe cependant d'autres issues, dans la réalité, que la stérilité ou la reproduction à l'identique, pour une fille qui ne veut pas « devenir (comme) sa mère ». On ne choi-sit pas ce qui nous est transmis, quelle que soit la volonté consciente que l'on puisse avoir de faire changer le cours des choses. Cela ne signifie pas que mères et filles se repro-duisent comme des clones, à l'identique, mais qu'elles sont, les unes et les autres, traversées par des forces incons-cientes, qui rendent leur marge de manœuvre étroite – bien que pas inexistante.

L'enjeu du devenir-mère, en tout cas, apparaît claire-ment dans ces histoires de transmission, ou d'arrêt de transmission : transmettre la vie c'est aussi, inévitablement, transmettre les éléments d'une identité, qui ne sont que partiellement maîtrisables, ne serait-ce que parce qu'ils appartiennent non à chacune, mais à une chaîne d'individus. On peut choisir d'avoir des enfants, et de se projeter ainsi dans le futur ; mais on ne choisit pas alors ce qui en découle irrévocablement : le devenir-mère et le devenir-grand-mère, qui nous enchaînent à un passé, et rapprochent nos ascendants de la mort.

La question du « pourquoi ? »

Les problèmes de transmission nous permettent de répondre indirectement à la question que certains, probablement, se sont posée dès le premier chapitre : pourquoi ? pourquoi les mères sont-elles ainsi ? Car c'est au niveau des conséquences que se dévoilent parfois les causes : en étudiant les mécanismes de transmission d'une mère à une autre, on peut remonter à la génération précédente pour comprendre comment une attitude envers sa fille peut découler de l'attitude de sa propre mère – y compris lorsqu'il s'agit de l'inverser, ou de l'arrêter. Faute de pouvoir psychanalyser des personnages de romans, nous pouvons au moins décrire et analyser la cohérence de leurs actions, qui dévoile la logique inconsciente des comportements.

Cette question du « pourquoi ? » demande d'ailleurs elle-même à être interrogée, avant que lui soit fournie à tout prix une réponse. Posons donc une autre question : pourquoi apparaît-il si important de se demander « pourquoi ? » – pourquoi une mère est comme elle est ? – plutôt que, comme nous l'avons fait ici, de se demander « comment » cela retentit sur l'entourage, quels effets son comportement peut avoir. Cette exigence de remontée aux causes, plutôt que d'explication des conséquences, a elle-même un rapport direct avec notre sujet. En effet, toute description d'un quelconque dommage infligé à quelqu'un appelle inévitablement une prise de position, qui fera basculer le témoin soit du côté de l'accusation, soit du côté de la justification : face au mal, il faut choisir entre accuser et excuser. Or, compte tenu de la culpabilité inhérente à toute mise en accusation des parents, c'est la seconde option qui, concernant notre sujet, est la plus probable : la demande d'« explication » est une étape vers l'excuse ou la justification – même si elle ne s'y réduit pas. Face au risque d'accusation de la mère, l'explication de son comportement peut être un préalable à la décision d'excuser : d'où la tendance à se réfugier dans la recherche des causes d'une maltraitance, plutôt que dans la compréhension de ses effets.

Septième partie

DEUILS

« Un fils reste mon fils jusqu'à ce qu'il prenne femme, mais ma fille reste ma fille tout au long de sa vie », affirme la mère dans *Amants et fils* de D. H. Lawrence (1913). La place de la mère par rapport à la fille est une place « pour la vie » : que l'une ou l'autre le veuillent ou ne le veuillent pas, et quelle que soit la fonction qu'un homme pourra assumer.

Si l'ordre des générations est respecté, l'une – la mère – précédera l'autre – la fille – dans la mort. C'est le déroulement normal (ce qui ne signifie pas qu'il soit anodin) lorsque la fille est devenue une femme et que sa mère est devenue grand-mère, arrière-grand-mère peut-être, en tout cas une vieille femme. Il peut arriver aussi que la mère décède « avant l'heure », lorsque sa fille est encore jeune, rendant le deuil plus brutal et, la plupart du temps, plus traumatique. Il n'est pas dans l'ordre des choses, enfin, que ce soit la mère qui perde sa fille, quel que soit son âge.

Mais avant même que se produisent ces morts, inégalement prévisibles, c'est de la relation même entre mère et fille que l'une et l'autre doivent, comme on dit, « faire leur deuil », en renonçant à la forme qu'avait prise jusqu'alors leur rapport. Or ce deuil-là n'est pas le moins difficile, d'autant que s'il affecte forcément l'une comme l'autre, il affecte rarement l'une de la même façon que l'autre.

Deuil d'une fille, deuil d'une relation, deuil d'une mère : c'est sur toutes ces formes du deuil, si hétérogènes, que nous allons nous pencher pour en finir avec cette exploration des relations mère-fille. Mais là encore – et davantage peut-être que pour le « devenir-mère » – la fiction est étrangement pauvre, comparativement à l'importance de tels moments dans la vie d'une femme. En comparaison, les témoignages semblent moins rares : comme si, face à l'irruption de la mort, l'imaginaire tendait à régresser au profit du réel, en même temps que le travail de l'écriture prenait le pas sur le travail de la fiction, pour laisser à la littérature le soin d'accompagner le deuil.

27.

Deuils d'une fille

Françoise Dolto avait coutume de dire que quelle que soit la durée de vie d'un être humain, « on meurt quand on a fini de vivre » : que l'on vive quelques jours, quelques années ou cent ans, le cycle de la vie serait toujours complet pour chaque être humain. C'est aussi ce qu'affirmait Sénèque, le philosophe stoïcien, il y a deux mille ans : « Si tu pleures de ce que ton fils est mort, accuses-en l'heure où il est né. Son arrêt lui fut signifié dès l'instant où il vint au monde. C'est à ce prix qu'on te l'avait donné, c'est le sort qui le poursuivait dès le ventre de sa mère [1]. » Mais s'agissant des parents qui perdent un enfant, cette idée est insupportable : si l'on peut envisager sa propre mort, comment supporter de ne pas précéder son enfant ?

Les enfants meurent aussi

Il n'y a pas de mot, dans la langue française, pour désigner un parent qui a perdu son enfant [2]. De nos jours,

---

1. Sénèque, « Consolations », in *Dialogues*, III, Paris, Les Belles Lettres, 1975.
2. Ces réflexions s'inspirent largement des nombreux travaux de la psychanalyste Ginette Raimbault, en particulier *L'Enfant et la Mort* (1975), Paris, Privat, 2000, et *Lorsque l'enfant disparaît*, Paris, Odile Jacob, 1996.

cet événement est considéré comme une tragédie familiale, quels que soient l'âge et le sexe de l'enfant. Sans doute n'en allait-il pas tout à fait de même du temps où la mortalité infantile était importante : sans être indifférents, les parents ressentaient peut-être moins le sentiment d'injustice qui les habite aujourd'hui. Dans d'autres sociétés, où le statut de l'enfant n'est pas le même puisqu'il peut être acheté, vendu, rentabilisé, utilisé lors de conflits armés ou (s'il s'agit d'une fille) éliminé en raison de son sexe, la perte d'un enfant n'est pas toujours associée à un deuil, lequel implique qu'il y ait eu auparavant un attachement affectif. Dans nos sociétés riches, où l'enfant est devenu « le plus précieux des biens », et où la qualité voire la perfection de la progéniture prime, et de loin, sur sa quantité, la mort d'un enfant est plus souvent vécue comme une injustice suprême, provoquant une souffrance ravageante.

Sans nier la douleur des pères lors du décès d'un enfant, il semble que de tous temps, les mères aient occupé une place prééminente auprès de leurs enfants morts – fils morts au combat ou disparus, comme pour les « Folles de la place de Mai ». Selon l'historienne et anthropologue Nicole Loraux, spécialiste de la Cité grecque, « la douleur d'une mère est générale au sens où l'on dirait qu'elle est générique, douleur en général qui contient tous les deuils en elle. La mère a enfanté le deuil, un deuil de mère enfanterait-il toutes les douleurs de sa lignée ?[1] » Le lien irréductible de l'enfantement donne à la mère – et d'autant plus qu'il n'est pas toujours, dans son fantasme, médiatisé par un tiers – une place prééminente et reconnue par tous si le décès survient : comme si, dit encore Nicole Loraux,

---

1. N. Loraux, *Les Mères en deuil*, *op. cit.*, p. 12. Ce livre est l'occasion pour l'auteur de comprendre ce qui fait du deuil des mères un enjeu politique dans la cité grecque.

« de toute origine, le deuil faisait nécessairement partie d'un destin de mère ». Cela témoigne de cette proximité entre la vie et la mort d'un enfant, familière à toutes les femmes qui en assument la responsabilité, en particulier ces mères « anormalement inquiètes », obsédées par les catastrophes qui pourraient survenir, voire s'imaginant déjà, jusqu'à en pleurer, la douleur exquise de la perte.

Freud s'est interrogé sur le fait de savoir pourquoi le deuil est si douloureux. La perte irrémédiable, qui rend l'absence constamment présente, est un élément de cette douleur, mais aussi la solitude extrême où nous plonge le fait de songer à notre propre mort. De nos jours, on conseille aux mères endeuillées de « se faire aider » par un professionnel. Certaines l'acceptent, non tant pour « aller mieux » – même si elles l'espèrent tout en le craignant – que pour dire des choses qu'elles considèrent parfois comme inavouables, première étape d'une médiatisation du travail inconscient du deuil. Et parmi les plus inavouables, car inacceptables, est la pensée ou le souhait de mort, venant parfois, lorsque l'enfant souffre, sous la forme euthanasiante du « Ne vaudrait-il pas mieux qu'il meure ? ».

Dans la tragédie grecque, le responsable de la mort de l'enfant est souvent le père (Agamemnon tuant Iphigénie), contre qui se déchaîne la vengeance meurtrière de la mère. De nos jours, c'est plutôt le corps médical – quelle que soit sa compétence ou son incompétence – qui occupe fantasmatiquement cette place : ayant pour mission de sauver l'enfant, il n'a pu s'acquitter de sa tâche, ni prendre suffisamment en compte la douleur des parents. Même si on reconnaît qu'ils ont été « formidables », le ressentiment vis-à-vis des médecins est une étape quasi incontournable, permettant un allégement de la culpabilité par la projection de l'ambivalence à l'extérieur de la famille et le renvoi de la responsabilité sur l'autre – celui qui aurait dû, celui qui n'a pas pu.

Aujourd'hui, il semble que l'écriture soit ce qui tient lieu, bien souvent, de manifestation publique du deuil d'enfant : rarement sous forme de romans, mais plutôt de témoignages ou de récits plus ou moins élaborés. Qu'ils concernent la mort d'un garçon ou d'une fille – car les modalités du deuil s'organisent davantage, semble-t-il, autour de la place de l'enfant dans le psychisme de la mère qu'en fonction de son sexe –, ils constituent une tentative pour refaire du lien avec le monde et se réconcilier avec soi-même.

Perdre sa fille

« Je n'écris que pour renouer avec moi-même. Tenter de saisir ce qui la nuit m'échappe, ce monde qu'au matin le souvenir me présente plein, entier, présent, quand celui de la veille m'apparaît toujours plus éclaté, plus sanglant, nourri de trahisons indéfiniment répétées », confesse Hannah, l'héroïne du *Journal d'Hannah* de Louise L. Lambrichs (1993) – roman inspiré d'une histoire vraie, comme si, en matière de deuil, l'expérience vécue affleurait toujours à la limite de la fiction. L'étrange est que l'enfant mort dont il y est question n'est, en fait, jamais venu au monde. On a longtemps pensé que lorsqu'une femme avortait – spontanément, volontairement ou tardivement, en cas d'interruption médicale de grossesse –, elle ne faisait pas de deuil, puisque l'enfant n'était pas né. La prescience de la romancière rejoint ici la clinique psychanalytique[1]

---

1. Frédérique Authier, *Ces bébés passés sous silence*, Paris, Erès, 1999. Voir aussi Muriel Flis-Trèves, *Le Deuil de maternité*, Paris, Plon, 2001.

pour nous montrer qu'il n'en est rien, du moins lorsque l'enfant à venir est désiré, et qu'il a déjà un statut pour la mère.

Dans la France occupée, une jeune femme juive, mariée et mère d'une petite fille, apprend qu'elle est enceinte. Elle désire cet enfant de toutes ses forces mais son mari, engagé dans la Résistance, ne veut pas assumer cette nouvelle naissance à ce moment-là, et l'emmène avorter en Suisse, à plus de quatre mois de grossesse. C'était une fille. « La mère est vivante, l'enfant mort, après tout c'est ce qu'on lui demandait, il a rempli son contrat. » Hannah mènera dès lors une « double vie », dont elle témoigne dans son journal : « Entre rêve et réalité je poursuis ma double vie et vais me coucher comme on se met au travail, quand le travail que l'on mène vous rend à la vie. » Dans le secret de ses rêves, interrompus par la vie réelle mais qui reprennent toujours là où ils s'étaient arrêtés, la petite Louise viendra au monde, bien vivante, sera allaitée par sa mère, qui ne la quittera plus et la verra grandir et évoluer quasiment au jour le jour, intégrée dans sa lignée maternelle et objet de projections, exactement comme on peut le voir dans la réalité : « Louise est devenue une gamine espiègle et joyeuse, débordante de santé et d'énergie, bavarde et volontiers comédienne. Je me demande de qui elle tient cette joie de vivre, de moi peut-être, enfant j'avais cette insouciance mais c'est si loin maintenant. En sa compagnie pourtant j'en retrouve en moi des bribes, comme si elle réveillait cette Hannah d'autrefois, cette Hannah que mon père aimait tant et qui, dans l'atmosphère empesée des fêtes de famille, faisait le pitre jusqu'à déclencher éclats de rire et applaudissements. Je me dis que Louise devrait faire de la danse, du théâtre, de la musique, je me dis que cette petite est un don du ciel, elle est douée pour tout, infiniment douée. » Cette vie imaginaire durera vingt ans, jusqu'à ce que la mère en soit délivrée grâce à un médecin qu'elle était venue consulter pour ses insomnies. « Pourquoi ne dormez-vous pas ? » lui demandera-t-il simplement, ce que personne n'avait fait auparavant – et, enfin, elle pourra parler.

Cette façon qu'a la mère de faire vivre dans ses rêves la fille à laquelle elle a dû renoncer constitue une forme du remaniement qui s'opère dans l'inconscient, sur cette « autre scène » dont parle Ginette Raimbault, « où sont gravés nos premières représentations, nos liens affectifs précoces, où se dessinent les trajectoires de nos pulsions, scène d'enregistrement des signifiants qui vont nous habiter et nous déterminer devant notre vie et devant notre mort[1] ». Il en va de même, sur le plan spirituel, avec les tentatives pour retrouver l'enfant perdu en entrant en contact avec lui par l'esprit, au-delà de la mort : ce fut le cas de la romancière Rosamond Lehmann, qui perdit effectivement sa fille déjà adulte, et dont l'œuvre a été hantée de tous temps par les enfants morts, sans qu'elle traite spécifiquement de sa propre expérience du deuil.

Remarquons encore que ce type de deuil, qui consiste à évacuer la douleur et le ressentiment en donnant une vie imaginaire et idéalisée à l'enfant qui n'est pas venu au monde, est absolument solitaire, non partagé avec le père : non seulement parce que considéré comme non partageable, mais aussi parce que voulu comme tel. On pourrait penser qu'il s'agit d'un cas exceptionnel ; mais dans les témoignages, le partage de la douleur du deuil est rarement évoqué. Ainsi le deuil apparaît souvent comme la recherche solitaire d'une issue à la situation intolérable créée par la blessure - ô combien narcissique - ouverte par la perte d'un enfant. Mais pour celui qui survit, le deuil témoigne

---

1. G. Raimbault, *Lorsque l'enfant disparaît, op. cit.*, p. 12.

en tout cas qu'il n'en a pas fini de ses relations avec cette vie.

Dans *L'Élégance des veuves* d'Alice Ferney (1995), il est question de plusieurs générations de femmes qui vivront la perte de leur mari et de plusieurs de leurs enfants dans une dignité tragique et exemplaire, répondant à la devise de cette vaste famille : « Dieu ne nous a pas créées pour être inutiles. » Les femmes sont amoureuses de leur mari, et réciproquement : les enfants en sont la preuve vivante, même s'ils sont source de souffrance et de mort. Ainsi la pulsion de vie se transmet, de génération en génération, au-delà des deuils. A propos de la plus âgée, Valentine, qui perd son mari et cinq de ses huit enfants, l'auteur décrit l'inscription corporelle du travail psychique inconscient opéré par le deuil lorsque sa troisième fille lui est enlevée : « Pendant plusieurs mois elle n'en finit pas de se modifier, travaillée de l'intérieur : l'expression de ses yeux, la courbure de ses sourcils, le pli de ses lèvres, la couleur de son visage (pâle ou au contraire obscurci, ou bien gris comme un marbre). Même sa silhouette semblait chaque jour fondre un peu plus sous le vêtement du deuil. Et à la fin elle prit ce terrible visage, sombre immobile, comme si la concrétion de ses souffrances lui avait fait un masque. Au milieu, les yeux continuaient de briller. Elle n'avait dans son cœur que de la bienveillance, mais tout en elle exprimait le contraire. »

Ainsi se déploient, de récit en roman, les phases du deuil vécu par la mère : culpabilité, colère, remords, recherche d'un sens ou de signes prémonitoires, sentiment d'injustice, sur le mode du « Pourquoi lui, l'enfant, et pas moi ? », ou « Pourquoi mon enfant ? ». Revient aussi, inlassablement et de façon très émouvante, le souvenir toujours intense et douloureux de l'intimité corporelle,

« d'autant plus aigu qu'il n'est jamais éprouvé comme il l'est dans la perte [1]

Le terrorisme de la souffrance

Même lorsque le père est effectivement présent pour sa femme et son enfant, la solitude de la mère dans le deuil peut être revendiquée : il s'agit alors, dans une relation non pas ternaire mais binaire jusqu'à la toute-puissance, de figer, en se l'appropriant, cette relation, à la fois réelle et fantasmatique, que la mort est venue interrompre. Ainsi, *Paloma* d'Aline Schulman [2], écrit seize ans après la tragédie, raconte la maladie de sa fille unique, morte d'un cancer à l'âge de huit ans : « Mais je l'ai voulue notre histoire, comme un dialogue à huis clos, de toi à moi, comme une élégie à deux voix. Et autour de nous j'ai fait le vide. Pour mieux te voir, mon enfant. Pour mieux te serrer, mon enfant. Pour mieux te garder, mon enfant. Laisse-moi revendiquer notre amour exclusif ! Sinon, comment te succéder, te survivre ? Je suis prête à falsifier l'état civil, et à tracer d'une main ferme née de père inconnu, ou même née sans père, pour que personne ne puisse en douter : je suis non seulement l'unique héritière, mais l'unique géniteur de mon enfant. »

Au-delà de la mort, la mère endeuillée se révèle ici « plus mère que femme » au point de revendiquer l'inceste platonique. Il y a là un enfermement dans la souffrance, et dans la jouissance de la solitude, qui ajoute au travail sur soi l'exercice d'un pouvoir sur autrui, par l'exclusion. L'entretien de la douleur se substitue alors à la relation avec l'en-

---

1. N. Loraux, *Le Deuil des mères, op. cit.*, p. 57.
2. Seuil, 2001.

fant perdu, dans une jouissance de la toute-puissance qui vient faire obstacle à toute élaboration de la souffrance. Excluant durablement tout tiers, de façon à maintenir à tout prix le rapport avec l'enfant mort, ce « terrorisme de la souffrance », selon l'expression du psychanalyste Sandor Ferenczi, ne permet pas au disparu de prendre sa place, dans le passé et non dans le présent. La seule différence avec l'inceste platonique est qu'ici, ce n'est pas l'enfant mort qui en subit les conséquences, mais les vivants – et en particulier les filles, en tant qu'elles sont exclues de ce deuil alors même que leurs mères restent un modèle identificatoire.

Mais cette façon, pour une mère endeuillée, de ne pas vouloir ou de ne pas pouvoir laisser se faire le travail du deuil[1], est rarement le cas de celles qui écrivent en leur nom : écrire sur un deuil implique que l'on ait pris une certaine distance – ce que ces femmes ne veulent justement pas. On retrouve là, sur le plan de la « pathologie individuelle », ces « abus de la mémoire » qu'a repérés, en historien, Tzvetan Todorov, sur le plan du « refoulement collectif », à propos de la mémoire des camps de concentration : lorsque le souvenir de l'événement traumatique fait l'objet d'une lecture « littérale », ramenant incessamment au passé (c'est la « mémoire monument », individualisante), plutôt que d'une lecture « exemplaire », permettant son utilisation au présent (c'est la « mémoire instrument », tendant à la dés-individuation), alors apparaît, pour celui « qui est domestiqué par le souvenir sans pouvoir le domestiquer », le risque d'une installation dans le « statut de victime », vécu comme un véritable « privilège »[2].

---

1. Pour une définition psychanalytique de ce terme, voir G. Raimbault, *Lorsque l'enfant disparaît, op. cit.*, notamment p. 240 et 246.
2. T. Todorov, *Les Abus de la mémoire*, Paris, Arléa, 1995, p. 33 et 56.

Nous retrouvons dans ces situations le cas des mères défaillantes, déprimées voire mélancoliques, qui imposent à leur fille un abandon affectif doublé d'une culpabilisation, lorsque la mère reproche à sa fille vivante de n'être pas à la place du mort (ou de la morte). D'autres parents, figés dans leur passé et refusant l'inéluctabilité de la mort, auront un autre enfant qui aura pour mission de remplacer le mort : situation d'autant plus pathogène que cet enfant sera du même sexe que l'enfant mort (mais ce n'est évidemment pas le cas de tous les enfants nés après la mort d'un frère ou d'une sœur, qui peuvent au contraire témoigner de la reprise des pulsions de vie des parents, une fois la perte admise avec, surtout, la capacité à transmettre l'histoire restaurée). Il semble que moins une mère accepte de limite à son pouvoir sur son enfant, moins elle sera à même d'en supporter le deuil – tant il est vrai qu'on ne perd que ce qu'on croit avoir possédé –, et surtout d'en sortir, c'est-à-dire de retrouver un élan vital. Car sur qui d'autre que ses enfants, et en particulier sa fille, pourrait-elle retrouver un tel pouvoir, doublé de la certitude inconsciente de son immortalité – certitude que cette mort, justement, a mise à mal ?

28.

Deuils d'une relation

La mort d'une personne n'est pas la seule occasion de deuil. La fin d'une relation en est une autre, moins visible et moins reconnue, certes – mais souvent douloureuse elle aussi. Et toutes les mères, sans exception, ont à faire ce deuil-là : au fur et à mesure que leur fille devient adulte, elles doivent renoncer, plus ou moins progressivement, à la relation qu'elles ont eue avec le bébé, l'enfant, l'adolescente.

Le renoncement à la toute-puissance

On n'a peut-être pas suffisamment réfléchi aux conséquences de la polysémie qui veut qu'en français – et dans d'autres langues également – on utilise un même terme, « enfant », pour désigner à la fois l'être non encore adulte et la progéniture. Ainsi, lorsqu'une mère annonce l'arrivée de ses « enfants », l'on ne peut savoir a priori si l'on va se retrouver face à de charmants bambins, ou face à des adultes – parfois même parents eux aussi.

Cette confusion ne serait que pittoresque si elle n'induisait, probablement, quelques ravages dans les rapports entre générations, et en particulier entre mères et filles.

363

compte tenu de la proximité et du rapport d'identification qui les lie. Car si la mère continue à traiter sa fille devenue adulte comme si celle-ci était toujours sa « petite fille », il y a un grand risque – pour peu que la fille ait réussi à prendre quelque distance avec sa mère – que l'une et l'autre doivent renoncer à une relation devenue impossible · la mère, contrainte et forcée, et la fille, en faisant en sorte d'échapper à un rapport qui ne sonne plus juste. La condition d'une relation durable entre mères et filles – une relation à laquelle seule la mort pourra mettre fin –, c'est cette mobilité psychique de la mère, qui doit accepter d'abandonner sa toute-puissance supposée ou réelle, puis son pouvoir, puis son influence, jusqu'à inverser sa propre indépendance en dépendance à l'égard de sa fille.

Mais toutes les mères, loin de là, ne savent pas passer de l'état de celle-qui-donne à l'état de celle-à-qui-l'on-donne (ne serait-ce que donner du temps, « seule mesure visible de notre affection », comme le note Pierrette Fleutiaux dans *Des phrases courtes, ma chérie*[1], récit des dernières années de sa mère). Dans ce cas, la marge de manœuvre de la fille est étroite : le rire et l'humour, au mieux – la fuite ou l'éloignement affectif, au pire. A moins qu'elle ne s'enferme elle-même dans l'état de petite fille, incapable de sortir du nœud relationnel qui est la condition de son rapport avec sa mère – auquel cas, probablement, l'ambivalence gagnera, le maintien de sa dépendance se payant de son lot de haine, de culpabilité, et d'oblation.

C'est là l'un des sujets les moins traités, que ce soit dans la littérature, dans les ouvrages spécialisés ou dans ceux destinés au grand public : qu'est-ce qu'être parent d'un enfant devenu adulte, qui n'a plus besoin ni de soins, ni de protection, que l'on ne peut plus éduquer et encore

---

1. Actes Sud, 2001.

moins rééduquer ? D'un « enfant » qui, dans ce qu'on a coutume de considérer comme le meilleur des cas, n'a plus besoin de ses parents ? Cette situation, pourtant, est le lot quotidien d'innombrables familles ; car si rien ne vient l'interrompre, elle dure beaucoup plus longtemps que l'enfance elle-même. Chacun se débrouille, comme il peut – car les modèles manquent, alors qu'ils prolifèrent concernant la petite enfance. C'est que le désir d'enfant qui vient aux enfants, et en particulier aux filles, est un désir d'être « comme maman avec un enfant », mais jamais avec un enfant devenu adulte.

Tzvetan Todorov décrit parfaitement ce « paradoxe de l'amour parental » : « L'amour du parent pour son enfant a quelque chose de paradoxal dans son principe : s'il aime son enfant, il veut que celui-ci devienne une personne indépendante, qui par conséquent n'a plus besoin de lui ; l'amour "réussi" du parent a comme effet – douloureux – d'éloigner de lui son enfant. La mémoire individuelle que les hommes possèdent à un degré inconnu des animaux rend pénible l'expérience parfaitement commune de la séparation d'avec les enfants (au bout d'un temps la mère singe ne distingue même pas ses petits des autres). Ce paradoxe de l'amour parental humain éclate au moment où les enfants deviennent adultes et peuvent se passer du réconfort et de la reconnaissance antérieurs. Le parent se trouve soudain privé du rôle gratifiant de protecteur et de détenteur de la reconnaissance, rôle qui pouvait être à la base de son propre équilibre psychique ; c'est le syndrome du "nid vide". Dans le meilleur des cas, un rapport de réciprocité vient à la place du rapport asymétrique précédent ; mais on ne peut dire que l'un compense vraiment l'autre : la perte des enfants, puisque ce ne sont plus des enfants, est, en un sens, irréparable. La communion avec l'enfant ne sera plus jamais possible de la même maniè-re [1]. »

La fiction (nous l'avons vu avec *La Pianiste*, *Au but*, *Sonate d'automne*...) fait précisément état de ces mères qui ne changent pas, pour qui leurs filles restent éternellement les petites filles qu'elles étouffaient de leur amour, ou qu'elles négligeaient, entraînant des situations de crise comme les aiment les créateurs. Heureusement, la réalité semble plus diversifiée que la fiction : bien des mères parviennent, au prix d'un remaniement psychique parfois douloureux ou chaotique, à trouver un mode de relation qui, sans nier le passé, leur permettra d'établir un compromis avec le présent, et de garder des relations suffisamment souples, qui ne seront pas trop pesantes. Il arrive que leurs filles, devenues femmes, sachent leur montrer la voie, comme le raconte Françoise Mallet-Joris dans *La Double Confidence*, évoquant sa mère âgée et despotique, qu'elle-même, devenue mère, parvient à débarrasser de sa compulsion à régner en allant, paradoxalement, jusqu'au bout de la soumission, avec un parfait détachement.

Mais la voie est étroite, car le sillon de la dépendance est bien tracé, qui maintient les filles sous le pouvoir maternel. Si la mère doit renoncer à sa supériorité, elle n'en conserve pas moins son antériorité, y compris et surtout dans l'expérience même du vieillissement, qui peut induire cette « curieuse rivalité » dont parle Pierrette Fleutiaux (*Des phrases courtes, ma chérie*) : « "Je suis vieille", dit-elle. "Moi aussi", dis-je. Elle hausse les épaules. "Allons donc !" Je suis en colère. Bientôt nous nous jouons une version nouvelle du conte ancien. "Miroir, dis-moi qui est la plus vieille en ce royaume, ma mère ou moi ?" » C'est

---

1. T. Todorov, *La Vie commune. Essai d'anthropologie générale*, Paris, Seuil, 1995, p. 89.

pourquoi rares sont les filles qui parviennent à montrer à leur mère – ou savent exiger d'elle, parfois par la menace ou le chantage – la façon d'adapter son comportement. Sans compter qu'il existe bien des cas de vieillesse névrotique où, comme le signalait Françoise Dolto, des mères toutes-puissantes « mènent la danse comme les sorcières de Macbeth, criantes, haïes, vénérées, perverses et pervertissantes de ceux qui, par éducation, doivent les respecter et, avec elles, toutes les valeurs mortes [1] ».

Le drame de la vieillesse, écrit encore Todorov, « n'est pas que vous avez besoin des autres, mais que les autres n'ont plus besoin de vous [2] ». Symétriquement, pour ces filles qui voient leur mère vieillir, il n'est pas toujours facile non plus de renoncer à leur propre situation de dépendance, en même temps qu'à la supériorité de leur mère, quelles que soient les formes qu'elle ait pu prendre. Pierrette Fleutiaux raconte par exemple (*Des phrases courtes, ma chérie*) comment sa mère vieillissante, observant sa coiffure, lui demande implicitement « de porter la féminité à sa place. Elle me le demande sous bien d'autres formes, qui m'enragent ou m'attendrissent, et plus souvent m'enragent et m'attendrissent à la fois, me mettant le cœur à rude épreuve et me ligotant encore plus serré dans mon trouble ». Que la mère ait été « plus mère que femme », « plus femme que mère », ni l'une ni l'autre, ou les deux, elle va généralement avoir besoin de sa fille qui, elle, n'a plus besoin d'elle. De même qu'on imagine difficilement, quand on est enfant, que ses parents aient eux-mêmes été des enfants, on imagine mal qu'ils deviendront vieux, et que la dissymétrie des rapports mère-fille s'inversera, au

---

1. F. Dolto, *La Sexualité féminine*, Paris, Gallimard, 1996, p. 136.
2. T. Todorov, *La Vie commune, op. cit.*, p. 91.

profit, si l'on peut dire, de la fille, qui n'a plus besoin de sa mère, mais dont la mère, elle, a besoin.

Le renoncement à l'admiration

A cette inversion de la dépendance, où le « pouvoir » – tout relatif – sera du côté de la fille (si tant est que la mère n'abuse pas de son « impuissance », elle aussi relative), s'ajoute pour la plus jeune des deux une autre épreuve : elle va devoir assister – impuissante, dégoûtée, indulgente ou horrifiée – à la décrépitude physique du corps de sa mère, voire à sa décrépitude morale. Car tant que mère et fille restent en vie, celle-ci n'échappe pas à l'épreuve qui consiste à voir sa mère vieillir et, souvent, se dégrader progressivement sous ses yeux. Ce passage à l'état de vieillesse entraîne, qu'elles le veuillent ou non, le deuil de la relation qui les liait, anticipant celui de la perte réelle.

« Rien de son corps ne m'a échappé. Je croyais qu'en grandissant je serais elle », écrit Annie Ernaux à propos de sa mère, dans *Une femme*[1]. Toutes les filles observent le corps de leur mère, y décryptant leur propre avenir, dans une ambivalence parfois honteuse car ce corps, s'il a été aimé voire vénéré dans l'enfance, reste sacré, mais n'en devient pas moins répugnant. « Voir le sexe de ma mère ça m'avait fait un choc. Aucun corps n'existait moins pour moi – n'existait davantage », témoigne Simone de Beauvoir dans *Une mort très douce*[2]. Les femmes qui ont eu à s'occuper de leur mère sur le chemin de la vieillesse reconnaîtront le dégoût qu'elles ont éprouvé – parfois,

---

1. Gallimard, 1987.
2. Gallimard, 1964.

mais pas toujours, à la mesure de l'admiration qu'elles lui ont portée dans leur enfance.

Les signes que l'on remarque à peine chez d'autres personnes âgées deviennent insupportables chez sa propre mère ; à moins qu'on ne les exorcise en ne les repérant que chez les autres vieillards, comme le raconte Colette Fellous dans *Rosa Gallica*[1], récit des dernières années de sa mère en maison de retraite : « L'horreur et la pourriture suintaient de leurs membres déformés, de leurs cheveux sans lumière, de leurs doigts tordus et visqueux, de leurs voix inimaginables, surtout que la moindre miette de leur misère ne vienne pas effleurer la peau de ma mère que j'avais toujours connue parfumée à l'eau de rose ou à ce désuet mélange de vanille, de musc et d'héliotrope qui plaisait déjà tant aux dames des années trente. » Comment, en effet, supporter de voir, sans pouvoir rien en dire, la saleté, les mauvaises odeurs, l'impudeur voire l'exhibitionnisme, la soumission dans la dépendance, ou même la méchanceté ? Ce sont des violences dont les filles parlent peu car, plus que la révolte, elles provoquent une atteinte narcissique génératrice de honte.

Le vieillissement psychique est également des plus déconcertants, avec les troubles de mémoire, les mêmes questions mille fois répétées sans entendre les réponses, les difficultés de reconnaissance, les confusions de personnes et de dates – et parfois, une lucidité effrayante, des réminiscences inattendues. Dans le film *Trois couleurs : Bleu* de Krzysztof Kieslowski (1993), l'héroïne (Juliette Binoche) doit subir non seulement la mort de son mari et de sa fille de cinq ans dans un accident de voiture mais, en outre, la maladie d'Alzheimer dont est atteinte sa mère, qui ne la reconnaît plus : « C'est moi, Julie. – Ah Julie,

---

1. Gallimard, 1989.

viens près de moi. Ils m'avaient dit que tu étais morte, tu as l'air bien, si jeune, toute jeune, tu as toujours été la plus jeune mais maintenant tu as trente ans. – Je ne suis pas ta sœur, maman, je suis ta fille, j'ai trente-trois ans. – Je sais, je sais. Moi ça va très bien, je ne manque de rien. Tu voulais me raconter quelque chose à propos de ton mari et de ta maison, ou peut-être sur toi ? – Maman, mon mari et ma fille sont morts, je n'ai plus de maison. – Oui, on m'a dit. – Avant, tu sais, j'étais heureuse. Je les aimais et ils m'aimaient aussi. Maman, tu m'écoutes ? »

De façon moins dramatique, mais également déstabilisante pour la fille, certaines mères en arrivent, selon la description de Françoise Dolto, au « tableau extrême de la vieillarde régressée, en état de besoin paterno-maternel, passivement exprimé sous la forme d'une phobie généralisée de toute vie, de tout mouvement, de toute émotion, d'une insécurité à vivre, comme si vivre ne pouvait que hâter l'arrivée du terme de la vie : dramatiser en geignant et en prophétisant des catastrophes, tant pour elles-mêmes que pour leur entourage, rivaliser avec tout ce qui intéresse leurs descendants, afin de devenir par tous les moyens leur souci majeur, fuir une angoisse de mort obsédante, tel est le fond de leur vie inconsciente [1] ».

Devenir mère de sa mère

« Je ne voulais pas qu'elle redevienne une petite fille, elle n'en avait pas le "droit" », se souvient Annie Ernaux dans *Une femme*. En revanche, dans *Rosa Gallica* de Colette Fellous, la fille semble accepter la régression de sa mère : « Elle était mon double. Mon double vieilli, usé, innocent. Elle

---

1. F. Dolto, *La Sexualité féminine, op. cit.*, p. 137.

était aussi mon enfant. J'essayais de la protéger » ; ce à quoi la mère répondra plus tard, en écho : « En vérité tu es maman, n'est-ce pas ? Après tout, chacun son tour. »

C'est dès l'enfance qu'une fille peut faire fonction de mère pour sa propre mère : nous l'avons vu, sous forme pathologique, avec certaines « mères défaillantes ». Ce peut être aussi plus tard, lorsque la mère n'est plus en mesure de se prendre en charge. Ainsi, dans *La Ballade et la Source* de Rosamond Lehmann, Maisie, abandonnée très jeune par sa mère, la retrouve à l'adolescence dans un état pitoyable ; elle doit s'en occuper avant de l'interner en raison de son état délirant : « Cela fait un drôle d'effet, de déshabiller sa mère. Qu'elle était maigre ! Les hanches saillantes, et les jambes décharnées. Lamentable. Elle qui avait été si bien faite ! Je lui brossai les cheveux. Autrefois ils étaient épais, noirs, et tellement longs qu'elle s'asseyait dessus : et elle en était très fière. Maintenant ils étaient gris, clairsemés, et avaient un aspect cassant, mort, comme si la brosse ne les avait pas touchés depuis des semaines. Et son cou non plus n'était pas bien propre. » De façon plus normale, lorsque la fille est adulte, la vieillesse de sa mère – défaillance personnelle, inéluctable et non relationnelle – entraîne des remaniements importants dans le psychisme des filles. Même si elles s'y préparent rarement (comment le faire, d'ailleurs ?), elles savent que, comme on dit, « ça va leur tomber dessus », tant il est ancré dans les esprits que cette fonction maternante auprès des parents est dévolue aux filles.

Hélène Cixous, jeune mère d'un fils mongolien confié à sa propre mère (*Le jour où je n'étais pas là*[1]), relate son refus face à l'apparition des signes de vieillesse, facteurs de confusion des générations : « Je l'ai constaté dans notre

---

1. Galilée, 2000.

famille, les femmes redeviennent des mongoliens en vieillissant, c'est ce qui fait leur séduction, c'est ce qui fait mon souci : chaque été j'ai l'impression de voir ma mère entrer lentement un peu plus dans l'excessive gentillesse que je connais, il est certain qu'elle est de plus en plus gentille, et certains jours elle demeure dans cet état oblique un peu à côté de l'état de veille jusque vers dix heures du matin, les yeux qu'elle divague sur moi un peu plissés. Me voilà hérissée. "Ça non !" comme elle dirait. Me voilà ébouriffée, drue, en garde, je crachote, je menace, je vais jusqu'à crisser, jusqu'à crier d'un ton rauque "Maman ! Reviens !" »

Lorsqu'une femme âgée redevient aussi dépendante qu'un bébé, comment supporter cette assimilation entre nourrisson et vieillard, qui bouscule la position générationnelle de la fille, et toute l'histoire de sa relation asymétrique avec sa mère ? Cette expérience est, au sens propre, bouleversante. Il n'est donc pas simple de voir sa mère vieillir, surtout lorsque, comme on dit, « elle ne vieillit pas bien » : lorsque, loin de trouver une sérénité, les défauts s'accentuent ; et lorsque, loin d'accepter un remaniement des relations avec sa fille – allant parfois jusqu'à la mettre en position de père de sa mère – elle s'impose, obligeant à ne céder sur rien. Lorsqu'il s'agit du deuil d'une relation passée, mais pas d'une rupture, les deux parties doivent obligatoirement s'accorder : ce que peu de mères acceptent avant que leur corps ne les lâche.

A moins qu'elles ne deviennent, comme cela arrive parfois, ce dont rêvent les filles : « Ces femmes âgées, paisiblement rayonnantes, simplifiant tous les problèmes et les angoisses de ceux qui les approchent, inépuisable source d'espoir et d'expérience, et qui, malgré l'âge qui d'habitude diminue les mécanismes mentaux, possèdent l'intelligence du cœur de la façon la plus naturelle, la plus inconsciente [1]. »

---

1 F. Dolto, *La Sexualité féminine, op. cit.*, p. 137.

29.

Deuils d'une mère

« Quelquefois, je m'imaginais que sa mort ne m'aurait rien fait », écrit Annie Ernaux dans le livre (*Une femme*) qu'elle consacre à ce que la mort de sa mère, justement, lui a « fait ». Parce que toutes les relations sont ambivalentes – et les relations mère-fille bien plus encore –, il est rare qu'une fille n'ait jamais songé à la mort de sa mère : que ce soit dans l'enfance, avec les vœux de mort inconscients, et même conscients, dès l'âge de l'Œdipe ; à l'adolescence, lorsque la mère fait obstacle à ses aspirations ; à l'âge adulte, pour peu que la fille continue à rendre sa mère responsable de ses propres difficultés ; et plus tard encore, quand la mère s'approche effectivement de la mort.

Il arrive que le refoulement de ces vœux de mort soit si total que la mort réelle fasse à la fille l'effet d'un coup de tonnerre, comme en témoigne Simone de Beauvoir dans le livre qu'elle a consacré à la mort de sa mère (*Une mort très douce*) : « Pour moi, ma mère avait toujours existé et je n'avais jamais sérieusement pensé que je la verrais disparaître un jour, bientôt. Sa fin se situait, comme sa naissance, dans un temps mythique. Quand je me disais : elle a l'âge de mourir, c'étaient des mots vides, comme tant de mots. Pour la première fois, j'apercevais en elle un cadavre en sursis. » Qu'ils soient immédiatement refoulés, ou qu'ils fassent l'objet de rêveries prolongées, ces vœux de mort ne parviennent le plus souvent à la conscience qu'en relation avec une situation ou un événement particuliers. Il est tout à fait exceptionnel en tout cas qu'ils entraînent un passage à l'acte meurtrier, même lorsque la haine est le moteur de la relation mère-fille – la réciproque étant également vraie[1]. Fantasme, décidément, n'est pas réalité.

Le deuil d'une mère est différent du deuil d'un père ou de tout autre membre de la famille : il y a bien une spécificité du deuil de la mère – comme il y a, d'ailleurs, une spécificité du deuil du père. Cela ne signifie pas pour autant que ce deuil se déroule de la même façon chez toutes les filles ; mais cela permet de se poser la question de savoir ce qu'une fille perd en perdant sa mère. La question est d'autant plus légitime que la perte n'est évidemment pas de même nature selon l'âge de la fille.

A l'adolescence

Nous avons déjà évoqué, à propos des « mères défaillantes », l'abandon irrémédiable ressenti par les petites filles, voire les nourrissons, qui perdent leur mère. Lorsque le deuil se produit à l'adolescence, il arrive également trop tôt, exposant parfois les filles à d'étranges dérives. Car en perdant leur mère avant d'être devenues adultes, les filles perdent à la fois un objet d'amour ambivalent, et un support identificatoire dont elles ont encore besoin. Pour contenir la culpabilité que provoque l'ambivalence des

---

1. Dans la tragédie grecque en tout cas, « jamais une mère ne tue sa fille, lors même que cette fille se nomme Électre et que mère et fille se haïssent du fond du cœur », note Nicole Loraux (*Les Mères en deuil, op. cit.*, p. 79).

sentiments, le plus sûr est l'identification à une image idéalisée ; le plus pathogène est l'identification à la mère morte.

« Voyons, que s'est-il passé ? Qu'avez-vous ? – Rien dit-elle ; seulement ma maman est morte. » C'est là l'étrange réponse que fait la jeune Elis, dans *Futures vedettes* de Vicki Baum, à son professeur de chant qui la découvre errant dans un parc, alors qu'elle vient de perdre sa mère après une longue agonie. Son père, sculpteur, est quasi invisible, enfermé dans son atelier, et sa seule amie vit une liaison avec le professeur de chant dont elles sont l'une et l'autre amoureuses. Aussi reste-t-elle toute seule avec un deuil qu'elle ne peut partager : « Maman était morte, et on n'avait pas pu pleurer, non, on avait été presque déçue devant la mort... On avait pris de la morphine et c'est ainsi qu'on était partie toute seule et triste... Et l'on avait à peine dix-sept ans... » Après un été solitaire, la jeune fille se suicide à la morphine, dans une loge de l'opéra où elle assiste à une représentation de *Tristan* interprétée par le chanteur et son amie. Certes, le chagrin d'amour, la solitude, le renoncement à une carrière de chanteuse faute d'une voix suffisante, expliquent en partie ce geste ; mais quand on n'a que dix-sept ans, comment l'absence définitive de la mère ne favoriserait-elle pas la tentation de rejoindre celle-ci, dans la dérive, mortelle, qui va du mal-être adolescent à l'abandon de tout désir de rester soi-même en vie ?

C'est une dérive d'un autre ordre que raconte *Under the skin*, le film de Carine Adler que nous avons déjà évoqué à propos de la jalousie des deux sœurs. La mère de Rose et Iris décède d'un cancer dès le début du film, qui raconte comment l'une et l'autre vivent ce deuil : tristement mais sans crise majeure pour Rose, l'aînée, déjà passée du côté des adultes puisqu'elle est mariée et enceinte (« Elle me manque, je n'y crois toujours pas. J'oublie, je veux l'appeler, et je réalise que je ne la reverrai jamais ») ; dramatiquement pour Iris, à peine sortie de l'adolescence, et qui perd très vite l'appui de sa sœur, celle-ci ayant caché la bague de leur mère en prétendant l'avoir perdue pour pouvoir la garder – ce à quoi Iris réplique en cachant les cendres de la mère.

Ayant insulté sa patronne, Iris quitte son travail de vendeuse. Elle trouvera un petit boulot aux objets trouvés, dans un décor propice à tous les fantasmes, où elle croira entendre le « signe » qu'elle attendait de sa mère dans un téléphone portable : « Je te vois, je suis morte. » Fausses reconnaissances et recherche d'un contact avec le mort, assurant à la fois l'intériorisation de sa présence et la réalisation de son absence, sont des sensations fréquentes chez les personnes endeuillées – et nous retrouvons là ce qui était advenu à la petite Ponette.

Iris quitte aussi son petit ami, sans explication : dans cette rupture des amarres, la dérive sexuelle va s'ajouter à la dérive sociale. Après une étreinte éclair avec un inconnu dans un hall de cinéma, les fantasmes érotiques nés de cette relation l'envahissent pendant les obsèques de sa mère, au point de l'amener à se masturber dès son retour chez elle. La clinique psychanalytique nous apprend qu'en cas de deuil, les pulsions sexuelles peuvent être extrêmement intenses : il n'est pas rare que les passages à l'acte érotiques, sous forme compulsive, soient utilisés pour lutter contre l'angoisse que suscite la mort. Mais cela n'est guère reconnu, tant les convenances exigent que le deuil s'accompagne d'un retrait de la vie – et notamment de la vie sexuelle.

A partir de cette première dérive, Iris va aller de plus en plus loin. S'affublant des oripeaux de sa mère – sa perruque, son manteau, ses lunettes, son soutien-gorge –, elle se déguise en prostituée, et s'expose de façon de plus en plus dangereuse : racolant dans une boîte de nuit, se faisant violer par un pervers chez qui elle retournera pour subir des humiliations sado-masochistes, se faisant voler son sac dans la rue, puis se réfugiant, en l'absence de sa sœur, chez son beau-frère, qu'elle tentera en vain de séduire. Comme dans *Peau d'âne*, les oripeaux remplacent la mère absente. Mais au lieu de la protéger des agressions sexuelles, ils lui permettent de s'y exposer volontairement – comme si la violence et la peur faisaient écran à la douleur de la perte. Contrairement au conte, où la mort de la mère est acceptée et où la peau de l'âne symbolise l'intériorisation de sa fonction protectrice, le deuil ici n'est pas fait, de sorte que les oripeaux empruntés à la mère sont là pour symboliser son absence et, du même coup, pour signifier le manque d'une fonction protectrice non encore intériorisée.

C'est finalement la naissance du bébé de Rose – le père étant absent – qui rendra à Iris sa dignité de femme, avec sa place générationnelle et ses possibilités identificatoires aux femmes de sa famille : « Finalement, j'y étais. Franck n'était pas là. J'ai tout filmé pour lui. C'était génial. Plouf ! Elle l'a pondu. Je l'ai tenu la première après Rose. On n'est pas si différentes. On est un peu pareilles, sauf qu'elle me donne encore des ordres ! » Iris peut enfin se blottir dans les bras de sa sœur, et pleurer : « Elle me manque, je veux maman. » Débarrassée des dépouilles de la défunte et ayant pu éprouver la douleur de la perte sans la déplacer sur d'autres épreuves, la jeune fille abordera plus sereinement sa vie future, étayée par le souvenir de ce qui, à présent, appartient définitivement au passé : « Maman me manque encore, mais différemment. Je croise parfois des gens qui lui ressemblent. Je me rappelle sa démarche, le

son de sa voix, son sourire. J'aime me rappeler ces choses.
Je les pensais oubliées. »

A l'âge adulte

Contrairement à ce qui se passe lorsque la fille est
encore adolescente, le deuil d'une mère à l'âge adulte est
« dans l'ordre des choses » ; mais cela ne signifie pas pour
autant qu'il soit sans conséquences. « Si je rencontrais une
femme de cinquante ans accablée parce qu'elle venait de
perdre sa mère, je la tenais pour une névrosée », se souvient Simone de Beauvoir à propos du temps où cela ne
lui était pas encore arrivé. Il est vrai que socialement, la
perte d'un parent à l'âge adulte, considérée comme « naturelle », ne fait pas l'objet d'une profonde commisération.
Les rites étant réduits au strict minimum, le retour quasi
immédiat à la vie habituelle est de règle ; et une fois passée
la brève période des condoléances, il paraît évident que la
vie continue comme si rien, ou presque, ne s'était passé. Et
pourtant : « Que la mort des parents soit une expérience
d'importance secondaire dans la vie de l'adulte est une
fiction de notre culture », note avec pertinence le psycho-
logue américain Alexander Levy[1].

En perdant sa mère, une femme perd la personne qui
l'a mise au monde et l'a connue, en principe, à tous les
âges de sa vie. C'est donc, tout d'abord, une perte de sa
propre enfance et de la continuité de soi-même : « Je n'en-
tendrai plus sa voix. C'est elle, et ses paroles, ses mains,
ses gestes, sa manière de rire et de marcher, qui unissait la
femme que je suis à l'enfant que j'ai été. J'ai perdu le

---

1. A. Levy, *Surmonter le deuil de ses parents* (1999), Paris, InterÉdition,
2000, p. 11

dernier lien avec le monde dont je suis issue » (Annie Ernaux, *Une femme*). C'est aussi une perte de protection face à la mort, que la mère avait assurée dès la naissance de sa fille en donnant, par son existence même, une illusion de permanence : « Nous assistions à la répétition générale de notre propre enterrement » (Simone de Beauvoir, *Une mort très douce*).

Plus trivialement, c'est également une perte des habitudes (le trajet pour aller chez elle, le coup de téléphone quotidien) ; une perte des lieux et des objets, en lesquels « la vie se pétrifie, plus présente qu'en aucun de ses instants » (Simone de Beauvoir) ; et par là même, peut-être, une perte des références identitaires, induisant des dérives ou des égarements sans doute moins graves ou plus passagers que lors des deuils à l'adolescence, mais néanmoins témoins d'un trouble réel. Ainsi s'expliquent certains changements, parfois radicaux, consécutifs à la perte de la mère (telle Claire Dolan qui, dans le film éponyme de Loach Kerrigan, 1998, abandonne sa vie de call-girl, quittant son protecteur et sa ville, pour un nouvel avenir d'épouse et mère) : ruptures conjugales, changements d'orientation professionnelle, remises en question religieuses ou élans créatifs – à moins qu'une longue dépression ne s'installe... Cette diversité dans les réactions, à l'image de la diversité des relations possibles entre mère et fille, témoigne de ce que, même si l'on est conscient de la mort inévitable de ses parents, nul ne peut anticiper l'impact qu'aura sur soi leur mort[1].

« Pourquoi la mort de ma mère m'a-t-elle si vivement secouée ? » se demande Simone de Beauvoir. La réponse à cette question – si du moins on la cherche – exige que l'on se replonge dans l'histoire de cette relation complexe

---

1. *Ibid.*, p. 30.

entre toutes – si du moins on le souhaite. Reste que pour une femme, quels que soient son âge et la coloration des rapports qu'elle a entretenus avec sa mère, le décès de celle-ci constitue bien la dernière étape au-delà de laquelle il n'est plus d'espoir que quoi que ce soit puisse, un jour, changer entre elles deux, pour le meilleur ou pour le pire. Chacune, désormais, est seule. Et si elle doit pleurer, ce sera en secret.

Et puis, lorsque la femme atteint l'âge qu'avait sa mère à la mort de celle-ci, reviennent parfois les fantômes : regain de culpabilité (pourquoi elle et pas moi ?) ; angoisses de mort, comme si l'histoire devait inéluctablement se répéter ; ou bien encore, sensation de délivrance. C'est, en tout cas, l'occasion de réexaminer, voire de modifier, les perceptions du passé, et du présent : comme Virginia Woolf, qui perdit sa mère à l'âge de treize ans, ne cessa de le faire au long de ses romans, longtemps hantés par ce fantôme [1].

Les limites de la fiction

Et pourtant, Virginia Woolf n'a pas directement écrit sur la mort d'une mère, pas plus que Rosamond Lehmann n'a écrit sur la mort d'une fille, alors que l'une et l'autre ont vécu ces épreuves et, selon toute vraisemblance, en ont été profondément affectées. Simone de Beauvoir, Annie Ernaux, Colette Fellous, Françoise Mallet-Jorris, Hélène Cixous, Aline Schulman, Pierrette Fleutiaux : les écrits sur lesquels nous nous sommes appuyées pour cerner les effets du deuil, chez la mère comme chez la fille (du moins

---

1. « La Figure de la mère chez Virginia Woolf », *Psychanalyse à l'université*, n° 7, 1982.

lorsque celle-ci est adulte), sont pour la plupart des témoignages, non des romans. Mais cette liberté prise avec notre
méthode initiale est requise, semble-t-il, par la nature
même de ce dont il est question : si, entre mère et fille, le
deuil appelle éventuellement l'écriture, il paraît décourager
la fiction – comme le font tous les événements excessivement traumatiques [1].

« Je ne suis bien que dans la fiction, et la plus éloignée
possible du témoignage. [...] Mon "je" à moi n'est pas
dans le coup. Mais ma mère ne se laisse pas faire, je ne
peux pas la faire entrer dans un roman », constate la
romancière Pierrette Fleutiaux. Son témoignage, comme
la plupart des autres, raconte les dernières années de la vie
de la mère, enterrement compris, mais pas l'après, c'est-
à-dire le deuil proprement dit – sauf d'une phrase, qui
toujours clôt le livre. Cet effort de remémoration des
moments précédant la mort n'est donc que la part
consciente du travail de deuil, celle qui concerne ses manifestations extérieures – la partie émergée de l'iceberg. Le
reste, semble-t-il, est voué au silence.

---

1. Voir N. Heinich, « Le témoignage, entre autobiographie et roman :
la place de la fiction dans les récits de déportation », *Mots*, n° 56, septembre
1998.

Conclusion

Dans *La Naissance du jour* (1928), Colette livre un hymne à la louange de sa mère Sido, campagnarde détachée des conventions, qui lui a transmis son amour de la nature et de la liberté. Cet hommage tranche agréablement avec la noirceur des situations de crise qu'affectionnent les fictions, et dont nous avons nourri notre réflexion : non pour insinuer que les rapports mère-fille seraient, dans la réalité, forcément catastrophiques, mais pour en induire, par la négative, les conditions d'une relation acceptable.

Or ce témoignage est doublement paradoxal. D'une part, il met en scène non une mère maternelle, mais une mère suffisamment détachée de sa fille pour refuser son invitation d'aller la voir à Paris, car elle attend l'éclosion d'une fleur rare dans son jardin. D'autre part, l'investigation biographique, à travers l'analyse de la correspondance entre les deux femmes, révèle que l'anecdote est fausse · Sido, en réalité, a bien accepté l'invitation de Colette[1].

---

1. « La simple comparaison de deux textes permet de retracer le parcours de la Sido réelle à la Sido mythique. Au soir de sa vie, Sido répond à une invitation de venir voir sa fille qui lui a été faite par Henri de Jouvenel. Dans la lettre originale, Sido accepte cette invitation, à laquelle elle ne résiste jamais, de voir le visage de sa fille ; néanmoins, elle regrette de devoir quitter un sedum prêt à fleurir et un gloxinia "dont le calice largement ouvert me laisse à loisir surveiller la fécondation" (lettres à sa fille). La Sido

Sans doute n'aimait-elle pas la nature, ni la liberté, au point d'y sacrifier une visite à sa fille.

Nous voilà donc face à un cas d'idéalisation littéraire, qui fabrique pour la postérité le mythe d'une mère souveraine, si proche de la nature qu'elle en est détachée de sa fille : comme le souligne l'historienne de la littérature Michèle Sarde, « l'apparition tardive de la mère dans l'œuvre, la substitution de la mère de fiction à la mère morte éclaire la distinction qu'il convient d'établir entre la personne de Sidonie Landoy, veuve Robineau, épouse Colette, et le personnage de Sido qui va peu à peu prendre possession de l'écriture[1] ».

Cette fiction fut-elle, pour Colette, une façon de justifier son propre détachement à l'égard de la fille qu'elle eut sur le tard ? Plutôt que de répondre à cette question, d'ordre personnel, interrogeons-nous sur le statut des récits relatifs aux relations mère-fille. Cette curiosité de l'histoire littéraire nous éclaire en effet sur les différentes utilisations qui peuvent être faites du témoignage et de la fiction. Car si le texte de Colette est un témoignage autobiographique, alors il justifie une épreuve de vérité, par la référence au réel, sur le mode du vrai/faux, telle que nous venons de la voir s'opérer : ainsi, ce texte ne dit pas la vérité. Mais s'il s'agit d'une fiction, alors il justifie une épreuve de pertinence, par la référence à l'imaginaire, sur le mode du signifiant/pas signifiant : alors ce texte, quoique mensonger, exprime remarquablement l'ambivalence de son auteur, entre idéalisation et dés-idéalisation à l'égard de sa mère.

---

mythique, elle, préfère décliner, car son cactus rose qui ne s'épanouit que tous les quatre ans est sur le point de fleurir et elle n'est pas certaine de le voir fleurir une autre fois » (Michèle Sarde, « Sido, Colette, portraits croisés », *Le Magazine littéraire*, nº 266, juin 1989, p. 32).

1. *Ibid.*, p. 30.

Dans le premier cas, nous sommes dans l'ordre du jugement ; dans le second, dans l'ordre de la compréhension.

Ce second usage du matériau littéraire est, dans la perspective qui est la nôtre, le plus juste : sur la délicate frontière entre témoignage et fiction, propre à l'« autofiction » dont Colette est coutumière [1], nous choisissons le versant de la fiction. Loin d'en vouloir à Colette de nous avoir menti – ou de s'être menti à elle-même –, nous la louerons de nous avoir ainsi alertés sur la difficulté, pour une femme, d'entretenir des sentiments unilatéralement positifs à l'égard de sa mère réelle, et sur la nécessité de recourir à l'imaginaire afin d'en maintenir une image idéale, d'autant plus lorsque celle-ci est livrée au public. Vouloir soutenir à toute force l'idéalisation maternelle expose, parfois, à tricher avec la réalité, même lorsque celle-ci est aussi banale que le cas d'une vieille femme se réjouissant des invitations, trop rares à son gré, de sa fille.

Cette anecdote ne pose pas seulement des problèmes de méthode, par rapport au statut des textes utilisés. Elle soulève en outre deux questions de fond. Existe-t-il, dans la réalité, de « bonnes mères », si du moins c'est la bonne façon de poser la question, ou quelles seraient les conditions d'une relation satisfaisante ou du moins acceptable ? Et sur quoi repose la spécificité des rapports mère-fille ?

De la pluralité des relations

Toutes les mères et les filles ne se seront bien sûr pas reconnues dans les conflits voire les drames que

---

1. Voir Serge Doubrovsky, Jacques Lecarme, Philippe Lejeune (éds), *Autofictions et Cᵒ*, Université Paris-X, 1993.

nous avons répertoriés – notamment celles qui estiment vivre leur relation dans une complicité heureuse, dont l'une et l'autre se félicitent. Bien qu'elles n'apparaissent pas dans la littérature, elles existent. Comment font-elles ? Nul ne le sait, et sans doute pas même elles, tant les facteurs déterminant cette harmonie sont nombreux, combinés à l'infini dans la subjectivité et l'inconscient de chacune. Sont-elles majoritaires ? Nul ne le sait. Mais peut-être sont-elles de plus en plus nombreuses à la faveur de l'estompage des frontières entre les générations, qui tend à augmenter la proximité entre parents et enfants et, plus encore, entre mères et filles. Confidences réciproques sur les sujets les plus intimes, conseils et assistance mutuels allant du plus grave au plus futile, maintien d'un contact quotidien (voire plus...) excluant toute zone d'ombre, courses communes et échanges de vêtements : aujourd'hui, ces mères et ces filles apparais-sent durablement complices, effaçant progressivement toute différence générationnelle.

Pour les femmes qui ne connaissent pas ce type de rela-tion, il y a là un sentiment de mystère teinté d'envie (« Tu as de la chance d'avoir une mère pareille ! ») ou de répul-sion (« Moi, je ne pourrais pas ! »). On ne peut pas ne pas se demander s'il s'agit de la relation idéale, ou bien si elle a un prix, et lequel. Cette complicité, qui ne peut être qu'intrusive, ne risque-t-elle pas d'affecter la capacité de la fille à construire une identité qui lui soit propre ? Cette relation « totale » ne risque-t-elle pas de prendre la place d'autres relations, amicales ou amoureuses ? Autant de questions ayant trait à l'autonomie des femmes qui – remarquons-le – ne se posent qu'à notre époque et dans nos sociétés. Or cette complicité que l'on trouve « moder-ne » est paradoxale : dans le passé, les filles reproduisaient majoritairement le destin de leur mère en l'intériorisant, sans forcément vouloir ou pouvoir garder une relation avec elle. De nos jours, la complicité mère-fille paraît plus fréquente alors même qu'elle renvoie à une image régressive d'un destin féminin circonscrit aux liens familiaux. Or les mères et les filles complices n'ont pas forcément, et peut-être même rarement, le même destin familial ou social. Tout se passe comme si, pour certaines femmes, la proximité relationnelle avait succédé à l'identification. Peut-être est-ce alors le prix de l'autonomie ?

Nous savons en tout cas, à présent, ce qu'il en est des relations mère-fille lorsqu'elles sont problématiques. Reste à en tirer les conclusions. Notre investigation s'est construite selon plusieurs axes : l'axe des positions mère-femme, dans les trois premières parties ; l'axe des relations mère-fille, dans la quatrième partie ; et l'axe temporel des âges de la vie, dans les trois dernières parties. Le premier axe, on s'en souvient, définit un éventail des types de positions de la mère, allant des « plus mères que femmes » aux « plus femmes que mères », en passant par celles qui ne sont ni l'une ni l'autre, celles qui sont alternativement l'une ou l'autre, et celles qui sont à la fois l'une et l'autre. Il ne s'agit pas toutefois de types de mères, mais de types de positions maternelles, pouvant coexister chez une même femme : telle Clytemnestre, mère sacrificielle pour Iphigénie, abandonnante pour Oreste et rejetante pour Électre.

Le deuxième axe, mère-fille, a fait apparaître un éventail de types de relations, intermédiaires entre l'objectivité du comportement de la mère et la subjectivité du vécu de la fille, qui ont en commun leur caractère extrême : supériorité ou infériorité, jalousie ou injustice, défaillance ou absence.

Le troisième axe enfin, prenant en compte la dimension temporelle de la relation, a permis d'observer les principales étapes de la vie d'une fille, qui mettent à l'épreuve le degré de mobilité de la relation : le devenir-femme, centré sur le passage de la tradition à la modernité dans le statut de la sexualité ; le devenir-mère, centré sur la question de la transmission ; et la confrontation avec le vieillissement et la mort.

Peut-on à présent définir ce que serait une relation mère-fille acceptable ? Hormis le point essentiel qu'est l'inclusion du tiers dans la relation (nous allons y revenir), et plus encore que la capacité à éviter les positions ou les relations extrêmes, il nous semble qu'une condition majeure est le respect de cette pluralité des relations possibles, autrement dit la justesse dans la mobilité, qui permet à la mère d'épouser l'inéluctable évolution de la fille au long des âges de la vie, en se déplaçant elle-même sur l'axe opposant le pôle de la maternité à celui de la féminité. La mobilité de la mère n'implique pas qu'elle soit au service de sa fille, mais que leurs relations ne soient pas figées une fois pour toutes : c'est à cette condition que la mère peut mettre sa fille non au centre ou à la périphérie de sa vie, mais la considérer comme l'un des éléments de cette vie, tout en assumant les « dérangements » que sa présence occasionne.

Cela signifie-t-il l'absence de conflits ? Non, car ils ne sont pas en eux-mêmes négatifs, pour peu qu'ils permettent de faire évoluer la relation, de la penser, de la parler, plutôt que de la subir ou de l'idéaliser.

L'« amour » ne suffit pas

Bruno Bettelheim racontait qu'à la fin des conférences qu'il donnait sur son travail à l'école orthogénique de Chicago, il y avait toujours dans l'assistance une femme pour poser la question fatidique : « Et l'amour ? » A quoi il répondait : « L'amour ne suffit pas. » Ajoutons que le terme est d'autant moins utilisable qu'il est éminemment flou, englobant toutes sortes de significations : affection, tendresse, sollicitude, compassion, identification, attentes, besoin, abnégation, etc.

Or rien, dans notre société, n'appelle plus l'exaltation complaisante de l'amour que les relations parents-enfants, et en particulier les relations d'une mère avec ses enfants. Il semble aller de soi que l'amour suffit, et que lui seul existe, non parasité par des présences tierces, des amours concurrentes, des sentiments ambivalents. « Elle a fait un bébé toute seule ! » chante Jean-Jacques Goldman ; « Un seul amour : mon fils !... » se vante une chanteuse à la une d'un magazine populaire (ajoutant en petits caractères « ... Mais il me manque un homme »). L'inceste mère-fille, sous sa forme platonique, tend à être présenté comme l'idéal de la relation ; mais dès lors qu'il y aurait passage à l'acte, la dénégation est massive.

« Tout se faisait au nom de l'amour », disait Eva dans *Sonate d'automne* : les maltraitances maternelles, elles aussi, se justifient par l'« amour ». La mise en avant de l'amour maternel permet d'exonérer les mères de toute défaillance, au point que même une dénonciation explicite est immédiatement réinterprétée dans un sens favorable à la mère · lorsqu'une jeune femme explique dans une interview qu'elle a enfin pardonné à sa mère sa complicité coupable dans les incestes répétés dont elle a été victime, le quotidien titre : « Le pardon d'une mère »...

Les psychanalystes, eux, ne sont pas en reste pour contester que l'amour maternel soit une valeur sûre. Répondant à ses interlocutrices, Bettelheim aurait pu citer Ferenczi : « Si les enfants qui traversent la phase de la tendresse reçoivent plus d'amour ou un amour d'une autre sorte que celui qu'ils désirent, cela peut avoir des conséquences tout aussi pathogènes que celles qu'aurait la frustration amoureuse[1]. » Et il n'aurait probablement pas désavoué Françoise Dolto lorsqu'elle affirmait : « L'amour maternel évolué est très rare. Cet amour s'adresse exclusivement à la personne de l'enfant. Il exige donc un certain détachement. La mère doit avoir atteint un niveau de maturité assez exceptionnel au point de vue émotionnel. Elle doit également n'être plus tout à fait jeune pour être dégagée du besoin de plaire à son mari par l'intermédiaire des enfants. Ceci est très important[2]. »

Du tiers

Plutôt que de parler d'amour, revenons à la question du tiers, dont nous avons dit qu'elle est fondamentale dans la possibilité d'une relation mère-fille « suffisamment bonne » : il faut pour cela que le tiers ne soit pas exclu. Il peut l'être, on s'en souvient, de quatre façons, dont trois sont incestueuses : dans l'inceste du premier type père/fille, le tiers exclu est la mère ; dans l'inceste du deuxième type, où la position de femme est mélangée avec celle de mère, le tiers exclu est la place de l'autre dans la relation sexuelle ; dans l'inceste platonique mère-fille, le tiers exclu est le père ; et avec les mères « plus femmes que mères », le tiers exclu est la fille – sans qu'il y ait pour autant inceste puisqu'il n'y a pas de couple formé entre deux personnes appartenant à des générations différentes.

Ces différentes formes d'exclusion du tiers n'ont pas un statut égal. Aujourd'hui, l'inceste père/fille apparaît comme

---

1. Cité par G. Carloni et D. Nobili, *La Mauvaise Mère*, *op. cit.*, p. 83.
2. F. Dolto, *Le Féminin*, *op. cit.*, p. 117.

l'inceste majeur, et en fréquence, et en gravité. Sa nécessaire condamnation ne doit toutefois pas occulter les formes moins visibles et apparemment moins ravageuses, issues d'une transgression ou d'une défaillance maternelles. Nous ne reviendrons pas sur le risque de mise en concurrence sexuelle de la fille avec la mère, en cas d'inceste du deuxième type. En revanche, il importe d'insister sur les formes d'exclusions que tend à favoriser l'évolution actuelle du statut des femmes. Tout d'abord, l'exclusion des enfants, et en particulier de la fille, par les mères « plus femmes que mères », peut être une conséquence de l'idéalisation ou du surinvestissement de la vie professionnelle, susceptible d'être vécue non seulement comme une nécessité économique mais aussi, dans les meilleurs des cas, comme une passion. Les femmes qui réussissent professionnellement n'ont plus besoin des hommes que sur un plan sexuel, affectif ou identitaire, et se retrouvent fréquemment seules, oscillant entre l'exclusion de l'enfant au profit de leur passion professionnelle, et l'inceste platonique favorisé par leur situation de mère célibataire ou divorcée.

L'exclusion du père, en cas d'inceste platonique, constitue donc aujourd'hui un risque majeur, effet non d'une simple défaillance mais d'un véritable abus de la part de la mère. C'est sur ce dernier cas que nous voudrions insister pour finir, tant il est de nos jours à la fois fréquent, peu stigmatisé voire encouragé par l'évolution des techniques et des mœurs.

A notre époque en effet, il est possible de devenir mère sans avoir de relations sexuelles (procréation médicalement assistée), sans connaître le géniteur (insémination avec donneur), et même après la mort de l'homme qui a voulu être père. Ensuite, il est possible à une mère d'assumer seule son indépendance économique, ce qui peut lui laisser croire qu'elle est aussi capable d'assumer seule les fonctions éducatives. Cette situation tend évidemment à favoriser la toute-puissance maternelle, c'est-à-dire l'absence du tiers. C'est là une donnée totalement inédite dans notre culture où, traditionnellement, cette place était occupée par le père, lequel cumulait, pour l'enfant, la fonction biologique, la fonction généalogique et la fonction éducative, et pour la mère, la sécurité économique et – dans les meilleurs des cas – la présence amoureuse.

Aujourd'hui, la dissociation entre la place du père et la fonction du tiers laisse ouverte la possibilité que cette fonction s'incarne dans d'autres instances. C'est dire qu'insister, comme nous le faisons avec d'autres, sur l'importance du tiers – particulièrement manifeste dans les rapports mère-fille – ne revient pas à réclamer, comme on le croit parfois, le retour à l'autorité paternelle traditionnelle, ni à assimiler automatiquement toute référence à la loi avec le masculin, donc le père. D'autres possibilités existent, pour peu qu'on évite de réduire le tiers et à la personne en lequel il s'incarne, et à l'exercice d'une autorité, qui n'est qu'une des façons, historiquement marquée, d'exercer cette fonction.

A présent que l'autorité parentale est devenue conjointe, et qu'elle s'est largement dissociée de son incarnation dans la personne du père, on perçoit mieux le rôle exact que joue le tiers : il est avant tout un séparateur, c'est-à-dire à la fois différenciateur, évitant la confusion des identités, et médiateur, empêchant l'emprise d'une personne sur une autre – en l'occurrence, la mère sur la fille, ou la fille sur la mère.

Reste une question d'actualité : le tiers, dans la relation entre un parent et un enfant, peut-il être du même sexe que le parent en question ? L'évolution des mœurs comme des techniques permet aujourd'hui l'existence d'une parentalité homosexuelle. Est-elle légitime ? Du point de vue de la fonction médiatrice du tiers, il n'y a aucune raison d'en douter. Du point de vue de sa fonction différenciatrice, il vaut la peine de se demander de quelle façon un tiers qui n'incarnerait pas la différence des sexes pourrait permettre au psychisme de l'enfant d'intégrer la relation entre l'horizontalité du couple sexuel et la verticalité de l'engendrement générationnel[1]. Cette question nous est posée à tous, et à toutes.

De l'identité

Toute notre investigation confirme l'hypothèse qui a soutenu le projet de ce livre : il existe bien une spécificité des rapports mère-fille, qui ne sont pas réductibles aux rapports mère-enfants en général. Reste à en comprendre les raisons

Nous ne pouvons guère nous appuyer sur des théories existantes, sauf par quelques emprunts partiels et éclectiques. Car bien qu'il s'agisse d'un sujet à la fois très commun et très investi par les intéressées, il est étrangement peu étudié : à l'abondance des études sur la maternité, la filiation, la féminité ou la sexualité féminine s'oppose – nous l'avons vu à propos de l'inceste platonique – la quasi-absence de réflexions, notamment psychanalytiques, sur les rapports mère-fille.

A cette première carence concernant l'objet – probablement due à l'androcentrisme – s'en ajoute une deuxième : l'occultation de la problématique de l'identité, que les théories psychanalytiques héritées de Freud tendent à recouvrir par la problématique de la sexualité. Ce déplace-

---

1. Voir Irène Théry, « Pacs, sexualité et différence des sexes », *Esprit*, octobre 1999.

ment sur la sexualité – pour formidablement novateur qu'il ait été à l'époque où la psychanalyse fut inventée – est lui-même indissociable de l'infléchissement androcentrique, comme l'avait souligné en son temps l'ethnopsychiatre Georges Devereux : « L'homme ne doit remodeler que la teneur affective de sa relation initiale, en la sexualisant [...]. La femme en puissance doit, en revanche, suivre un chemin plus tortueux : elle doit *devenir* elle-même ce qui était d'abord l'*objet* de son (premier) amour. Elle doit achever son autoréalisation en devenant l'autre terme de sa première relation. [...] Bref, alors que la maturation et la masculinisation du garçon ne comportent qu'une modulation *sexuelle* de son attachement affectif initial à la femme, sans changement de type d'objet, celle de la fille exige, *bien avant* la sexualisation de son attachement à un "objet total", une identification au premier objet investi de libido : sa mère[1]. »

Une troisième carence tient au rabattement quasi systématique de la question de l'identité – lorsqu'elle parvient à se poser – sur la dimension de l'identification : pour les filles, l'identification à la mère. C'est ainsi par exemple que les interprétations classiques de l'homosexualité féminine, jusqu'à présent, en font quasi exclusivement un problème de fixation à la mère, limitant considérablement les données d'une question qui est loin d'avoir trouvé, aujourd'hui, des réponses convaincantes. Le processus de formation de l'identité passe évidemment, pour les filles, par une identification à la mère : c'est là une banalité, qui ne doit cependant pas empêcher de reconnaître que l'appartenance au même sexe ne suffit pas à faire de l'identification un processus qui aille de soi. Mais surtout, la

---

1. G. Devereux, *Femme et mythe* (1982), Paris, Flammarion-Champs, 1988, p. 13-14.

focalisation de la réflexion sur la dimension de l'identification risque d'occulter l'autre dimension, symétrique, du travail identitaire : la différenciation, qui permet de se construire non plus *comme l'autre*, mais *en tant que soi*[1]

Or cette dimension-là est particulièrement critique pour la fille qui, contrairement au garçon, doit, pour être elle-même, se différencier d'une personne du *même* sexe. Il suffit donc d'être attentif à la dimension différenciatoire de l'identité, pour concevoir toute la difficulté que peut avoir la fille à construire son sentiment d'identité par imitation d'un être dont il lui faut en même temps se différencier, en échappant à son emprise sans pour autant s'identifier à l'autre sexe, et tout en continuant à se concilier son amour...

La question de la différenciation est rarement au centre des réflexions psychanalytiques. Aux États-Unis, la pédopsychiatre Margaret Mahler construit autour de cette notion la théorie du développement de l'enfant, lequel, selon elle, connaît d'abord une phase de symbiose, puis une phase de différenciation, qu'elle nomme « séparation-individuation[2] ». Plus récemment, la psychanalyste américaine Jessica Benjamin a retracé l'émergence d'une problématique de l'identité en psychanalyse, ouvrant à une réflexion inédite sur « la reconnaissance *mutuelle*, la nécessité de reconnaître, aussi bien que d'être reconnu par l'autre[3] », et permettant de faire la différence entre « amour identificatoire » et « amour œdipien[4] »

---

1. C'est la distinction, classique dans les théories philosophiques, entre identité *idem* et identité *ipse* ; voir N. Heinich, *États de femme, op. cit.*

2. M. Mahler, *Psychose infantile* (1968), Paris, Payot, 1973. L'Américain Murray Bowen a également fait de la différenciation psychique « la pierre angulaire de la théorie », permettant de distinguer ce qui fait, chez une même personne, le « soi solide » et le « pseudo-soi » (M. Bowen, *La Différenciation du soi, op. cit.*).

3 J. Benjamin, *Les Liens de l'amour, op. cit.*, p. 28

4 *Ibid.* p. 120.

Cette approche ajoute à la théorie freudienne une dimension supplémentaire, antérieure à la phase œdipienne dans le développement individuel : celle de la construction identitaire et de la reconnaissance, constitutives du processus de différenciation. Or si l'on prend en compte, à l'intérieur de cette dimension identitaire, la distinction entre identification et différenciation, alors on touche une problématique plus spécifiquement féminine. Car en plus de la lutte pour la reconnaissance, qui ne peut se suffire d'une identification masculine, les femmes « doivent se confronter à la nécessité paradoxale de se séparer de leur mère et de s'identifier à elle[1] ».

Pour accepter de percevoir et de comprendre les problèmes spécifiques de la fille par rapport à la mère, il ne suffit pas d'être une femme : encore faut-il aussi ne pas idéaliser la féminité, sacrifiant le désir de comprendre à la volonté de défendre une idéologie, aussi honorable soit-elle sur le plan politique. C'est dire que le féminisme, contrairement à ce qu'on pourrait croire, n'a pas toujours été – c'est le moins qu'on puisse dire – au premier plan des découvertes concernant la réalité de l'expérience féminine. A la lumière de ce qui vient d'être dit, on appréciera ainsi la valeur d'une proposition telle que : « Ce n'est pas *contre* sa mère que se constitue subjectivement la petite fille, sinon dans les fables répressives du patriarcat, mais *comme* et *avec* sa mère [...]. De même sexe ou genre que sa mère, l'enfant fille est de naissance dans une vie relationnelle plus facile. Elle commence sa vie dans une relation entre mêmes, entre complices[2]. » A devoir choisir entre les « fables répressives

---

1. *Ibid.*, p. 126.
2. Luce Irigaray, « Femmes et hommes : une identité relationnelle diffé rente », *in* collectif EPHESIA, *La Place des femmes. Les enjeux de l'identité et de l'égalité au regard des sciences sociales*, Paris, La Découverte, 1995, p. 140.

du patriarcat » et les fables dévorantes du matriarcat, on peut se demander quel est le pire...

La méconnaissance des problèmes identitaires propres aux filles est d'autant plus probable enfin que le sentiment d'être soi, indissociable du travail de différenciation, est, comme l'a souligné Margaret Mahler, « le prototype d'une expérience éminemment personnelle et intérieure, qu'il est difficile, sinon impossible, de retracer par un travail d'observation tout autant que dans la situation de reconstruction psychanalytique. Elle se révèle dans ses échecs beaucoup plus aisément que dans ses variations normales [1] ». En Europe, il faut se tourner vers des praticiens longtemps marginaux, tels que Donald W. Winnicott en Angleterre, ou Aldo Naouri en France, pour entendre un discours sur les dangers d'une position fusionnelle de la mère avec le petit enfant. Concernant les phases ultérieures du développement, jusqu'à l'adolescence voire l'âge adulte, on ne trouve guère que la psychanalyste allemande Alice Miller, et les françaises Christiane Olivier et Françoise Couchard, pour alerter sur la gravité des pathologies psychiques qu'occasionne le maintien d'un enfant – et d'autant plus, ajouterons-nous, lorsqu'il s'agit d'une fille – dans une relation insuffisamment différenciée avec la mère [2].

---

1. Margaret Mahler, Fred Pine, Anni Bergman, *La Naissance psychologique de l'être humain* (1975), Paris, Payot, 1980, p. 265.

2. Ainsi, « la relation d'*emprise* se lira donc dans l'incapacité de certaines mères à supporter la plus petite séparation avec l'enfant, l'impossibilité de laisser entre elle et lui un peu d'espace. On peut évoquer à ce propos ces femmes qui ne peuvent demeurer concentrées sur leur activité que si leur enfant n'échappe jamais à leur vue. Bien que Helen Deutsch ait toujours prétendu soutenir que l'*emprise* maternelle se révèle moins lourde de conséquences pour la fille que pour le garçon, son hypothèse se trouve démentie par nombre de cas cliniques et de cures analytiques, démontrant que la relation d'*emprise* qu'une mère impose à sa fille peut gravement entraver

C'est ici que nous retrouvons la question du tiers : lui seul en effet est à même d'empêcher la « confusion des identités », et de révéler ce qu'il peut y avoir d'infiniment pathologique dans certaines pratiques apparemment anodines, voire présentées comme désirables, telles que la « communication des pensées, sinon des inconscients [...], la propension réciproque à se confier mutuellement tout de leurs idées ou de leurs sentiments, à s'échanger leurs vêtements[1] ». Quelle que soit, nous l'avons vu, la forme que peut prendre ce tiers – et il n'y a aucune raison de le renvoyer aux figures archaïques du père autoritaire et supérieur, sauf à confondre une fonction avec ses incarnations circonstancielles –, sa nécessité demeure, et particulièrement de nos jours où le fantasme de toute-puissance maternelle trouve à se réaliser dans les progrès de la médecine. Le tiers, comme le rappelle Pierre Legendre, est ce qui peut « faire jouer l'impératif de différenciation, c'est-à-dire mettre en œuvre la logique de l'altérité, traiter l'enjeu du semblable et de l'autre[2] » ; faute de quoi « l'impératif de différenciation serait dès lors radicalement mis en échec, ce qui n'est pas sans poser à nouveau, sous un nouveau jour, le problème de la folie[3] ».

Identité, différenciation, place du tiers, évitement de l'inceste et des situations problématiques engendrées par des mères extrêmes, trop mères ou trop femmes : s'il n'y a de « bonnes mères » que dans l'imaginaire d'une société familiale idéalisée, il n'en existe pas moins des relations mère-fille qui permettent de surmonter leurs

---

la destinée affective de cette dernière » (F. Couchard, *Emprise et violence maternelles, op. cit.*, p. 12-13).

1. *Ibid.*, p. 99.
2. P. Legendre, *Le Crime du caporal Lortie. Traité sur le père, op cit.*, p. 154.
3. *Ibid.*, p. 84.

difficultés spécifiques, tout en soutenant l'épreuve du temps et des rapports qui, inévitablement, se modifient. A cela, une condition : que cette relation, n'excluant ni le père, ni la fille, ni la mère, soit bien « une relation à trois ».

Remerciements

Nous tenons à remercier toutes les personnes qui nous ont aidées, en particulier G.M.

Bibliographie

ABRAHAM Nicholas, TOROK Maria, *L'Écorce et le Noyau* (1978), Paris, Flammarion-Champs, 1987.

AUTHIER Frédérique, *Ces bébés passés sous silence*, Paris, Erès, 1999.

BACHOFEN Johann Jakob, *Du règne de la mère au patriarcat* (1926), Paris, PUF, 1938.

BADINTER Élisabeth, *L'Amour en plus. Histoire de l'amour maternel* (1980), Paris, Flammarion-Champs, 2000.

BENJAMIN Jessica, *Les Liens de l'amour* (1988), Paris, Métailié, 1993.

BETTELHEIM Bruno, *Psychanalyse des contes de fées* (1976), Paris, Pluriel, 1988.

BOUTONIER Juliette, *La Notion d'ambivalence. Étude critique, valeur séméiologique* (1938), Toulouse, Privat, 1972.

BOWEN Murray, *La Différenciation du soi. Les triangles et les systèmes émotifs familiaux* (1978), Paris, ESF, 1996.

BRIFFAULT Robert, *The Mothers. A Study of the Origins of Sentiments and Institutions* (1927), Londres, Johnson Reprint Corporation, 1969.

BYDLOWSKI Monique, *La Dette de vie. Itinéraire psychanalytique de la maternité*, Paris, PUF, 1997.

BYDLOWSKI Monique, « Transparence psychique de la grossesse et dette de vie », *in* Michel Dugnat (éd.), *Devenir père, devenir mère*. Paris, Érès, 1999.

CARLONI Glauco, NOBILI Daniela, *La Mauvaise Mère. Phénomé-*

nologie et anthropologie de l'infanticide (1975), Paris, Payot. 1977.

CHALVON-DEMERSAY Sabine, *Mille scénarios Une enquête sur l'imagination en temps de crise*, Paris, Métailié, 1994.

COOPER David, *Psychiatrie et antipsychiatrie* (1967), Paris, Seuil, 1970.

COUCHARD Françoise, *Emprise et violence maternelles. Étude d'anthropologie psychanalytique*, Paris, Dunod, 1991.

DALLOZ Danielle, *La Jalousie*, Paris, Bayard, 1999.

DELAISI Geneviève, *La Part du père*, Paris, Seuil, 1981.

DEUTSCH Helen, *Problèmes de l'adolescence. La formation des groupes* (1967), Paris, Payot, 1970.

DEUTSCH Helen, *La Psychologie des femmes* (1945), Paris, PUF, 1953

DEVEREUX Georges, *Essais d'ethnopsychiatrie générale*, Paris, Gallimard, 1977.

DEVEREUX Georges, *Femme et mythe* (1982), Paris, Flammarion-Champs, 1988.

DOLTO Françoise, *La Sexualité féminine*, Paris, Gallimard. 1996.

DOLTO Françoise, *Le Féminin*, Paris, Gallimard, 1998.

DOUBROVSKY Serge, LECARME Jacques, LEJEUNE Philippe (éds), *Autofictions et C°*, Université Paris-X, 1993.

DUMAS Didier, *Sans père et sans parole. La place du père dans l'équilibre de l'enfant*, Paris, Hachette, 1999.

EHRENBERG Alain, *La Fatigue d'être soi. Dépression et société*, Paris, Odile Jacob, 1998.

ELIACHEFF Caroline, *A corps et à cris. Être psychanalyste avec les tout-petits* (1993), Paris, Odile Jacob, 2000.

ELIACHEFF Caroline, *Vies privées. De l'enfant roi à l'enfant victime*, Paris, Odile Jacob, 1997.

ELIAS Norbert, *La Civilisation des mœurs* (1969), Paris, Calmann-Lévy, 1973.

ELIAS Norbert, *Mozart, Sociologie d'un génie*, Paris, Seuil, 1991.

FARGE Arlette, KLAPISCH-ZUBER Christiane, *Itinéraires de la solitude féminine, XVIIIᵉ-XXᵉ siècle*, Paris, Montalba, 1984.

FAUCHERᵛ Pierre, *La Destinée féminine dans le roman européen du dix-huitième siècle, 1713-1807. Essai de gynécomythie romanesque*, Thèse de l'université de Lille, 1972.

FAVRET-SAADA Jeanne, *Les Mots, la mort, les sorts*, Paris, Gallimard, 1977.

FAVRET-SAADA Jeanne, « La genèse du "producteur individuel" », in *Singularités. Textes pour Éric de Dampierre*, Paris, Plon, 1989.

FLIS-TRÈVES Muriel, *Le Deuil de maternité*, Paris, Plon, 2001.

FREUD Sigmund, *Malaise dans la culture* (1930), Paris, PUF, 1994.

FRIDAY Nancy, *Ma mère, mon miroir* (1977), Paris, Robert Laffont, 1993.

GIANINI-BELOTTI Elena, *Du côté des petites filles* (1973), Paris, Éditions des Femmes, 1975.

GIRARD René, *Mensonge romantique, vérité romanesque* (1961), Paris, Livre de poche, 1978.

GRAVES Robert, *Les Mythes grecs* (1958), Paris, Hachette, 1987.

GREEN André, *Narcissisme de vie, narcissisme de mort* (1980), Paris, Minuit, 1983.

HAMON Marie-Christine, *Pourquoi les femmes aiment-elles les hommes et non pas plutôt leur mère ?*, Paris, Seuil, 1992.

HURSTEL Françoise, *La Déchirure paternelle*, Paris, PUF, 1996.

HEINICH Nathalie, « L'absente », in *Les Monstresses*, hors-série des *Cahiers du cinéma*, n° 5, 1980.

HEINICH Nathalie, « Génie de la sociologie », *Critique*, n°ˢ 550-551, mars-avril 1993.

HEINICH Nathalie, « L'inceste du deuxième type et les avatars du symbolique », *Critique*, n° 583, décembre 1995.

HEINICH Nathalie, *États de femme. L'identité féminine dans la fiction occidentale*, Paris, Gallimard, 1996.

HEINICH Nathalie, « Le témoignage, entre autobiographie et roman : la place de la fiction dans les récits de déportation », *Mots*, n° 56, septembre 1998.

HEINICH Nathalie, *L'Épreuve de la grandeur. Prix littéraires et reconnaissance*, Paris, La Découverte, 1999.

HÉRITIER Françoise, *Les Deux Sœurs et leur mère. Anthropologie de l'inceste*, Paris, Odile Jacob, 1994.

IRIGARAY Luce, « Femmes et hommes : une identité relationnelle différente », *in* collectif EPHESIA, *La Place des femmes. Les enjeux de l'identité et de l'égalité au regard des sciences sociales*, Paris, La Découverte, 1995.

KLÜGER Ruth, *Refus de témoigner. Une jeunesse* (1992), Paris, Viviane Hamy, 1997.

KAKAR Sudhir, *Moksha, le monde intérieur. Enfance et société en Inde* (1982), Paris, Les Belles Lettres, 1985.

LACOSTE-DUJARDIN Camille, *Des mères contre les femmes. Maternité et patriarcat au Maghreb*, Paris, La Découverte, 1985.

LEBRUN Jean-Pierre, *Un monde sans limite. Essai pour une psychanalyse du social*, Ramonville-Saint-Agne, Erès, 1997.

LEGENDRE Pierre, *Le Crime du caporal Lortie. Traité sur le père* (1989), Paris, Flammarion-Champs, 2000.

LEGENDRE Pierre, *Sur la question dogmatique en Occident*, Paris, Fayard, 1999.

LEMAIRE J.-G., *Famille, amour, folie. Lecture et traitement psychanalytique des liens familiaux*, Paris, Centurion, 1989.

LESSANA Marie-Magdeleine, *Entre mère et fille : un ravage*, Paris, Pauvert, 2000.

LÉVI-STRAUSS Claude, *Les Structures élémentaires de la parenté* (1947), Paris, Mouton, 1967.

LEVY Alexander, *Surmonter le deuil de ses parents* (1999), Paris, InterEditions, 2000.

LORAUX Nicole, *Les Mères en deuil*, Paris, Seuil, 1990.

MAHLER Margaret, *Psychose infantile* (1968), Paris, Payot, 1973.

MAHLER Margaret, PINE Fred, BERGMAN Anni, *La Naissance psychologique de l'être humain* (1975), Paris, Payot, 1980.

MENDEL Gérard, *La Révolte contre le père. Introduction à la sociopsychanalyse*, Paris, Payot, 1968.

MENDEL Gérard, *La société n'est pas une famille. De la psychanalyse à la sociopsychanalyse*, Paris, La Découverte, 1992.

MILLER Alice, *Le Drame de l'enfant doué. A la recherche du vrai Soi* (1979), Paris, PUF, 1983.

MILLER Alice, *L'Enfant sous terreur. L'ignorance de l'adulte et son prix* (1981), Paris, Aubier, 1986.

MILLER Alice, *La Connaissance interdite. Affronter les blessures de l'enfance dans la thérapie* (1988), Paris, Aubier, 1990.

MILLER Alice, *L'Avenir du drame de l'enfant doué* (1994), Paris, PUF, 1996.

NAOURI Aldo, *Une place pour le père*, Paris, Seuil, 1982.

NAOURI Aldo, « Un inceste sans passage à l'acte : la relation mère-enfant », *in* Françoise Héritier (éd.), *De l'inceste*, Paris, Odile Jacob, 1994.

NAOURI Aldo, *Les Filles et leurs mères*, Paris, Odile Jacob, 1998.

OLIVIER Christiane, *Les Enfants de Jocaste. L'empreinte de la mère*, Paris, Denoël, 1980.

OLIVIER Christiane, *Les Fils d'Oreste ou la question du père*, Paris, Flammarion, 1994.

OLIVIER Christiane, *Petit livre à l'usage des pères*, Paris, Fayard, 1999.

OLIVIER Christiane, *Peut-on être une bonne mère ?*, Paris, Fayard, 2000

PERRIER François, « L'amatride », in *L'Amour*, séminaire 1970-71, Paris, Hachette-Littératures-Pluriel, 1998.

PINKOLA ESTÉS Clarissa, *Femmes qui courent avec les loups. Histoires et mythes de l'archétype de la femme sauvage* (1992), Paris, Grasset, 1996.

PONTALIS Jean-Bertrand, « Des fils qui se font entendre », *Lire*, mars 1998.

RAIMBAULT Ginette, *L'Enfant et la Mort* (1975), Paris, Privat, 2000.

RAIMBAULT Ginette, *Lorsque l'enfant disparaît*, Paris, Odile Jacob, 1996.

RAIMBAULT Ginette, ELIACHEFF Caroline, *Les Indomptables. Figures de l'anorexie* (1989), Odile Jacob, 1996.

SARDE Michèle, « Sido, Colette, portraits croisés », *Le Magazine littéraire*, n° 266, juin 1989.

SCHAEFFER Jean-Marie, *Pourquoi la fiction ?*, Paris, Seuil, 1999.

BIBLIOGRAPHIE

SÉNÈQUE, « Consolations », in *Dialogues*, III, Paris, Les Belles Lettres, 1975.

STAROBINSKI Jean, « L'échelle des températures. Lecture du corps dans *Madame Bovary* », *Le Temps de la réflexion*, 1980, n° 1.

THÉRY Irène, *Le Démariage*, Paris, Odile Jacob, 1993.

THÉRY Irène, « Pacs, sexualité et différence des sexes », *Esprit*, octobre 1999.

TILLION Germaine, *Le Harem et les Cousins*, Paris, Seuil, 1966.

TISSERON Serge, *Enfants sous influence. Les écrans rendent-ils les jeunes violents ?*, Paris, Armand Colin, 2000.

TODOROV Tzvetan, *Les Abus de la mémoire*, Paris, Arléa, 1995

TODOROV Tzvetan, *La Vie commune. Essai d'anthropologie générale*, Paris, Seuil, 1995.

VASSE Denis, *Inceste et jalousie*, Paris, Seuil, 1995.

VEBLEN Thorstein, *Théorie de la classe de loisir* (1899), Paris, Gallimard, 1970.

VERDIER Yvonne, « Le Petit Chaperon rouge dans la tradition orale », *Le Débat*, n° 3, juillet-août 1980, repris dans *Coutume et destin. Thomas Hardy et autres essais*, Paris, Gallimard, 1995.

WINNICOTT Donald W., *De la pédiatrie à la psychanalyse* (1958), Paris Payot, 1969.

Index des fictions littéraires

INDEX DES FICTIONS LITTÉRAIRES

Index des films

Absolutely Fabulous (Jennifer Saunders, 2000), 213.
Belle-Maman (Gabriel Aghion, 1998), 148.
Bellissima (Luchino Visconti, 1951), 31-34, 38, 39, 57, 102
   170.

Circuit Carole (Emmanuelle Cuau, 1990), 42-47, 49.
Claire Dolan (Loach Kerrigan, 1998), 379.
Créatures célestes (Peter Jackson, 1994), 210.

Fedora (Billy Wilder, 1978), 295.

Images de la vie (John Stahl, 1934), 131-133, 174

Le Lait de la tendresse humaine (Dominique Cabrera, 2001).
   28-29.
La Leçon de piano (Jane Campion, 1993), 124-128.

Madame Bovary (Claude Chabrol, 1991), 86 n.
Ma mère, moi et ma mère (Wayne Wang, 1999), 212.
Mirage de la vie (Douglas Sirk, 1958), 102, 130, 174-177, 179

Pas de printemps pour Marnie (Alfred Hitchcock, 1954) 118-
   120.
Le Petit Homme (Jodie Foster, 1991), 36.
La Pianiste (Michael Haneke, 2001), 49, 170.
Ponette (Jacques Doillon, 1996), 228-230.

Rebecca (Alfred Hitchcock, 1940), 290-292, 295, 297
Rosetta (Jean-Luc et Jean-Pierre Dardenne), 216-217.

411

Index des auteurs

413

INDEX DES AUTEURS

Table

417

TROISIÈME PARTIE
Mères et/ou/ni femmes

QUATRIÈME PARTIE
Mères extrêmes

SEPTIÈME PARTIE
Deuils

La composition de cet ouvrage
a été réalisée par Nord Compo
à Villeneuve-d'Ascq,
l'impression et le brochage ont été effectués
sur presse Cameron dans les ateliers
de Bussière Camedan Imprimeries
à Saint-Amand-Montrond (Cher),
pour le compte des Éditions Albin Michel.

Achevé d'imprimer en janvier 2003.
N° d'édition : 21587. N° d'impression : 030548/1.
Dépôt légal : février 2002.
Imprimé en France